한국의 소득분배

추세, 원인, 대책

한국의 소득분배

추세, 원인, 대책

Income Distribution of Korea
Trend, Causes and Policy Recommendations

조윤제 엮음

한울
아카데미

일러두기

이 책은 2015년 국민경제자문회의(NEAC)에서 『한국의 소득분배: 변화추이, 요인 및 개선방안』(발간등록번호 12-B553004-000003-01)으로 발표된 것을 수정·보완한 것입니다.

책을 펴내며

한국은 1990년대 초까지만 하더라도 성장과 분배 개선을 동시에 성취한 나라로 세계에 널리 알려져 왔다. 그러나 1990년대 중반 이후 이러한 추세는 반전되어 소득분배가 지속적으로 악화되어왔다. 최근에는 세계에서 가장 빠르게 소득분배가 악화되고 있는 나라 중 하나로 거론되기도 한다. 소득분배 문제는 이미 한국의 정치적·경제적·사회적 주요 이슈로 부상했으며, 이 문제를 방치하고서는 사회 통합과 지속적이고 안정적인 발전을 추구해나가기 어렵게 되었다. 소득분배를 개선하기 위한, 혹은 더 이상의 악화를 막기 위한 정부의 정책적 노력을 요구하는 국민의 목소리가 커지고 있으며, 앞으로도 이러한 요구는 지속될 것으로 예상된다.

소득분배 악화 문제는 비단 한국만의 문제는 아니다. 국가 간 소득 격차는 줄어들고 있지만 국내에서의 소득 격차는 점점 확대되어온 것이 지난 수십 년간 전 세계적으로 관찰되고 있는 추세이다. 미국, 유럽, 중국, 남미 등 거의 모든 나라에서 소득분배는 중요한 정치적·경제적·사회적 문제로 떠오르고 있다. 이는 2014년 출판된 토마 피케티의 『21세기 자본』이 전 세계적으로 선풍을 일으킨 이유이기도 하다. 이러한 추세의 배경에는 각국 시장의 개방화, 기술의 빠른 발전, 세계화의 진전이라는 이 시대의 커다란 흐름이 놓여 있다.

이러한 환경에서 한국의 소득분배를 개선하기 위한 정책적 해법을 찾기란 쉽지 않다. 하지만 그럼에도 이는 결코 외면할 수 없고 외면해서도 안 될 국가적 과제이다. 한국의 소득분배 악화는 세계화와 더불어 중국 등 신흥국 경제의 빠른 부상이라는 대외 경제 환경 변화와 국내시장 개방 확대, 그리고 한국 고유의 시장 환경이 복합적으로 작용한 결과로 나타나게 된 현상이다. 국내 산업구조 및 고용구조가 변화하고 그 결과 직종별, 기업 규모별, 고용형태별 임금 격차가 커지면서 노동시장의 양극화 현상이 심화되었다. 또한 연금제도가 미성숙하고, 임금체계 및 정년제도를 개선하지 못한 가운데 맞은 고령화의 급속한 진전도 한국의 소득분배를 악화시켜온 주된 요인이다. 대기업의 지배력이 강한 국내의 시장구조와 고용의 경직성도 이러한 전반적 환경 변화와 맞물려 노동시장 양극화와 임금소득 격차의 심화, 그리고 소득분배 구조의 악화에 영향을 미쳐온 요인으로 지적된다.

따라서 지난 20여 년간 지속적으로 악화되어온 한국의 소득분배는 몇몇 단편적인 정책 대응으로 개선되거나 완화되기 쉽지 않은 상황이다. 세계화, 개방화라는 큰 추세 속에 진행되어온 한국 경제의 구조적 변화와 더불어 소득분배 문제를 이해하고 이에 대한 해법을 찾아나가야 한다. 피상적 분석만으로는 이를 개선하기 위한 제대로 된 정책조합을 찾아내기 어려울 뿐 아니라 자칫 정치적 해석과 동기에 의해 경제 흐름을 왜곡하고 장기적 폐해를 키우는 정책을 택하기 쉽다. 소득분배의 현황과 추이, 그리고 이러한 추이의 기저에 깔려 있는 요인에 대한 종합적인 분석과 고찰이 요구되며, 이에 기초해 향후 소득분배 개선을 위한 정책적 대안을 모색해나가야 할 것으로 보인다.

이 책은 이러한 배경하에 준비되었다. 2014년 8월 서강대학교의 조윤제 교수 주도로 '소득분배구조 전문가회의'가 국민경제자문회의의 지원을 받아 출범했고, 이후 총 아홉 차례에 걸쳐 한국 소득분배의 현황과 관련해 통계의 문제를 비롯한 다양한 이슈를 점검하고 분배 구조 개선을 위한 향후 정책적 대응 방향을 모색했다. 조윤제 교수가 이 회의의 좌장을 맡고, 동국대학교의 김종일 교수, 한국금융연구원의 박종규 박사, 홍익대학교의 성명재 교수, 한국개발연구원의 윤희숙 박사, 한국노동연구원의 이장원 박사가 고정 멤버로 참여하여 발표와 토론을 진행했다. 또한 동국대학교의 김낙년 교수, 중소기업연구원의 김세종 원장을 초빙해 한국의 소득분배 추이와 대기업·중소기업 간 임금 격차 문제 등에 관해 좋은 발표와 의견을 들었다. 유병규 국민경제자문회의 지원단장은 처음부터 끝까지 이 전문가회의의 원활한 운영을 위해 지원을 아끼지 않았으며, 기획재정부에서 지원단에 파견 나온 임상준·이승욱 과장, 홍보배·한선희 연구원도 이 전문가회의의 활동을 지원하는 데 많은 노력을 기울여주었다.

이 책은 모두 여섯 개 장으로 구성된다. 제1장에서 조윤제 교수는 전문가들의 발표와 이 회의에서 토론된 내용, 그리고 그동안 본인이 진행해온 연구를 기초로 한국 경제의 구조 변화와 소득분배 추이를 분석하고 향후 정책 방향을 제시했다. 제2장에서 윤희숙 박사는 그동안 진행해온 복지와 분배에 관한 연구에 기초해 한국의 소득분배 추이와 변화 요인, 대응 방안을 분석했다. 제3장에서 김종일 교수는 소득분배 문제를 산업구조 변화 측면에서 분석했으며, 제4장에서 이장원 박사는 노동 부문을 중심으로 임금 격차 실태와 격차 축소 방안을 제시했다. 제5장에서 성명재 박사는 지난 20여 년에 걸쳐 다뤄온 가계와 국세, 재정 통계자료에 기초해 인구구조 변화가 소득분배에 미친 영향과 조세·재정지출의 재분배 효과를 분석했다. 마지막으로 제6장에서 박종규 박사는 거시경제적 관점에서 한국의 기업 저축과 근로소득 배분 변화 추세를 분석하고 향후 정책 방향을 제시했다.

이 책에 담긴 내용이 한국의 소득분배 분석과 향후 정책 방향 설정에 충분한 자료를 제공해준다고 여기지는 않는다. 이를 위해서는 앞으로 더 많은 연구가 이루어져야 할 것이다. 그럼에도 이 책은 산업, 노동, 복지, 재정, 거시경제 분야에서 각각 오랫동안 연구해온 학자들의 연구 결과를 종합한 자료로서, 앞으로 한국의 소득분배 구조를 개선하기 위한 정책적 노력에 소중한 참고자료가 될 것으로 기대한다.

2016년 7월
필자를 대표하여
조윤제

한국의 소득분배, 무엇이 문제인가

조윤제

한국에서 소득분배 악화 추세는 외환위기 이후부터가 아니라 이미 1990년대 초·중반을 기점으로 시작된 것으로 보인다. 소득분배 추이를 보여주는 대표적인 지표인 지니계수, 소득의 격차를 나타내는 10분위 배수에 의한 소득집중도, 그리고 중위소득을 기준으로 한 빈곤층·중산층·고소득층 분류 통계에서 한국의 소득분배는 1990년대 중반 이후 악화된 것으로 드러난다. 2009년 이후부터는 소득분배가 다소 개선되는 모습을 보이기도 하지만, 통계지표 간 차이도 있어 확신하기는 어렵다.

한국에서 1990년대 중반 이후 소득분배가 악화된 가장 큰 요인은 한국 경제의 구조적 변화이다. 가장 중요한 구조적 변화로는 산업구조·인구구조·노동시장구조의 변화를 들 수 있다. 제조업의 고용이 줄고 여기에서 방출된 근로자들이 생산성이 낮은 음식숙박업, 소매업 등 서비스업으로 대거 몰려들면서 이것이 전반적으로 소득분배가 악화된 주요인이 되었다. 또한 전체 가계 구성에서 가구주 연령이 60세 이상인 가구 비율이 빠르게 상승했는데, 이들의 퇴직에 따른 소득 감소도 소득분배가 악화된 주요인이 되었다. 저소득층인 1·2분위에서 노인 가구 비중이 절대적으로 높을 뿐 아니라 그 비중이 증가하는 속도도 매우 빠른 것으로 관찰된다. 또한 노인 가구 간 소득 격차가 젊은 가구보다 더 큰 것도 인구구조 변화에 따른 소득분배를 더욱 악화시킨 한 요인이다.

한편 노동시장의 양극화와 이중구조의 심화는 소득분배에 직접적으로 영향을 미친 요인이다. 그러나 이러한 노동시장과 임금구조의 변화 역시 국내 노동시장 고유의 환경이 세계화 및 개방화,

중국의 부상 등 대외 환경 변화가 한국의 산업구조 및 고용구조에 미친 영향과 맞물려 이루어졌다.

소득분배가 악화된 배경에는 한국 경제의 구조적 변화라는 추세적 요인이 자리 잡고 있기 때문에, 소득분배의 개선 내지 악화 방지를 위한 정부의 정책적 대응도 크게 다음 두 가지 축을 중심으로 추진되어야 할 것이다. 첫 번째로, 그동안 세계화와 더불어 국제 경쟁이 심화된 가운데 한국이 제대로 국내 시장 환경을 개선하지 못했거나 합리적 관행을 정착시키지 못한 부분에 대해 좀 더 적극적인 구조적 대응이 필요하다. 두 번째로, 조세·재정지출을 통해 소득재분배 기능을 강화해야 한다. 전자는 시장소득분배 구조가 더 악화되는 것을 방지하거나 완화하기 위한 대책이며, 후자는 전자의 한계가 분명한 상황에서 조세·재정의 역할을 통한 가처분소득의 분배를 개선하기 위한 대책이다.

전자의 구조적 정책과 관련해서는 노동 부문 개혁, 공정 경쟁질서 강화, 연금·정년 제도 및 임금체계 개편과 동시에 기업 생산성 향상을 위한 교육제도와 인사관리제도, 일하는 방식, 기술 개발, 중소기업정책 등에 대한 전반적인 혁신이 요구된다.

후자의 재정정책과 관련해서는 조세와 재정지출 양면에서 소득분배에 대해 지금보다 더 강화된 역할이 요구된다. 조세 측면에서 볼 때 전체 세수에서 소득세 비중을 높여나가야 한다. 당분간 소득구간을 조정하지 않음으로써 경상소득 증가에 의해 자연히 소득세수와 누진도가 증가하게 하는 것도 한 방법이다. 추가 증세가 필요할 때는 고소득자에게 적용되는 세율의 누진도를 조금 상향 조정하는 것도 고려해볼 수 있을 것이다. 무엇보다 자영업자의 소득 파악 및 지하경제 양성화 노력을 지속함으로써 근로자의 소득세 인상에 대한 저항을 줄이면서 소득세 비중을 점차 늘려가야 할 것이다. 한편 재산세 강화는 소득분배에 크게 긍정적 결과를 가져오지 못할 수 있다. 한국의 부동산자산 분포는 소득 분포보다 더욱 집중되어 있는 것이 사실이지만, 소득이 높은 계층과 자산이 많은 계층이 일치하는 것은 아니다.

재정의 소득재분배 기능 확대는 필연적으로 재정지출 확대와 재정 건전성의 문제를 야기한다. 향후 인구 고령화가 빠르게 진행되면 지금의 제도하에서도 현물급여가 늘어나 재정지출이 급격히 증가할 전망이다. 그렇더라도 저임금 계층에 대한 근로장려세제 확대나 고용보험 사각지대 해소 같은 보완적인 노력이 계속해서 필요할 것으로 보인다.

1. 서론

분배 문제는 인류가 공동체를 형성한 이후 지속적으로 씨름해온 과제이다. 원시공동체에서 원로나 족장의 역할은 외부와 자연의 위협으로부터 구성원을 보호하고 수렵과 채취에서 얻은 수확물을 구성원 간에 적절히 나누는 것이었다. 힘세고 날쌘 자들이 주로 수확물을 거뒀지만, 이들이 모든 수확물을 차지하지는 않았다. 노약자나 어린이, 산모에게도 그 수확물이 적절히 돌아가게 하는 것이 원로나 족장의 역할이었다. 오늘날에는 그 역할을 국가와 정부가 맡고 있다.

분배 문제로 말미암아 인류사에서는 수많은 전쟁과 혁명, 투쟁이 일어났다. 생산과 분배의 방식에 따라 경제체제가 달라졌으며, 장기적으로는 공동체의 흥망성쇠가 갈리기도 했다. 그런데 근래에 들어 소득분배에 대한 관심이 다시금 커지고 있다. 이는 국내뿐 아니라 거의 전 세계적으로 나타나는 현상이다. 미국 등 유럽 선진국에서는 1970년대까지 개선되던 소득분배가 1980년대 이후 다시 악화되기 시작했다. 특히 세계금융위기 이후 소득분배 문제는 중요한 정치적·사회적 이슈로 떠올랐다. '나는 99%다'라는 구호를 앞세운 거리시위가 월스트리트를 중심으로 시작되어 오랫동안 광범위한 지역에서 이어졌고, 자본주의에 대한 논쟁 역시 심화되었다. 2014년에는 프랑스 출신 경제학자 토마 피케티(Thomas Piketty)의 저서 『21세기 자본』이 전 세계적인 열풍을 일으키기도 했다.

한국에서도 소득분배는 주요 사회문제로 떠올랐다. 한국의 소득분배는 빠른 경제발전과 더불어 1980년대까지 개선되었으나, 1990년대 들어 악화되기 시작했다. 한국의 소득분배가 악화세로 돌아선 것이 외환위기 이후부터라는 주장이 많지만, 실제 통계를 보면 1990년대 초·중반부터 이미 소득분배 악화 추세가 한국 경제에 자리 잡기 시작해 그 후로 지속되는 모습을 확인할 수 있다. 2009년 이후에는 이런 추세가 다시 안정되거나 다소 개선되는 모습을 보여주는 통계도 있으나, 한편으로 그렇지 않음을 보여주는 지표도 있어 이를 확신할 수는 없다. 또한 과거에 비해 한국 사회에서 계층 간 이동성이 줄고 빈곤이 장기화·만성화되는 추세에 있다는 주장도 자주 제기되었다.

전 세계적으로 소득분배를 악화시킨 주요인으로는 세계화와 기술혁신, 그리고 인구구조의 변화를 들 수 있다. 1980년대에 시작된 세계화의 물결은 공산주의 혹은 사회주의 경제체제하에서 자유시장 경제체제와 다른 길을 걷고 있던 국가들의 노동인구, 즉 세계 노동인구의 약 절반을 차지하고 있던 이들이 시장경제로 편입하면서 가속화되었다. 이와 더불어 '신자유주의', '워싱턴 컨센서스'라는 개방화·자유화를 추구하는 경제정책 패러다임이 각국에서 수용되면서 세계화가 더욱 가속화되었고, 제조업과 서비스 교역 등 거의 모든 분야에서 국가 간 경쟁이 심화되었다. 즉, 중국과 인도의 개방, 그리고 구소련과 동유럽의 체제 전환이 시작되면서 세계 노동인구의 약 절반에 달하는 이 국가들이 제조업과 서비스업의 교역시장에서 주요 경쟁자로 떠오른 것이다. 한편 ICT 기술혁신은 생산방식에 큰 변화를 초래했다. 단순노동이 컴퓨터나 로봇, 기계 등으로 빠르게 대체되었으며, 기업의 생산과 경영이 글로벌화되면서 기업은 자국의 자본시장과 노동시장에 국한하지 않고 세계 어느 곳이든 기업 활동에 유리한 자본시장과 노동시장으로 접근하거나 진출할 수 있게 되었다. 이것이 국가 간 자본수익률과 기술 격차, 임금수준 격차를 줄이면서 국가 간 소득 격차를 줄이는 요인으로 작용했지만, 국내에서는 오히려 소득 격차를 확대하는 요인으로 작용했다. 이와 더불어 인구가 고령화되면서 소득이 없거나 적은 퇴직 인구 비중이 늘어나 경제 전체를 볼 때 하위소득계층이 늘어나고 있는 것도 소득분배를 악화시키고 있는 주요인이다.

그림 1-1 국가 간, 국가 내 소득 격차 추이

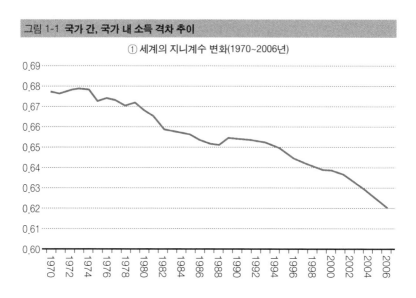

① 세계의 지니계수 변화(1970~2006년)

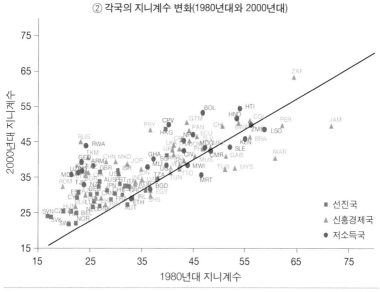

② 각국의 지니계수 변화(1980년대와 2000년대)

■ 선진국
▲ 신흥경제국
● 저소득국

자료: Lipton(2015).

이제 성장과 분배라는 이분법적 논의는 설득력을 얻지 못하고 있다. 과거에는 성장이 최선의 분배로 이어진다는 논리가 많은 지지를 받았지만, 최근에는 성장의 과실이 국민 대다수에게 돌아가지 않고 상위 1% 혹은 10%에 집중된다는 것이 통계를 통해 드러나고 있다. 이러한 사실은 미국 등 일부 국가에만 국한되어 나타나는 것이 아니다. 한국에서도 국세청 자료를 이용한 통계 분석(김낙년, 2013)을 통해 그러한 추세가 강하게 나타나고 있다.

재분배정책이 성장을 희생시킨다는 주장도 힘을 얻지 못하고 있다. 지난해 국제통화기금(IMF)에서는 소득분배 개선이 장기적으로 성장률을 높인다는 내용의 보고서(Ostry et al., 2014)를 내놓기도 했다.

소득분배 개선은 한국에서도 더는 외면할 수 없는 과제가 되었다. 이미 분배 문제는 한국 사회 곳곳에서 균열을 낳고 사회의 통합 및 안정을 저해하고 있다. 이 장에서는 1990년대 이후 한국의 소득분배가 악화된 요인을 점검해보고 향후 이의 추가적 악화 방지 혹은 개선을 위해 도입해야 할 정책의 방향에 대해 논해보고자 한다.

2. 소득분배와 관련한 통계

소득분배를 논하려면 먼저 그 현황과 추이를 정확히 볼 수 있는 통계를 구해야 한다. 그러나 아쉽게도 그런 통계를 구하기란 쉽지 않다. 현재 가용한 통계는 모두 한계가 있을 뿐 아니라, 새롭게 구성한 통계 역시 각기 나름대로 한계가 있다. 예를 들어 통계청의 '가계동향 조사'는 무응답과 상위소득자의 누락, 과소보고(underreporting)[1] 등이

---

1   특히 금융소득의 경우 과소 보고가 큰 것으로 분석된다.

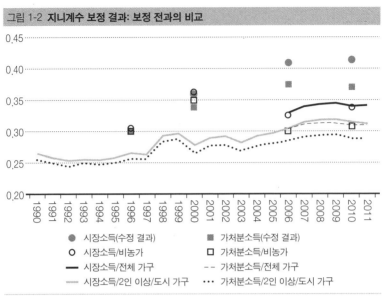

그림 1-2 **지니계수 보정 결과: 보정 전과의 비교**

● 시장소득(수정 결과)　　　■ 가처분소득(수정 결과)
○ 시장소득/비농가　　　□ 가처분소득/비농가
— 시장소득/전체 가구　　　－－ 가처분소득/전체 가구
— 시장소득/2인 이상/도시 가구　　　••• 가처분소득/2인 이상/도시 가구

자료: 김낙년·김종일(2013).

한계로 지적되며, 국세청 자료는 면세점 이하 소득자의 누락과 탈세, 그리고 탈세를 위한 자영업자 소득의 과소보고 등이 통계의 한계로 지적된다. 김낙년·김종일(2013)은 이러한 문제점을 나름대로 보정해 지니계수를 산출하기도 했다(그림 1-2 참조).

한편 우리가 평상적으로 말하는 '소득'이라는 것은 단순히 임금소득과 자산소득뿐 아니라 자본이득(capital gain) 등도 포함하는 개념인데, 이러한 소득을 모두 포괄하는 소득분배 통계는 사용할 수 있는 것이 없다. 자산소득 관련 통계는 누락이나 과소보고가 많으며, 자본이득은 관련 통계에 대부분 포함되어 있지 않다. 소득분배를 논할 때 어떤 소득을 기준으로 해야 하는가 하는 문제도 있다. 사실 많은 사람이 소득분배의 불균등을 말할 때는 연간소득보다 생애소득을 염두에 두는 경우가 많다. 그러나 거의 모든 통계조사는 연간소득을 기준으로

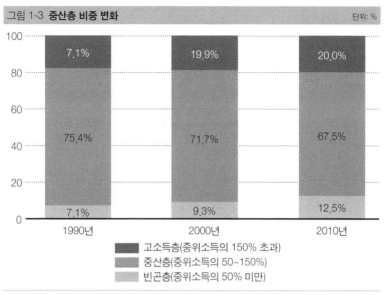

그림 1-3 **중산층 비중 변화**　　　　　　　　　　　　　　단위: %

고소득층(중위소득의 150% 초과)
중산층(중위소득의 50~150%)
빈곤층(중위소득의 50% 미만)

자료: Lipton(2015).

한다. 국세청 자료를 이용한 통계를 비롯해 거의 모든 소득분배 통계는 생애소득이 아니라 연간소득을 기준으로 하고 있다. 따라서 소득분배를 논할 때 이러한 통계의 한계를 고려할 수밖에 없다.

현재는 소득분배의 추이를 보여주는 대표적 지표로 지니계수와 소득의 격차를 보여주는 10분위 배수에 의한 소득집중도가 사용된다. 그 밖에 다른 지표로는 중위소득의 50% 미만을 빈곤층, 150% 초과를 고소득층, 50~150%를 중산층으로 규정하고 그 비중과 변화를 비교하는 것으로 소득분배의 추세를 논하기도 한다(그림 1-3 참조).

이러한 세 가지 통계 모두에서 한국의 소득분배는 1990년대 중반 이후 악화된 것으로 나타난다. 2009년 이후부터는 소득분배가 더 악화되지 않거나 다소 개선되는 모습을 보이기도 하지만, 통계지표마다 다르게 나타나는 면도 있어 이를 확신하기는 어렵다. 지니계수의 도출

그림 1-4 **시장소득 지니계수 변화**

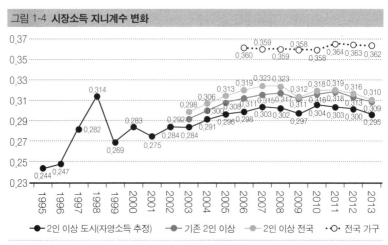

자료: 제5장(성명재).

그림 1-5 **총소득 지니계수 변화**

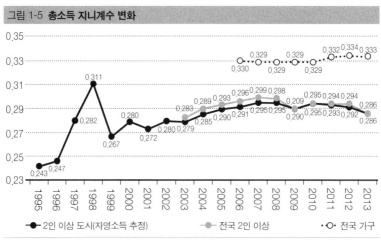

자료: 제5장(성명재).

은 주로 '가계동향조사'에 의존해왔는데, 지니계수 변화 추이도 2인 이
상 도시 가구 조사와 1인 이상 전체 가구 조사에서 조금 다른 추세를
보인다(그림 1-4, 1-5 참조). 즉, 2인 이상 가구 조사에서는 2009년 이후

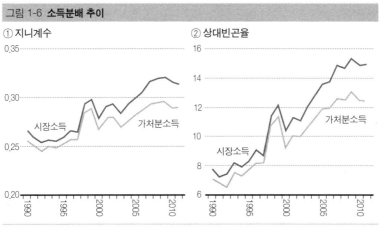

그림 1-6 **소득분배 추이**

① 지니계수

② 상대빈곤율

시장소득 / 가처분소득

자료: Lipton(2015).

지니계수가 개선되는 것이 나타나지만, 1인 이상 가구 조사에서는 그러한 추세가 나타나지 않는다. 반면 국세청 자료를 이용한 소득집중도의 추계는 '가계동향조사'에서 나타나는 소득분배의 정도보다 한국의 소득집중도가 훨씬 높으며 2009년 이후에도 소득집중도가 계속해서 심화되고 있음을 보여준다. 이러한 통계에 대한 해석에서는 2인 이상 가구 중 노령자 가구 등 한계 가구들이 분화해 1인 가구가 되면서 기존 2인 이상 가구 집단의 소득분배가 개선되는 모습을 보이는 반면에 전 가구를 포함하는 소득분배는 개선되지 않거나 지속적으로 악화되고 있는 것으로 본다.

소득집중도에 관한 통계와 관련해 김낙년 교수의 「한국의 소득분배」(2013)라는 논문이 최근 큰 관심을 불러일으킨 바 있다. 이 논문에서 국세청의 종합소득세와 근로소득세 자료를 이용해 분석한 바에 따르면, 상위 1%와 상위 10%의 소득집중도가 1990년대 중반 이후 빠르게 상승했다(그림 1-7, 1-8 참조). 한국의 상위 10%의 소득집중도는 일본, 영국, 프랑스보다 높으며, 선진국 중 소득집중도가 가장 높은 국가로

그림 1-7 **상위 1%의 소득집중도**　　　단위: %

자료: 김낙년(2013).

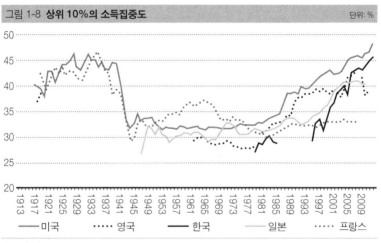

그림 1-8 **상위 10%의 소득집중도**　　　단위: %

자료: 김낙년(2013).

인용되는 미국보다는 낮지만, 소득집중도가 심화되는 속도는 오히려
미국을 앞지르고 있다. 또한 미국과 영국은 1980년대부터 소득집중도
가 다시 높아지고 있으나, 한국은 1990년대 중·후반 이후 빠르게 높아

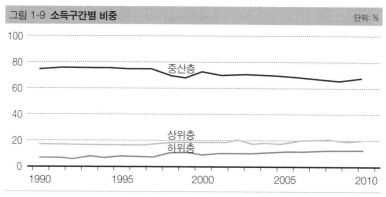

그림 1-9 **소득구간별 비중**   단위: %

주: 2인 이상 도시 가구 가처분소득 기준.
자료: 조윤제·박창귀·강종구(2012).

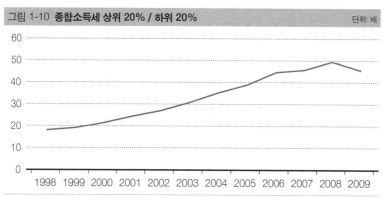

그림 1-10 **종합소득세 상위 20% / 하위 20%**   단위: 배

자료: 조윤제·박창귀·강종구(2012).

지고 있는 것으로 나타난다(김낙년, 2013).

조윤제·박창귀·강종구의 연구 「한국의 경제성장과 사회지표의 변화」(2012)에서도 비슷한 추세를 볼 수 있다. 이 연구에서는 종합소득세 상위 20%와 하위 20%의 소득 격차가 1990년대 중반 이후 빠르게 증가했음을 보여준다(그림 1-10 참조).

임금체계 혹은 직종별 임금수준의 변화를 나타내는 조윤제·송의

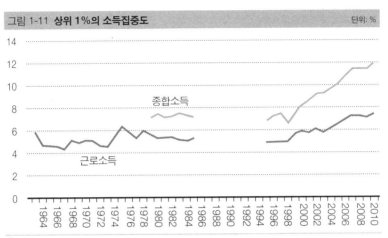

그림 1-11 **상위 1%의 소득집중도**   단위: %

종합소득

근로소득

자료: 김낙년(2012).

영·고영우의 「한국사회 보수체계의 변화 및 시사점」(2014)에서는 기업경영인·행정관리자와 단순노동직 간 임금 격차가 점점 더 커진 것으로 나타난다.

대개 근로소득을 기준으로 할 때보다 종합소득을 기준으로 할 때 소득분배의 악화 추세가 더 강하게 나타난다. 김낙년(2012)이 추계한 바에 따르면, 20세 이상 인구를 대상으로 살펴본 소득 상위 1%의 소득집중도는 1990년대 이후 점차 커진 것을 알 수 있는데, 특히 그 증가 속도가 근로소득을 기준으로 했을 때보다 종합소득을 기준으로 했을 때에 훨씬 더 빠른 것으로 나타났다(그림 1-11 참조). 이는 근로소득과 함께 사업소득 및 재산소득 모두 소득 상위 계층의 상승률이 높다는 것을 의미한다(제3장 참조).

실제로 근로소득을 놓고 봐도 하위 90%의 소득은 1990년대 중반부터 정체를 보이는 반면, 상위 0.1%, 1%, 10%로 갈수록 소득 상승률이 빨라진다(그림 1-12 참조). 이를 통해, 1990년대 중반 이후 경제성장의 과실이 주로 소득 상위 10%에게 돌아간 것으로 추정해볼 수 있다.

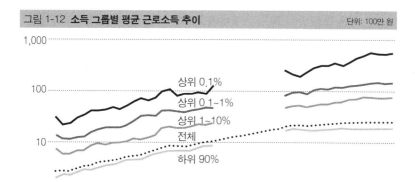

그림 1-12 **소득 그룹별 평균 근로소득 추이**　　　　단위: 100만 원

상위 0.1%
상위 0.1~1%
상위 1~10%
전체
하위 90%

자료: 김낙년(2013).

　　결론적으로 소득집중도의 통계로 보면 한국의 소득분배는 1990년대 초반 이후 악화되고 있으며, 이는 소득 최상위 계층의 소득 증가율이 이전과 유사한 수준을 보이는 반면에 그 외 계층의 소득은 성장이 정체되고 소득 하위 계층의 실질소득은 오히려 감소하기 때문인 것으로 보인다.

　　분배에 대한 또 다른 통계는 국민소득 통계에서 임금소득과 기업소득 간의 분배를 나타내는 지표이다. 국민소득 통계에서는 자영업자의 소득을 기업소득으로 간주한다. 이처럼 전체 국민소득에서 임금소득이 차지하는 비중을 '노동소득분배율'이라고 하는데, 이는 한국의 자영업자 비중이 매우 높은 것을 감안할 때 과소 추계되고 있다고 볼 수 있다. 이러한 노동소득분배율도 1996년을 정점으로 점차 감소하고 있다(표 1-1 참조).

　　자영업자의 소득은 근로소득과 사업소득으로 나눌 수 있는데, 만약 이를 모두 근로소득으로 간주하고(실제로 한국 자영업 가구의 평균소득은 근로소득 가구의 약 77% 수준이다) 노동소득분배율을 재계산하면 이 역시

표 1-1 **노동소득분배율** 단위: %

연도	1970년	1980년	1990년	1996년	1997년	2003년	2006년	2010년
노동소득분배율	40.1	50.6	56.8	62.4	60.8	59.6	61.8	59.4

자료: 한국은행 경제통계시스템.

그림 1-13 **수정 노동소득분배율·자본소득분배율** 단위: %

자료: 조윤제·박창귀·강종구(2012).

1990년대 중반 이후 빠르게 하락한 것으로 나타난다(그림 1-13 참조).

이 통계가 보여주는 바와 유사한 추세를 박종규의 논문「한국 경제의 구조적 과제」(2013)에서도 확인할 수 있다. 이 연구에 따르면, 한국의 실질임금은 2008년 이후 정체된 반면에 기업의 저축률은 매우 빠르게 증가했다(그림 1-14 참조). 이는 OECD 국가에서 전반적으로 나타나는 현상이기는 하지만, 한국의 기업 저축률은 2005년 15.1%에서 2010년 19.7%로 증가해, 상대적으로 빠른 증가세를 보였다. 기업 저축률을 놓고 보면 한국은 OECD 25개국 중 2006년 12위에서 2010년 2위로 올라섰는데, 한국보다 기업 저축률이 높은 나라는 22%를 기록한 일본이 유일하다(표 1-3 참조).

다른 한편으로 한국은행의 기업경영분석 통계를 보면 한국 기업

표 1-2 실질임금과 명목임금, 소비자물가의 5년 단위 상승률 추이			단위: %
	1997년 4분기~ 2002년 4분기	2002년 4분기~ 2007년 4분기	2007년 4분기~ 2012년 4분기
명목임금 상승률	40.2	36.1	12.4
소비자물가 상승률	17.5	15.8	16.8
실질임금 상승률	19.4	17.6	△2.3

자료: 고용노동부, 한국은행. 제6장(박종규)에서 재인용.

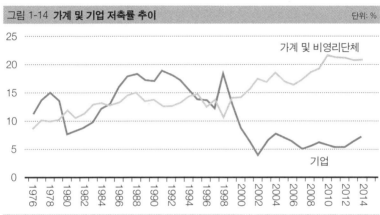

그림 1-14 가계 및 기업 저축률 추이 (단위: %)

자료: 제6장(박종규).

중 영업이익이 마이너스이거나 0, 또는 이자 보상 비율이 1 이하인 기업, 즉 영업이익으로 이자 비용을 충당하지 못하는 기업의 비중이 지난 수년간 증가하고 있는 것으로 나타난다. 대기업의 약 30%와 중소기업의 약 40%가 영업이익으로 이자 비용도 충당하지 못하고 있는 실정이다. 이를 통해 기업 부문에서도 전반적으로 수익의 양극화가 일어나고 있다는 것을 유추해볼 수 있다(제2장 참조).

박종규(2013)에 따르면, 한국 근로자의 실질임금은 2008년 이후 거의 정체된 상태인데, 여기에는 경제성장률 저하와 세계금융위기 이후 정부와 기업에서 위기 극복을 위해 임금 동결 캠페인을 벌였던 것

표 1-3 OECD 국가의 기업 저축률 추이						단위: %, %p	
연도	2006	2007(A)	2008	2009	2010(B)	2010 순위	B-A(%p)
네덜란드	18.8	18.5	15.3	16.5	18.9	4	0.4
노르웨이	16.2	15.2	14.9	13.3	15.0	14	-0.2
덴마크	16.3	16.3	17.2	17.3	18.8	5	2.5
독일	12.5	12.9	11.4	10.7	12.0	21	-1.0
멕시코	14.0	14.9	14.2	14.0	14.0	17	-0.9
미국	10.2	9.0	8.4	11.0	11.7	22	2.7
벨기에	14.3	15.0	13.8	11.9	15.7	11	0.7
스웨덴	16.9	16.5	16.9	12.7	15.6	12	-0.8
스위스	20.9	15.4	8.2	15.0	19.3	3	3.9
스페인	8.9	7.8	10.3	12.1	14.2	16	6.4
슬로바키아	17.3	17.9	17.5	15.5	17.7	7	-0.2
슬로베니아	12.7	13.0	12.3	12.2	12.4	20	-0.6
아일랜드	16.2	15.8	11.7	11.2	15.1	13	-0.8
에스토니아	20.6	17.4	17.4	14.2	16.9	9	-0.5
영국	12.4	14.2	14.9	13.7	13.5	19	-0.7
오스트리아	15.1	14.8	15.2	14.5	17.3	8	2.5
이탈리아	7.9	8.0	7.5	9.5	10.0	24	1.9
일본	20.3	21.2	20.5	21.3	22.0	1	0.9
체코	16.7	16.0	18.7	16.8	16.8	10	0.8
포르투갈	8.8	8.6	7.0	8.7	9.5	25	0.9
폴란드	10.7	11.5	15.6	13.4	14.7	15	3.3
프랑스	9.0	9.4	9.2	9.5	10.0	23	0.6
핀란드	15.9	15.6	14.4	13.0	13.9	18	-1.7
한국	15.1	15.8	16.8	18.1	19.7	2	3.8
헝가리	14.3	11.3	13.1	14.0	18.1	6	6.8
한국 순위	12	8	7	2	2		
대상 국가 수	25	25	25	25	25		

자료: 제6장(박종규)에서 재인용.

이 한 요인으로 작용했을 것이라 짐작해볼 수 있다. 그런데 실질임금
이 노동생산성 증가를 훨씬 밑도는 현상은 임금 동결 캠페인과 더불어
노동시장에서 전반적으로 임금 상승 압력이 줄어든 때문으로 볼 수 있

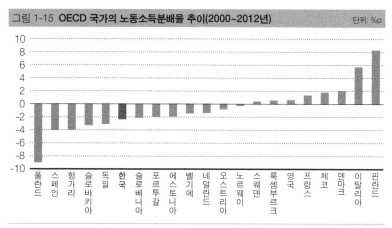

그림 1-15 **OECD 국가의 노동소득분배율 추이(2000~2012년)** 단위: %p

자료: 제2장(윤희숙).

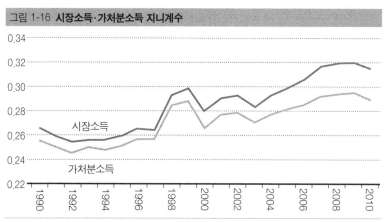

그림 1-16 **시장소득·가처분소득 지니계수**

시장소득

가처분소득

자료: 제3장(김종일).

다. 세계금융위기 이후 전 세계적으로 기업 저축이 늘어난 데에는 저금리와 임금 상승의 정체가 주된 요인이 되었을 것으로 보인다. 한국은 이에 더해 대기업의 임금 동결도 주요한 몫을 하여 다른 나라보다기업 저축의 증가세가 가파르고, 국민소득분배에서 노동소득분배의감소세도 상대적으로 더 빠른 것으로 나타났다(그림 1-15 참조).

3. 소득분배 악화 요인

1990년대 중반 이후 한국의 소득분배가 지속적으로 악화된 가장 큰 요인은 역시 개방화와 세계화, 그리고 중국과 신흥국 경제의 부상에 따른 한국 경제의 구조적 변화라고 보아야 할 것이다. 가장 중요한 구조적 변화로는 산업구조 및 고용구조의 변화, 인구구조의 변화, 그리고 이와 연관된 노동시장구조의 변화를 들 수 있다. 여기에 외환위기 이후 영미식 보수체계의 확산도 일부 고소득자의 소득이 평균소득보다 훨씬 빠르게 늘어나게 된 한 요인으로 보인다.

산업구조 및 고용구조의 변화

1990년대 초반 이후 한국의 제조업 고용 비율은 큰 폭으로 줄었다. 윤희숙(2014)에 따르면, 한국은 1992~1997년 중국 등 저임금 국가와의 경쟁이 심화하면서 섬유 등 단순노동 제조업 고용이 42% 감소한 것으로 나타났다. 제조업 전체를 살펴보면, 1991년에 516만 명이던 제조업 고용자 수가 2009년에는 384만 명으로 감소했다.

제조업에서 방출된 근로자들이 대거 음식·숙박업, 소매업 등 저수익·저임금의 서비스업으로 몰려들면서, 취업자 중 서비스업 고용 비중이 1992년 50%에서 2011년 70%, 약 1700만 명으로 늘어났다. 이처럼 제조업 고용이 감소하면서 인력이 대거 생계형, 낮은 생산성의 서비스업으로 이동했고, 이것이 전반적으로 소득분배를 악화시킨 가장 중요한 요인이 된 것으로 보인다. 현재 한국의 서비스업 생산성은 제조업 대비 약 45%로, 여타 국가에 비해 크게 낮은 수준을 나타내고 있다.[2]

이는 1990년대 들어 가속화된 한국의 시장 개방화와 중국 및 여

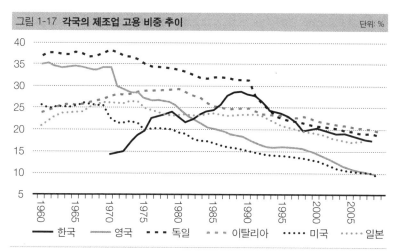

그림 1-17 **각국의 제조업 고용 비중 추이** 단위: %

한국 영국 독일 이탈리아 미국 일본

자료: 제2장(윤희숙).

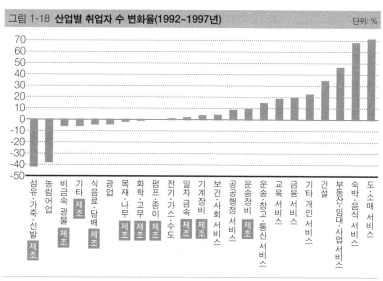

그림 1-18 **산업별 취업자 수 변화율(1992~1997년)** 단위: %

섬유·가죽·신발 제조 / 농림어업 / 비금속 광물 제조 / 기타 제조 / 식음료·담배 제조 / 광업 / 목재·나무 제조 / 화학·고무 제조 / 펌프·총이 제조 / 전기·가스·수도 / 일차 금속 제조 / 기계장비 제조 / 보건·사회 서비스 / 공공행정 서비스 / 운송장비 제조 / 운송·창고·통신 서비스 / 교육 서비스 / 금융 서비스 / 기타 개인 서비스 / 건설 / 부동산·임대·사업서비스 / 숙박·음식 서비스 / 도·소매 서비스

자료: 제2장(윤희숙).

2   2011년 1인당 부가가치는 서비스업 3852만 원, 제조업 8511만 원으로 서비스업이 제
조업의 약 45% 수준이다. 이 비율은 2010년 기준 미국이 68%, 프랑스가 112%, 독일
이 82%로, 한국이 상대적으로 낮은 것으로 나타났다(기획재정부, 2014.3).

표 1-4 **1인당 노동생산성**			단위: 만 원
구분	2004년	2008년	2011년
서비스업(A)	2,950	3,500	3,860
제조업(B)	4,930	6,470	8,510
제조업 대비 서비스업 비율(A/B)	0.60	0.54	0.45

자료: 기획재정부(2013).

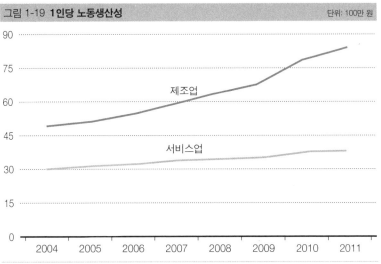

그림 1-19 **1인당 노동생산성**　　　　단위: 100만 원

자료: 기획재정부(2013).

타 신흥국의 부상이 결국 국내 제조업의 경쟁력을 위협함으로써 비롯된 결과라고 할 수 있다. 특히 섬유·신발 등 경공업, 비숙련기술 위주의 산업에서 고용이 크게 줄어들면서 이들이 주로 생계형의 저생산성·저임금·저수익 서비스업으로 이동함으로써 발생한 현상이라고 볼 수 있다. 2000년대 이후 서비스업의 생산성은 거의 정체되어 있고, 1인 자영업자의 영업이익은 2000년대 들어 약 13.9% 감소한 것으로 나타난다(제2장 참조).

한편 2010년 이후 2013년까지 제조업 고용이 다시 조금 늘어났는

表 1-5 **산업별 취업자 수 변화** 단위: 1,000명

구분	1980~1985년	1985~1990년	1990~1995년	1995~2000년	2000~2005년	2005~2010년
농림어업	-921	-496	-834	-160	-428	-249
광공업	580	1,329	-145	-533	-62	-97
전기·가스·수도업	-3	29	0	-6	7	7
건설업	68	435	567	-333	234	-61
도소매·음식·숙박업	751	558	1,480	338	53	-337
운수·창고·통신업	82	222	152	185	168	21
금융·보험·부동산·사업 서비스업	231	382	708	460	670	617
공공행정·국방	101	134	130	108	33	169
교육	207	249	113	163	377	231
보건·사회복지	61	74	37	120	218	507
기타 개인 서비스	127	196	107	398	420	-14
계	1,284	3,112	2,315	740	1,690	983

자료: 경제활동인구조사, Asian KLEMS DB.

데(제3장 참조), 이는 아마 이 기간에 환율이 크게 절하되면서 수출제조업의 경쟁력이 제고된 것과 관련이 있지 않을까 추측할 수 있다. 이것이 다른 요인과 더불어 일부 통계지표(2인 이상 가계동향조사)에서 2010년 이후 소득분배가 안정 내지 다소 개선된 것과 무관하지 않은 것으로 볼 수 있다.

이러한 산업구조 변화 시기에 일부 글로벌 경쟁력을 갖춘 수출제조업, 예를 들어 전자 및 자동차, 그리고 이들과 관련한 부품회사 등의 영업이익은 크게 늘어 해당 기업의 근로자 임금 상승을 주도한 반면에, 서비스업을 비롯해 그렇지 못한 다른 산업의 영업이익은 오히려 감소함으로써 해당 산업에 종사하는 근로자의 임금이 거의 정체되다시피 한 것도 소득분배를 악화시킨 요인이 되었을 것으로 추측된다(그림 1-20 참조).

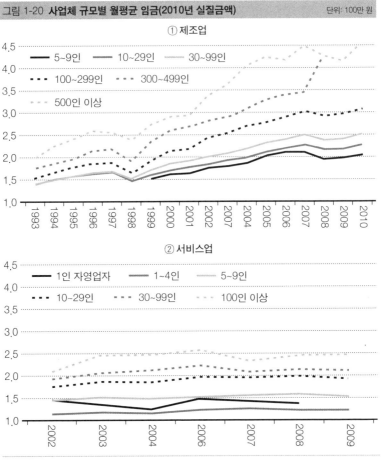

그림 1-20 **사업체 규모별 월평균 임금(2010년 실질금액)**   단위: 100만 원

① 제조업

━━ 5~9인	━━ 10~29인 · · · 30~99인
- - - 100~299인	· · · 300~499인
· · · 500인 이상	

② 서비스업

━━ 1인 자영업자	━━ 1~4인 · · · 5~9인
- - - 10~29인	· · · 30~99인 · · · 100인 이상

자료: 기획재정부(2013).

인구구조의 변화

　한국의 소득분배를 악화시킨 또 다른 주요 원인은 인구구조의 변화, 즉 전체 가계 구성에서 퇴직자 가구주 비중이 증가한 것이다. 즉, 가구주 연령이 60세 이상인 가구 비율이 빠르게 상승했고, 이들이 시

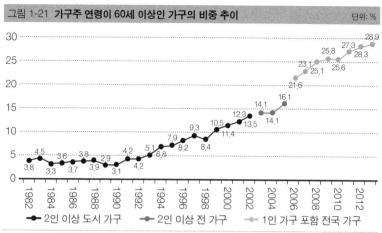

그림 1-21 **가구주 연령이 60세 이상인 가구의 비중 추이** 단위: %

자료: 제5장(성명재).

장소득이 없거나 소득수준이 낮은 것이 소득분배를 악화시킨 것이다. 실제로 성명재의 연구에 따르면, 저소득층 분위에서 노인 가구 비중이 절대적으로 높을 뿐만 아니라, 그 비중이 증가하는 속도도 매우 빠른 것으로 관찰된다(제5장 참조).

특히 최하위 10% 소득층인 소득 1분위 가구 중에서 가구주 연령이 60세 이상인 가구의 비율이 1980년대에 약 10% 수준이던 것이 1990년대 이후 그 비율이 빠르게 증가해 최근에는 80%를 넘어선 것으로 나타난다(그림 1-22 참조). 소득 2분위 가구에서도 가구주 연령이 60세 이상인 가구의 비율이 2013년 현재 63%까지 올라 전체의 3분의 2를 차지한다(그림 1-23 참조).

이처럼 한국에서 저소득층은 대부분 노인 가구로 변화하고 있다. 이는 은퇴 연령기의 노인 인구가 빠르게 증가하면서 은퇴 가구의 특징이라 할 수 있는 시장소득의 급감 현상이 노인 가구에서 두드러지게 나타나고 있기 때문이다(제5장 참조).

그림 1-22 소득 1분위 가구 중 가구주 연령 60세 이상 가구 비중   단위: %

자료: 제5장(성명재).

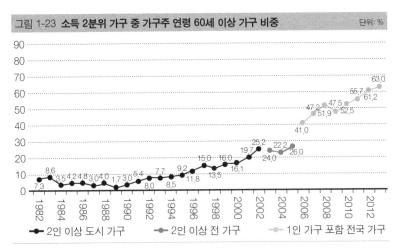

그림 1-23 소득 2분위 가구 중 가구주 연령 60세 이상 가구 비중   단위: %

자료: 제5장(성명재).

인구구조 변화가 소득분배 악화에 영향을 미치는 또 다른 요인은 노인 가구가 젊은 가구에 비해 소득 격차가 더 크고 이러한 노인 가구가 전체 가구에서 차지하는 비중이 커질수록 지니계수도 상승한다는

그림 1-24 **가구주 연령별 총소득 지니계수 추이**

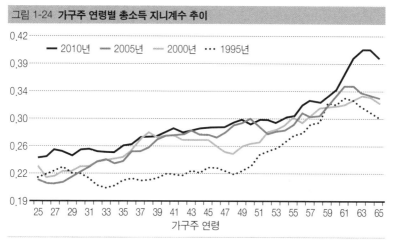

주: 가계동향조사자료 추정치.
자료: 제5장(성명재).

점이다. 일반적으로 절대 소득 격차는 가구주 연령이 증가할수록 커지다가 평균 소득수준이 정점에 달하는 중·장년기에 도달한 후, 노년층에 접어들면서 절대 소득 격차가 축소되는 경향을 보인다. 그런데 노년층의 상대 소득 격차, 즉 지니계수는 가구주 연령과 함께 계속 증가한다. 인구 고령화는 소득불균등도가 낮은 젊은 연령층의 인구 비중이 감소하고 소득불균등도가 큰 노년층 인구 비중이 증가함을 의미한다. 그러므로 가중평균적 관점에서 볼 때, 인구구조의 변화가 소득분배의 악화에 영향을 미치는 또 다른 요인은 노인 가구가 젊은 가구에 비해 소득 격차가 더 크고(지니계수가 높고) 이러한 노인 가구가 전체 가구에서 차지하는 비중이 커질수록 지니계수도 따라서 상승한다는 점이다.

이러한 사실은 성명재·박기백(2009)의 연구에서 잘 나타난다. 이 연구에서는 다른 조건이 불변할 경우에 오로지 인구 고령화 효과로 2050년의 소득불균등도가 2008년 수준보다 27.5% 상승할 것으로 전망했다. 이는 인구 고령화가 진전될수록 소득불균등도가 확대될 것이

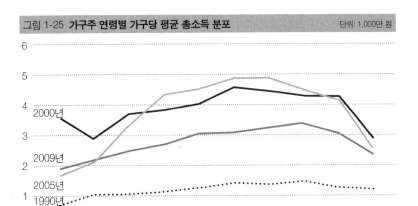

그림 1-25 **가구주 연령별 가구당 평균 총소득 분포** 단위: 1,000만 원

주: 2인 이상 도시 가구 기준.
자료: 제5장(성명재).

라는 점을 시사하며, 이러한 추세는 성명재의 연구에서도 잘 나타난다
(제5장 참조).

지금까지 본 것처럼 노인 가구 비중의 증가가 저소득층의 저변을
빠르고 두텁게 형성해감으로써 이것이 소득분배를 악화시키는 구조적
인 요인이 되고 있다. 인구 고령화가 크게 진전되지 않았던 2000년대
이전의 저소득층은 경제활동인구로 구성된 젊은 연령층의 가구가 대
부분을 차지했으나, 최근에는 은퇴한 노인 인구가 저소득층의 주류를
형성하고 있다.

한편 노년층 근로자의 소득 감소도 인구구조 변화와 더불어 소득
분배를 악화시키는 요인으로 보인다. 한국의 임금구조는 역U자형을
나타내는데, 대개 40대 후반 혹은 50대 초반에 임금소득이 정점에 달
했다가 50대 중반 이후 빠르게 하락한다. 또한 과거에 비해 연령 간 소
득 격차가 커지고 소득의 정점이 점차 50대에서 40대로 이동하고 있
다(제5장 참조).

그렇게 된 데에는 한국의 노동시장 상황과 임금체계가 주요한 요인으로 작용한 것으로 보인다. 한국의 임금체계는 연공급 위주로 되어있어, 근로자 연령과 근무 연수가 올라갈수록 자동적으로 임금이 오르게 되어 있다. 따라서 기업에서는 구조조정의 필요성이 생길 때마다 명예퇴직 등의 수단을 통해 나이가 많고 직급이 높은 근로자를 우선적으로 내보내기 때문에 실제 정년과는 상관없이 대개 50대를 넘으면 정규직으로 근무해온 직장을 떠나게 된다. 그 후 시간제 혹은 비정규직으로 전환하거나 영세 자영업으로 이동하면서 50대 이후의 소득이 빠르게 줄어들고 있는 것이다. 이는 또한 앞서 언급한 산업구조 및 고용구조의 변화와도 깊은 연관이 있다. 1990년대 중반 이후 제조업의 고용이 축소되면서 이들 중 상당수가 저생산성의 서비스업으로 이동했고, 이와 함께 앞서 말한 노동시장 구조상의 이유로 법정 정년과는 상관없이 실제 퇴직 연령이 낮아진 동시에 고령화로 퇴직 인구가 느는 등 복합적인 요인이 국내 소득분배를 악화시켜온 것이다.

노동시장 구조의 변화

노동시장 환경 및 구조 변화 역시 한국의 소득분배를 악화시킨 요인 중 하나이다. 특히 흔히 말하는 노동시장의 양극화와 이중구조의 심화는 소득분배에 직접적으로 영향을 미친 요인이라 할 수 있다. 그런데 이러한 노동시장과 임금구조의 변화 역시 국내 노동시장 특유의 환경과 더불어 세계화 및 개방화, 중국의 부상 등에 따른 대외 환경 변화가 한국의 산업구조 및 고용구조에 미친 영향과 맞물려 이루어진 것이다. 또한 노동시장 환경 및 임금구조 변화는 앞서 논한 인구구조의 변화와도 상호 깊은 연관성이 있다.

소득분배 논의와 관련한 국내 노동시장 구조의 가장 중심적인 변화로는 역시 대기업과 중소기업의 임금 격차 확대와 비정규직 고용 증가, 정규직과 비정규직 간 임금 격차 심화를 들 수 있다. 이것이 국내 노동시장의 이중구조화와 근로자 간 소득 격차를 확대한 주요인이다. 또한 세계화와 개방화가 심화되는 상황에서 신흥국과의 경쟁에서 도태된 비숙련직 노동자의 임금수준이 정체된 반면, 금융 부문 및 기업 경영·관리직 근로자의 임금수준이 상대적으로 가파르게 상승하면서 직업별, 직종 내 임금소득 격차가 확대되었으며, 더 나아가 소득집중도가 심화되고 소득분배가 악화된 것으로 보인다.

기업 규모별 임금 격차 확대

다른 나라와 비교할 때 한국의 임금구조는 대기업과 중소기업 근로자 간 임금 격차가 매우 크고 이러한 격차가 1990년대 이후 지속적으로 확대되었다는 특징이 있다. 기업 규모별 임금 격차를 살펴보면 2013년 기준 5~9인 규모 소기업의 월평균 임금은 222만 원으로, 445만 원인 300인 이상 대기업의 절반 수준이다. 한편 5~299인 규모 전체 중소기업의 월평균 급여는 276만 원으로 대기업의 62%에 불과한 실정이다(김세종, 2015). 중소 제조업 근로자의 월평균 임금은 대기업 근로자 임금의 52.9% 수준이다(표 1-6 참조). 이러한 추세는 업종에 관계없이 거의 유사하게 나타난다. 그리고 이러한 임금 격차는 1990년대 중반 이후 지속적으로 확대되어왔다.

대기업과 중소기업 간 임금 격차는 주로 생산성 격차, 경영 성과 등의 차이에 기인한다. 2011년 대기업의 생산성을 100으로 할 때 중소기업의 생산성은 29.1에 불과한 실정이다. 따라서 대기업과 중소기업의 생산성 격차에 비해 임금 격차는 오히려 작은 편이다. 생산성 격차가 확대된 데에는 여러 가지 원인이 있는 것으로 보인다. 중국 및 신흥국의 제조업 기술 발전과 국내 시장의 개방 확대로 국내외 시장에서

표 1-6 **기업 규모별 월평균 임금 추이**						단위: 1,000원, %
구분		2008년	2009년	2010년	2011년	2012년	2013년
전 산업	전 규모 (5인 이상)	2,568.8 (67.8)	2,636.3 (69.2)	2,816.2 (68.0)	2,843.5 (68.5)	2,995.5 (69.8)	3,111.0 (70.0)
	중소기업 (5~299인)	2,270.9 (60.0)	2,338.0 (61.4)	2,479.4 (59.9)	2,511.7 (60.5)	2,663.9 (62.1)	2,764.1 (62.2)
	5~9인	1,833.7 (48.4)	1,886.7 (49.5)	1,971.3 (47.6)	2,017.9 (48.6)	2,126.0 (49.6)	2,218.6 (49.9)
	10~29인	2,153.1 (56.9)	2,186.8 (57.4)	2,318.1 (56.0)	2,381.9 (57.3)	2,525.5 (58.9)	2,625.4 (59.0)
	30~99인	2,381.8 (62.9)	2,507.1 (65.8)	2,658.6 (64.2)	2,728.7 (65.7)	2,904.0 (67.7)	3,007.5 (67.6)
	100~299인	2,795.7 (73.8)	2,829.9 (74.3)	2,990.8 (72.2)	3,018.7 (72.7)	3,255.2 (75.9)	3,380.9 (76.0)
	대기업 (300인 이상)	3,786.3 (100.0)	3,809.2 (100.0)	4,140.1 (100.0)	4,154.2 (100.0)	4,289.9 (100.0)	4,446.9 (100.0)
제조업	전 규모 (5인 이상)	2,677.6 (66.5)	2,736.6 (67.9)	2,985.1 (65.7)	3,034.1 (65.1)	3,220.6 (65.4)	3,371.4 (65.1)
	중소기업 (5~299인)	2,232.3 (55.4)	2,321.3 (57.6)	2,492.5 (54.8)	2,466.2 (52.9)	2,620.5 (53.2)	2,738.8 (52.9)
	5~9인	1,826.9 (45.4)	1,901.5 (47.2)	2,043.0 (44.9)	2,094.5 (44.9)	2,247.9 (45.7)	2,347.8 (45.3)
	10~29인	2,048.9 (50.9)	2,108.5 (52.3)	2,256.7 (49.6)	2,264.9 (48.6)	2,402.6 (48.8)	2,542.4 (49.1)
	30~99인	2,236.4 (55.5)	2,324.7 (57.7)	2,501.5 (55.0)	2,497.4 (53.5)	2,682.9 (54.5)	2,798.7 (54.0)
	100~299인	2,758.9 (68.5)	2,871.6 (71.2)	3,054.0 (67.2)	3,025.3 (64.9)	3,184.9 (64.7)	3,293.1 (63.6)
	대기업 (300인 이상)	4,027.9 (100.0)	4,031.7 (100.0)	4,546.9 (100.0)	4,663.8 (100.0)	4,923.4 (100.0)	5,178.3 (100.0)

주: 괄호 안은 대기업(300인 이상) 대비 비중임.
자료: 매월 노동통계조사, 고용노동부.

경쟁에 밀려 제품 가격이 지속적으로 정체 상태에 있거나 하락하는 경
우에 해당 기업의 생산성은 정체하거나 하락한다. 현재 수많은 국내
중소기업이 기술혁신에 뒤쳐져 있는 상태에서 신흥국과의 경쟁에 노

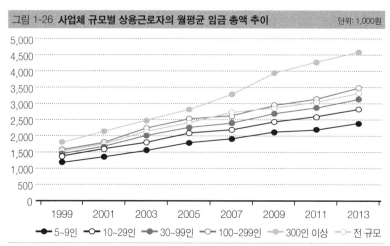

그림 1-26 **사업체 규모별 상용근로자의 월평균 임금 총액 추이**　단위: 1,000원

자료: e-나라지표; 제4장(이장원).

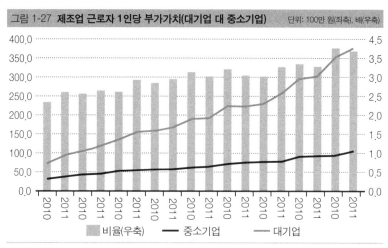

그림 1-27 **제조업 근로자 1인당 부가가치(대기업 대 중소기업)**　단위: 100만 원(좌축), 배(우축)

자료: 중소기업청.

출되어 있다. 주로 섬유 등과 같은 전통적 산업의 중소기업이 그렇다.
다른 한편으로 국내 대기업과 하청 관계에 있는 중소기업의 생산성이
정체된 상태이다. 생산성은 창출된 부가가치 규모로 측정되고, 부가가

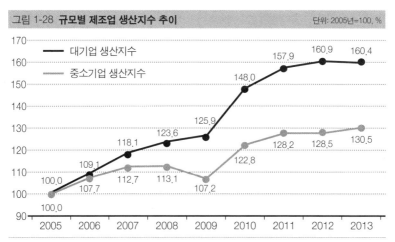

그림 1-28 **규모별 제조업 생산지수 추이**   단위: 2005년=100, %

주: 제조업 생산지수는 2010년 기준(2010=100)이지만, 2005년 기준(2005=100)으로 변환함.
자료: 산업활동동향, 통계청.

그림 1-29 **규모별 제조업 노동생산지수 추이**   단위: 2005년=100, %

주: 제조업 노동생산지수는 2010년 기준(2010=100)이지만, 2008년 기준(2008=100)으로 변환함.
    노동생산성지수 = 산출량지수 / 노동투입량
자료: 노동생산성동향, 산업통상자원부.

치 규모는 독점적 지위에 있는 대기업의 하도급거래 및 납품 단가의
결정 행태 등의 영향을 받게 되므로 한국의 재벌 대기업 중심 시장구

조도 이러한 현상에 영향을 미치는 것으로 보인다. 현재 한국의 중소 제조기업의 절반 정도가 하도급거래에 참여하고 있다.

다른 한편으로 서비스업에 속해 있는 여러 중소기업들에서 대기업과 생산성 격차가 큰 사례를 찾아볼 수 있다. 이들 역시 브랜드 가치가 낮고 대기업의 서비스 유통체인 등과의 경쟁에서 열세에 놓이면서 낮은 수익성을 나타내고 있거나 대기업과의 하청 용역 서비스 관계에 놓여 있는 경우가 많다.

요컨대 중소기업과 대기업의 생산성 격차 확대는 중국 및 신흥국과의 경쟁 심화 등 대외 환경 변화와 기술혁신 능력 부족, 독과점적 시장구조 등과 같은 대내 구조적 요인의 복합적인 작용에 따른 결과라고 볼 수 있다. 최근에도 중소기업과 대기업 간 생산성 격차는 점점 더 커지고 있다.

정규직과 비정규직 간 임금 격차 확대

2013년 기준으로 한국의 비정규직 근로자 임금은 정규직 근로자의 53.5% 수준인 것으로 나타난다. 이는 물론 비정규직 근로자 대부분이 중소기업에서 근무하고 있기 때문이기도 하지만, 비정규직 근로자의 평균 학력, 경력, 성별 비중 등을 고려해 비교하면 차이는 훨씬 줄어들 수 있다. 하지만 동일 노동을 하면서도 정규직과 비정규직이라는 고용형태의 차이에 따라 임금수준에 큰 차이가 존재하는 것은 사실이다.

특히 각종 복리비, 상여금 등을 포함한 보상을 기준으로 비교하면 비정규직과 정규직의 임금 격차는 더 커진다. 2013년 기준 중소기업(300인 미만)의 상여금 적용률은 54.7%로 대기업의 87.9% 수준과 상당한 차이를 보이며, 특히 중소기업 비정규직의 근로자는 20.0%만이 상여금을 받는 것으로 나타난다.

표 1-7 중소기업 인력 구성						단위: 명, %
산업 분류	소계	상용근로자	임시·일일 근로자	자영업자	무급 가족종사자	기타 종사자
전 산업	13,059,372 (100.0)	7,055,177 (54.0)	1,769,869 (13.6)	2,964,207 (22.7)	739,022 (5.7)	531,097 (4.1)
제조업	2,963,643 (100.0)	2,368,400 (79.9)	230,990 (7.8)	275,668 (9.3)	73,694 (2.5)	14,891 (0.5)
도소매업	2,635,737 (100.0)	1,107,670 (42.0)	291,643 (11.1)	819,453 (31.1)	252,002 (9.6)	164,969 (6.3)
음식· 숙박업	1,871,965 (100.0)	396,518 (21.2)	503,663 (26.9)	659,726 (35.2)	287,907 (15.4)	24,151 (1.3)

자료: 김세종(2015).

표 1-8 고용형태별 월평균 임금 추이							단위: 1,000원, %
구분	2007년	2008년	2009년	2010년	2011년	2012년	2013년
전체	1,847 (91.1)	1,945 (90.4)	1,960 (89.1)	2,023 (88.5)	2,102 (88.1)	2,216 (88.6)	2,288 (89.2)
비정규직	1,145 (56.5)	1,189 (55.3)	1,202 (54.7)	1,219 (53.3)	1,282 (53.8)	1,313 (52.5)	1,372 (53.5)
정규직	2,027 (100.0)	2,151 (100.0)	2,199 (100.0)	2,285 (100.0)	2,385 (100.0)	2,502 (100.0)	2,566 (100.0)

주: 괄호 안은 정규직 근로자 대비 비중임.
자료: 사업체근로실태조사, 고용노동부.

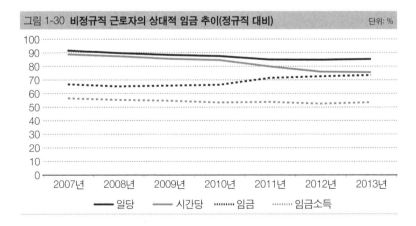

그림 1-30 비정규직 근로자의 상대적 임금 추이(정규직 대비)   단위: %

일당 　 시간당 　 임금 　 임금소득

표 1-9	고용형태 및 기업 규모별 노동조합 가입률						단위: %
고용형태	기업 규모	2008년	2009년	2010년	2011년	2012년	2013년
전체	전체	12.9	13.2	11.6	11.1	11	11
	5인 미만	1.6	1.5	1.5	1.2	1.1	1.0
	5~29인	5.9	5.6	5.1	4.6	4.6	4.7
	30~299인	19.5	20.9	18.9	15.5	16.3	16.7
	300인 미만	9.0	9.5	8.4	7.2	7.5	7.6
	300인 이상	36.6	34.5	29.7	34.3	32	32.4
정규직	전체	16.6	16.8	14.8	14.4	14	13.9
	5인 미만	1.9	2.3	1.9	1.9	1.7	1.5
	5~29인	6.7	6.8	6.2	5.7	5.6	5.7
	30~299인	21.7	23.8	21.8	18.5	19.2	19.5
	300인 미만	11.0	12.2	11.0	9.7	9.7	9.8
	300인 이상	40.5	39.3	34.1	38.5	35.7	36.9
비정규직	전체	2.9	2.0	1.5	1.5	1.7	1.4
	5인 미만	1.2	0.5	0.9	0.2	0.3	0.3
	5~29인	1.8	1.4	0.9	0.8	1.0	0.9
	30~299인	5.7	4.7	3.0	1.7	2.7	2.8
	300인 미만	2.2	1.6	1.3	0.7	1.1	1.1
	300인 이상	10.1	5.9	3.5	10.4	8.3	5.0

자료: 사업체근로실태조사, 고용노동부, 김세종(2015).

정규직과 비정규직 간의 이러한 임금 격차는 대기업 노동조합의 강성 활동, 고용의 경직성과도 관계있다. 대기업을 중심으로 한 노조는 강성 활동과 임금 단체협상 등을 통해 세계금융위기 이전부터 지속적으로 빠른 임금 상승을 주도해왔고, 대기업은 이러한 임금 상승에 따른 수익성 압박에 대해, 동일 노동을 제공하지만 노조의 보호와 혜택을 거의 받지 못하는 비정규직 고용이나 용역업체를 통한 파견근로 확대 등으로 생산원가를 낮춤으로써 대응해왔다. 그 결과 한국의 노동시장 이중구조는 심화되었다.

최근 연구에서는 대기업의 강성 노조에 의한 임금의 지속적 상승

표 1-10 **기업 수익성 지표 추이** 단위: %

구분		2005년	2006년	2007년	2008년	2009년	2010년	2011년	2012년
총자산 순이익률	제조업	6.32	5.20	5.59	2.85	4.70	6.51	4.68	4.68
	중소기업	3.57	3.57	3.22	3.10	3.68	4.19	3.66	3.90
	대기업	7.31	6.12	6.69	3.43	5.73	7.91	5.41	5.20
매출액 영업 이익률	제조업	6.12	5.34	5.87	5.89	5.83	6.72	5.57	5.13
	중소기업	4.25	4.31	4.43	5.10	5.61	5.55	5.10	4.95
	대기업	7.16	5.98	6.82	6.58	6.43	7.67	6.13	5.43
금융비용 대 매출액 비율	제조업	1.16	1.21	1.35	1.42	1.44	1.20	1.15	1.13
	중소기업	1.70	1.73	2.03	2.16	2.22	2.02	1.91	2.01
	대기업	1.03	1.05	1.00	1.00	1.17	0.94	0.89	0.90
차입금 평균 이자율	제조업	5.98	6.27	6.35	6.50	5.85	5.50	5.34	4.98
	중소기업	5.96	5.95	6.27	6.61	6.77	6.06	5.89	5.80
	대기업	5.82	6.13	6.05	5.92	5.69	5.17	4.86	4.56

자료: 기업경영분석, 한국은행, 김세종(2015).

과 수익성(또는 경쟁력) 압박이 대기업과의 협상력에서 열위에 있는 하청 중소기업의 납품가에 대한 압박으로 전이되며, 이것이 중소기업의 생산성(부가가치)을 떨어뜨려 중소기업 근로자와 대기업 근로자 간 임금 격차를 확대하는 과정을 지속케 한다고 분석하기도 한다(김대일, 2008; 박영철 외, 2008). 이에 따르면, 국내 대기업의 강성 노조와 고용 경직성은 결국 대기업과 중소기업 간, 정규직과 비정규직 간 임금 격차를 확대해 노동시장의 이중구조를 심화시켜왔으며, 이것이 임금근로자 간 소득분배를 악화시키는 작용을 해온 것으로 보인다.

직종별 임금 격차 확대

2001~2009년 직업별 임금 현황을 분석한 자료(조윤제·송의영·고영우, 2014)에 따르면, 이 기간에 직업별 임금 격차가 다소 확대된 것으로 나타난다. 1976~1990년에는 직업별 임금 격차가 감소했던 것과는 대

조적으로 2000년대 이후에는 직업별 임금 격차가 감소하는 추세가 사라졌으며 학력, 연령, 경력 등 근로자의 속성을 통제해도 같은 결과가 나오고 있다. 2001~2009년에는 경영, 금융, 회계 등의 직업군 임금이 최상위권을 유지했으며, 특히 기업 고위 임원의 임금 프리미엄 상승이 매우 가팔라 최고의 상승폭을 나타냈다.[3]

같은 기간 임금 프리미엄 상승폭 최상위 5개 직업 중 4개를 경영, 금융 관련 전문 직업(기업 고위 임원, 연구관리자, 경영지원관리자, 투자 및 신용 분석가)이 차지했고, 최상위 15개 직업 중에서도 9개를 경영, 금융전문 직업이 차지했다. 이는 외환위기 이후 한국 금융시장의 전면적 개방, 영미식 기업 지배구조 및 보수체계 도입과도 연관이 있는 것으로 추측된다.

반면에 같은 기간의 임금 프리미엄 하락 최하위 15개 직업에는 미장공(114%→79%), 벽돌공(110%→75%), 조경원(96%→59%), 채굴 및 토목 관련 종사자(110%→72%) 등 단순노동 직업이 많이 포함되었다. 파출부 및 가사도우미(43%→34%), 주방보조원(52%→44%), 노점 및 이동판매원(59%→50%) 등 저소득 직업의 상대적 임금(임금 프리미엄)도 더욱 하락한 것으로 나타났다. 결과적으로 2001~2009년에 비숙련 단순노동, 저임금 노동자의 임금은 비교적 더 큰 폭으로 떨어진 것으로 나타나 앞서 언급한 경영, 금융 등 전문가 직업 임금의 상대적 상승(임금 프리미엄의 상승)과 맞물려 전반적으로 최상위소득층과 최하위소득층의 소득 격차를 심화시키고 중간 소득층이 줄어드는 데 주요인이 된 것으로 보인다.

조윤제·송의영·고영우(2014)의 1993~2012년 중분류 직업 임금 변화 분석 결과에서도 최고위소득 직업군(행정관리자, 기업경영인)의 임금

---

3   기업 고위 임원의 임금 프리미엄은 2001년 309%에서 2009년 606%로 증가했다.

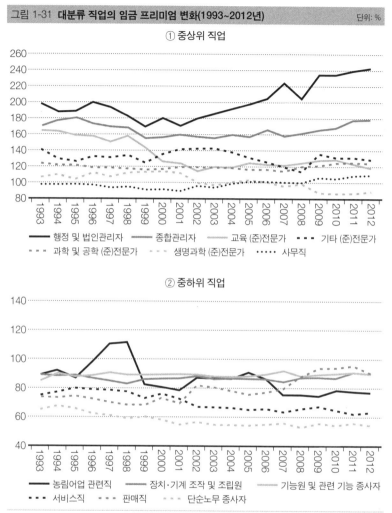

그림 1-31 대분류 직업의 임금 프리미엄 변화(1993~2012년) 　　　　　단위: %

① 중상위 직업

— 행정 및 법인관리자　　— 종합관리자　　— 교육 (준)전문가　　■ ■ ■ 기타 (준)전문가
■ ■ ■ 과학 및 공학 (준)전문가　　■ ■ ■ 생명과학 (준)전문가　　•••• 사무직

② 중하위 직업

— 농림어업 관련직　　— 장치·기계 조작 및 조립원　　— 기능원 및 관련 기능 종사자
■ ■ ■ 서비스직　　■ ■ ■ 판매직　　•••• 단순노무 종사자

자료: 조윤제·송의영·고영우(2014).

프리미엄은 2001년 이후 꾸준한 상승세(상대적 격차 확대)를 보였지만,
사무직과 (준)전문가 직업군의 임금 프리미엄은 정체된 모습을 나타냈
다(그림 1-31 참조). 또한 임금수준이 최하위에 속하는 서비스직과 단순

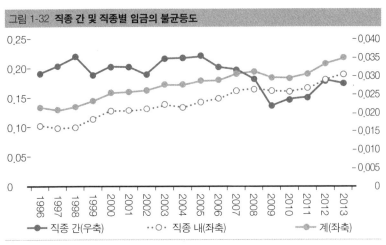

그림 1-32 **직종 간 및 직종별 임금의 불균등도**

0.25-

0.20-

0.15-

0.10-

0.05-

0

-0.040

-0.035

-0.030

-0.025

-0.020

-0.015

-0.010

-0.005

0

1996 1997 1998 1999 2000 2001 2002 2003 2004 2005 2006 2007 2008 2009 2010 2011 2012 2013

─●─ 직종 간(우축)   ··○·· 직종 내(좌축)   ─●─ 계(좌축)

자료: 제3장(김종일).

노무자의 임금 프리미엄은 지속적인 하락세를 보였으나, 성(性), 교육 수준, 나이, 근속연수의 영향을 통제하면 이들의 임금 프리미엄에는 큰 변화가 없는 것으로 나온다. 이는 같은 기간 서비스직과 단순노무직 등 저소득 직업군에서 여성, 고령자, 일용노동자의 비중이 많이 늘어나는 등 고용구조가 변화했기 때문으로 보인다.

　근로자 간 임금 불균등도를 타일지수로 추정한 분석(제3장 참조)에서도 같은 직종 내 근로자 간 임금의 불균등도가 전체적인 임금의 불균등 증가에 기여하는 정도가 큰 것으로 나왔다. 산업 내 임금 격차가 계속해서 확대된 것처럼 직종 내 임금 불균등도도 1990년대 중반 이후 지속적으로 확대되고 있는 것이다(그림 1-32 참조).

4. 소득분배 개선을 위한 정책 과제

앞서 논한 바와 같이 한국의 소득분배는 1990년대 중반 이후 지속적으로 악화되었으며, 이러한 분배 구조의 악화는 주요 경제·사회·정치 문제로 떠올라 있다. 이에 적절히 대처하지 않고 한국 경제·사회가 안정적이고 지속적인 발전을 해나가기를 기대하기란 어렵다. 그렇다면 한국은 향후 소득분배의 개선을 위해 어떤 정책을 추진해나가야 할 것인가? 이에 대해 정확한 답을 구하는 것은 쉽지 않다. 앞으로 소득분배 개선을 위한 올바른 정책을 채택해나가려면 먼저 한국에서 소득분배 악화를 초래한 요인이 무엇이었는지 정확히 진단해야 한다. 그렇다면 그동안 흔히 지목되었던 외환위기 이후 '신자유주의'적 구조조정과 정책 도입은 정말 한국 사회에서 소득분배를 악화시킨 주요인일까? 반드시 그렇다고 할 수는 없다. 앞서 살펴보았듯이 거의 모든 통계에서 한국의 소득분배 악화 추세가 외환위기 이전인 1990년대 초·중반부터 시작되었음을 보여준다.

제3장에서 논했듯이 이는 이 시기를 전후로 진행된 한국 경제의 구조적 변화가 소득분배에 영향을 미친 주요인이었음을 시사한다. 다시 말해 소득분배의 악화는 중국의 개방화, 동구권의 사회주의체제 붕괴 등으로 이들이 시장경제체제에 편입되면서 1990년대 이후 전 세계적으로 가속화된 세계화의 물결과 이에 따른 국내 시장의 개방 확대로 국내의 산업구조, 고용구조가 크게 변하기 시작했기 때문으로 보인다. 이와 더불어 국내의 연금제도나 노인복지제도가 제대로 성숙되지 않은 상황에서 고령화에 따른 인구구조 변화가 빠르게 진행되었고, 이것이 산업구조 및 고용구조 변화와 서로 맞물려 결국 소득분배를 악화시킨 것으로 볼 수 있다. 이 세 가지 구조적 변화는 한국뿐 아니라 오늘날 개방되어 있는 세계 거의 모든 국가에서 소득분배에 부정적인 영향

을 미친 요인들로서, 오늘날 소득분배 악화는 세계 각국에서 공통적으로 겪고 있는 현상이기도 하다. 그러나 특히 중국과 지리적으로 인접해 있고 제조업이 국내총생산에서 차지하는 비중이 크며 중국과의 교역 비중이 매우 빠르게 확대된, 다시 말해 신흥국과 선진국의 사이에 끼어 있는 한국으로서는 산업구조 및 고용구조의 변화와 관련해 세계화에 따른 영향을 더 많이 받아왔다고 볼 수 있다. 한국의 인구 고령화 역시 과거 선진국이 겪었던 것보다 훨씬 빠른 속도로 진행되고 있는 반면에 연금제도나 사회복지제도의 준비는 크게 미흡한 상황이다. 이러한 점이 노령 인구의 빈곤화 증대와 소득분배의 악화를 주도한 또 다른 요인이 되었다.

이 외에도 한국 사회가 당면한 내부적 요인으로, 노동시장의 경직성에 기인한 이중구조, 재벌 대기업 중심 시장구조에 따른 불공정 경쟁, 대기업과 중소기업 간 생산성 격차 등 경제구조상의 문제가 악화된 것을 들 수 있다. 또한 그동안 많이 제기된 바와 같이 외환위기 이후 도입된 영미식 기업 지배구조와 국내의 임금체계 변화도 한국의 소득집중도를 키우는 데 일정 부분 원인으로 작용한 것으로 보인다. 특히 금융 부문, 기업 임원 등의 높은 소득체계와 대기업 정규직을 중심으로 한 근로자들의 임금수준이 상대적으로 빠르게 상승한 데 반해, 미장공이나 벽돌공, 가사도우미 등 단순노무자와 서비스직의 임금이 정체된 것이 근로자 간 소득의 격차를 확대시키며 소득분배 구조를 악화시킨 한 요인이 되었을 것으로 보인다. 또한 같은 직종 내에서도 임금 격차가 1990년대 이후 지속적으로 확대된 것으로 관찰되었다.

지난 약 20년간 한국의 소득분배 악화는 이러한 복합적인 요인이 상호 작용해 나타난 현상으로 이해해야 할 것이다. 따라서 소득분배 개선을 위한 노력도 ① 이러한 경제구조적 요인에 대한 적절한 대응과 더불어, ② 조세와 이전지출을 포함한 재정정책을 통해 이뤄져야 할 것이다. 특히 한국의 소득분배가 악화된 주요인이 세계경제의 환경 변화와 더불어 진행된 산업구조, 고용구조, 인구구조의 변화인 것으로 분석되는바, 이러한 구조 변화의 추세를 되돌리기는 어렵다. 따라서 향후 시장소득의 분배를 개선한다는 것은 결코 쉬운 과제가 아님이 분명하다. 결국 국내 시장구조의 불합리한 측면을 개선하려는 노력을 기울이는 동시에 재정의 소득재분배 기능을 강화함으로써 이 문제에 접근해야 할 것으로 보인다.

경제구조 변화에 대한 대응

노동시장 개혁

노동시장의 양극화와 분절화는 대외 경제 환경 변화와 더불어 국내 노동시장의 경직성이 겹쳐져 일어나고 있는 현상이다. 또한 재벌 대기업과 하청 계열사 간의 불공정거래 질서는 하청 관계에 있는 중소기업의 생산성(부가가치)을 낮추고 이들의 임금수준을 압박함으로써 대기업과 중소기업 간 근로자의 임금 격차 확대를 가져오는 요인이 되고 있다. 나아가 재벌 대기업 정규직 근로자들의 강성 노동조합 활동과 고용 경직성은 이들의 빠른 임금 상승과 여기서 초래되는 수익성 압박을 대기업이 하청 중소기업에 전가하는 효과를 불러왔는데, 이것이 결국 중소기업 및 비정규직 근로자의 임금 정체로 이어지면서 노동시장의 양극화를 초래하는 한 요인으로 작용한 것으로 보인다. 그러나 재벌 대기업과의 하청 관계에 있는 중소기업들의 고용 규모가 전체 중소기업 고용 규모와 비교했을 때 크지 않아[4] 이러한 불공정거래 관행이

---

4 중소 제조기업의 약 절반이 대기업과의 하청 거래 관계에 있으나, 이러한 중소 제조기업이 전체 중소기업의 고용에서 차지하는 비중은 10%를 조금 넘는다.

중소기업 저임금의 주요인이 되었다고 보기는 어렵다(제3장 참조). 좀 더 근본적으로는 중소기업의 생산성과 경쟁력이 전반적으로 낮은 것에 주요인이 있다고 하겠다.

따라서 노동시장 양극화를 개선하기 위해서는 대기업 근로자의 고용 유연성을 높여 노동시장의 구조를 개선하는 노력과 더불어 중소기업의 생산성을 향상시키려는 노력이 필수적이다. 다시 말해, 중소기업의 기술혁신 능력, 경영 능력, 인력 훈련, 구조조정을 통한 생산성 향상이 이루어져야 대기업과 중소기업 간 생산성과 임금의 격차가 줄어들 수 있다. 이는 물론 쉬운 과제가 아니다. 한국은행의 기업경영분석에 따르면, 2013년에 중소기업의 약 40%가 영업이익으로 이자 비용도 제대로 충당하지 못하는 한계기업으로 분류된다. 이러한 한계기업의 퇴출과 구조조정이 원활히 일어날 수 있도록 중소기업정책의 전반적인 변화가 일어나야 할 것이다.[5]

산업구조·고용구조 변화와 교육, 기술 개발, 인사관리제도 혁신

세계화는 이 시대의 거스를 수 없는 추세이다. 한국처럼 자원이 부족하고 인구가 많은 나라에서는 대외 개방과 글로벌 시장에서의 경쟁을 통한 발전전략은 피해 갈 수 없는 선택이다. 그러나 이는 소득분배 구조를 지속적으로 압박하는 요인이 되고 있다. 그렇다면 이 문제를 해결할 대안은 무엇인가? 역시 쉽지 않은 일이다. 대외 개방과 세계화 추세를 후퇴시킬 수는 없고, 국내 대기업들이 글로벌 경영을 지속하면서 점점 국내투자를 외면하고 해외투자를 확대해나가는 추세를 되돌리기도 쉽지 않다. 그러나 이것이 소득분배에 미치는 부정적인 영향을 완화하거나 최소화하기 위해서는 ① 되도록 이들에게 국내투자

---

5   이에 관한 좀 더 구체적인 논의는 조윤제(2009)를 참조할 것.

의 매력을 높여 양질의 일자리를 지속적으로 창출할 수 있는 환경을 조성하고, ② 서비스업 및 중소기업의 생산성을 높여 대기업 고용 감소가 일어나더라도 근로자들이 이동해갈 이들 분야의 상대 임금수준을 개선함으로써 임금 및 소득 격차가 확대되지 않게 하는 것이다.

제조업의 고용 감소는 크게 ① 기술 발전과 고임금에 따른 생산방식의 자동화와 ② 기업의 해외투자 확대를 통해 진행되어왔다. 특히 고용 효과가 큰 최종 조립 단계의 공정이 1990년대 초·중반 이후 임금이 낮은 해외로 대거 이전하면서 더욱 심화되었다. 이에 대한 대응책은 결국 제조업의 국내투자를 확대하는 것인데, 이를 위해서는 그동안 추진해온 규제 완화의 노력이 지속되어야 하고, 무엇보다 기업의 국내투자 비용 감소와 수익성 개선이 전제되어야 할 것이다. 또한 적정 환율 수준의 유지도 중요하다. 나아가 임금수준과 부동산 가격의 안정이 지속되어야 국내투자의 상대적 이점이 커진다. 지나치게 높은 임금 및 공장 부지 확보·임대 비용은 결국 국내 기업이 해외로 눈을 돌리게 하는 중요한 이유가 되기 때문이다.

이와 더불어 국내 근로자의 생산성이 더욱 증대되고 인력의 질이 신흥국이나 다른 경쟁 국가보다 더 높아져야 할 것이다. 이는 다시 말해 근로자의 교육, 기술 수준, 일에 대한 윤리 및 근로 능력이 중국이나 신흥국과 비교할 때 임금수준의 격차와 상응하거나 이를 충분히 상쇄할 수 있을 만큼 월등히 높아져야 함을 의미한다. 현재 한국의 임금수준, 특히 제조 대기업 근로자의 임금수준은 한국의 소득수준에 비해서도 높고 선진국과 비교해도 결코 낮지 않은 편이다. 이러한 상황에서 선진국에 상응하는, 혹은 그보다 높은 기술 수준과 인력의 질을 갖추지 못한다면 기업의 국내투자 기피와 해외투자 확대 현상은 지속될 수밖에 없다.

따라서 국내 근로자 인력 수준, 일하는 방식과 근로의 효율성, 생산성, 창의성을 높이기 위한 교육, 기술훈련 방식에 있어 큰 혁신이 일어나야 하고, 또한 이를 위해서는 국내 기업들의 인사관리시스템과 근로문화의 개편, 이에 대한 노조의 호응성 등이 뒷받침되어야 한다. 결국 세계화, 개방화, 그리고 신흥국의 부상이라는 세계적 환경의 변화에 대처해 한국 경제·사회 전반의 혁신이 있어야 그나마 한국 경제의 입지와 소득분배를 지켜갈 수 있다. 이를 위해서는 우선 공기업, 정부 등 공공부문에서의 일하는 방식, 근로 효율성, 인사관리시스템의 혁신이 선도되어야 할 것이다.

정년 연장과 임금체계·연금정책 개선

사람을 늙지 않게 할 수는 없다. 1955년 시작된 베이비부머 세대의 기대수명이 크게 연장되고 이들의 은퇴가 시작되면서 한국의 소득분배는 더욱 악화될 것이다. 장기적 관점에서 보면 출산율을 높여 고령 인구의 비중을 줄여나가야 하지만, 이미 지난 30년간 한국의 출산율 저하와 기대수명 증가를 볼 때 앞으로 약 40~50년간 인구구조는 점점 더 역피라미드형으로 변해갈 것으로 예상된다. 따라서 앞으로 40~50년이 한국 경제의 역동성과 소득분배, 그리고 정치적·경제적·사회적으로 세대 간 문제가 가장 복잡하게 충돌하는 어려운 시기가 될 것이다. 특히 한국은 연금제도 등이 미비한 가운데 다른 어떤 나라들보다 고령화가 빠르게 진행되면서 노인 빈곤율이 급격히 증가했고, 이에 더해 노인 자살률 또한 OECD 국가 중 가장 높은 수준을 보이고 있다.

지금과 같은 상황에서 인구구조의 변화가 소득분배를 악화시키는 영향을 완화해나가려면 결국 연금제도를 더욱 강화하고 이전지출 등을 늘리는 것이 최선의 선택으로 보인다. 한국의 국민연금제도는 소득대체율이 매우 낮기 때문에 향후 기업연금제도와 개인연금제도 등을 더욱 보편화해 전반적으로 은퇴 후 소득 대체율을 높여나가는 노력을

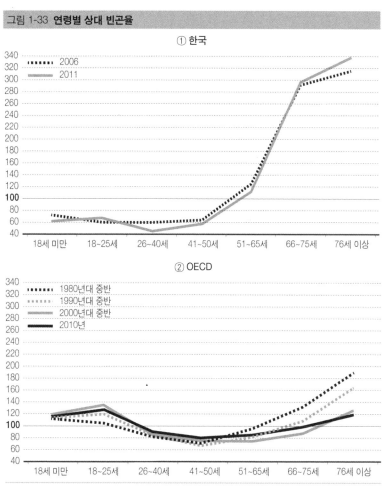

그림 1-33 **연령별 상대 빈곤율**

① 한국

18세 미만　18~25세　26~40세　41~50세　51~65세　66~75세　76세 이상

② OECD

18세 미만　18~25세　26~40세　41~50세　51~65세　66~75세　76세 이상

주: 전체 빈곤율을 100으로 하여 계산.
자료: Lipton(2015).

기울여야 한다. 이에 대한 세제 지원을 확대하는 방안도 고려해야 할
것이다.

한편 고령화 시대를 맞아 각 직장에서는 정년 연장이 불가피한 상
황이다. 하지만 정년 연장으로 청년의 일자리가 줄어드는 효과를 완화

하려면 임금피크제를 비롯한 임금체계 개선이 반드시 함께 이뤄져야 할 것이다. 현재 대부분의 직장에서 실시하고 있는 연공급 임금체계에서 점차 탈피해 생산성에 따라 임금체계가 정해지는 직무 중심의 임금체계로 전환해야 하며, 이를 위해서는 각 직장에서 정확한 직무 분석과 동시에 노사 간 합의가 필요하다. 이는 지금 논의되고 있는 노동시장 개혁의 주요 어젠다가 되어야 할 것이다. 그리고 이러한 노사 간 합의에 성공하려면 먼저 노사 간 신뢰를 제고할 수 있는 분위기가 조성되어야 할 것이다. 그야말로 사회적 연대, 사회적 대타협의 바탕을 마련할 수 있는 신뢰 기반의 형성이 중요한 것이다. 빠른 고령화가 진행되고 있는 한국에서 이를 위한 시간은 많지 않다.

인구구조의 변화가 한국의 경제정책에 주는 또 다른 시사점은 저소득층 대책과 경제 활성화 정책에서 찾을 수 있다. 과거에는 경기 사이클의 변화에 따라 저소득층도 경기가 불황 국면을 벗어나는 시점에는 소득의 증가가 가시적으로 쉽게 관찰되었다. 즉, 성장의 온기가 비교적 골고루 퍼졌던 것이다. 그러나 저소득층의 대부분이 은퇴 노인가구로 구성된 최근에는 저소득층의 소득 구성에서 시장소득보다는 이전소득 등과 같이 경기 사이클과 관련성이 비교적 적은 종류의 소득이 대부분을 차지하면서, 경기 불황 국면을 탈피한 이후에도 저소득층의 소득 증가 추이가 가시화되지 않는다는 새로운 특징을 보이고 있다. 이처럼 경기 사이클과 저소득층 소득 사이의 상관관계가 줄어드는 현상으로부터 유추할 수 있는 정책적 시사점은, 향후 저소득층 대상의 소득 개선을 위한 정책에서 청년 취업 장려 위주의 정책은 적절하지 않으며, 노인정책적 관점에서 접근하는 것이 좀 더 효율적일 것으로 판단된다는 점이다(제5장 참조).

다시 말해, 저소득층의 소득 증감률 변화는 청년층과의 관련성이 점차 낮아지고 있기 때문에 저소득층의 소득 증가율 둔화 현상에 대해 청년 취업 제고 정책으로만 대응한다면 실패할 가능성이 크다. 왜냐하면 실제의 청년 취업 지표와 관계없이 저소득층의 소득 증감률이 별다른 반응을 보이지 않을 가능성이 크기 때문이다(제5장 참조).

공정거래 질서 강화

재벌 대기업과 하청 계열사 간의 불공정거래 질서는 하청 관계에 있는 중소기업의 생산성을 낮추고 이들의 임금수준을 압박함으로써 대기업과 중소기업 근로자 간 임금 격차 확대를 가져오는 요인이 되고 있다. 그러나 이러한 요인이 그동안 한국에서 진행된 소득분배의 악화에 얼마나 중요한 영향을 끼쳤는지는 확실치 않다.

2012년 기준 한국의 전체 중소기업체 중에서 제조 중소기업의 비중은 약 10%에 지나지 않는다. 이 중 수탁거래 관계에 있는 중소기업체 수는 2013년 기준 약 52% 수준인 것으로 나타난다(표 1-11 참조). 다시 말해, 전체 중소기업의 숫자로 보면 약 4~5%의 기업이 대기업 혹은 중견기업과의 제조 하청 관계에 놓여 있다. 하도급 계약에서 대기업이 독과점적 지위를 이용한 불공정거래를 통해 중소기업의 부가가치(생산성)를 이전해 오는 관행을 막는 것은 해당 중소기업의 생산성과 수익성을 높이고 해당 중소기업 근로자의 임금과 대기업 근로자의 임금 격차를 줄이는 데에는 도움이 되겠으나, 전체 중소기업과 대기업 간의 생산성과 임금 격차를 줄이는 차원에서 볼 때 이것이 큰 효과가 있으리라 기대하기는 어렵다. 물론 전체 중소기업의 약 28%를 차지하는 도소매 중소기업체 일부도 대기업과의 '갑을 관계'에 놓여 있을 수 있어 불공정거래 관행이 이들의 수익성을 줄이고 임금수준을 낮출 수 있으나, 그 정책적 효과가 어느 정도인지는 정확히 추정하기 어렵다. 대기업의 불공정거래 관행은 당연히 시정해야 할 과제이지만, 이를 위한 정책이 전반적인 중소기업의 생산성 증가와 임금수준 개선, 대기업

표 1-11 조직 형태별 중소기업 현황(2012년 기준)

산업 분류	전체			중소기업		
	개인	법인	소계	개인	법인	소계
전 산업	2,949,741 (87.9)	404,579 (12.1)	3,354,320 (100.0)	2,949,682 (88.0)	401,722 (12.0)	3,351,404 (100.0)
제조업	274,352 (76.6)	83,869 (23.4)	358,221 (100.0)	274,348 (76.7)	83,191 (23.3)	357,539 (100.0)
도매 및 소매업	816,919 (87.4)	118,280 (12.6)	935,199 (100.0)	816,917 (87.4)	118,025 (12.6)	934,942 (100.0)
숙박 및 음식점업	657,592 (97.8)	14,690 (2.2)	672,282 (100.0)	657,591 (97.8)	14,627 (2.2)	672,218 (100.0)

자료: 김세종(2015).

표 1-12 수·위탁 거래별 중소기업 구성비 단위: %

구분	2009년	2010년	2011년	2012년	2013년
위탁기업	8.9	6.0	3.0	2.6	4.1
수급기업	43.2	45.5	46.2	50.3	43.6
수·위탁 없음	47.9	48.8	50.7	47.2	52.3

주: '수급기업'에는 타 기업에서 위탁을 받아 납품하는 기업과 타 기업에서 위탁을 받아 일부 물량을 다른 기업에 재위탁하는 기업을 모두 포함함.
자료: 김세종(2015).

과 중소기업 간 임금 격차 완화에 미치는 효과에는 한계가 있을 것으로 보인다. 다만 이러한 노력이 전반적인 시장 환경에 미치는 영향 (spill-over effect)은 적지 않을 것으로 기대된다.

좀 더 근본적으로는 앞서 논한 바와 같이 중소기업 생산성 향상을 위한 종합적인 노력이 필요하다. 또한 한국의 재벌 대기업을 중심으로 한 시장 지배력과 일감 몰아주기, 하도급 중소기업에 대한 납품 단가의 불공정 거래 관행 등은 단순히 소득분배 개선만이 아니라 시장구조 개선과 공정성 증대라는 장기적인 관점에서 지속적으로 추진해야 할 과제이다.

임금체계 개선

국가와 정부가 민간기업의 임금체계에 간섭하기는 어렵다. 그러나 기업 내 혹은 기업 간 임금소득의 지나친 격차와 이것의 확대에 대해서는 어느 정도의 사회적 압력이나 경종이 필요하지 않나 생각한다. 한국은 외환위기 이후 특히 기업 고위 임원 및 금융 부문의 임금체계가 영미식 임금체계를 따르면서 이들 소수의 임금과 일반 근로자의 임금 격차가 크게 확대되는 경향을 보이고 있다(이러한 임금체계의 변화는 장기적으로 소수 1% 혹은 0.1%의 소득집중도를 크게 늘이게 된다). 선진국에서도 이에 대한 사회적 견제와 시정의 목소리가 높아져 왔다. 상장 기업 임원과 고위 경영진의 보수를 정기적으로 등록·공개하게 하는 것도 이러한 사회적 견제와 압력을 높이는 한 방법으로 작용할 수 있을 것이다. 그리고 정부 산하 금융기관의 임원 보수 수준을 적정하게 관리해 나가는 것도 시장에 대한 시그널 효과를 낼 수 있을 것이다.

재정의 소득재분배 기능 강화

한국 경제의 구조적 변화에 따른 소득분배 악화를 완화하기 위해서는 시장구조를 개선하려는 정책적 노력이 있어야 한다. 그러나 이러한 구조조정정책은 직접적으로 소득분배를 개선하기도 어렵거니와 정치적으로 매우 어려운 선택 과정을 요하며, 또한 그 효력이 발생할 때까지 많은 시간이 걸린다. 따라서 가장 직접적이며 유효한 정책 수단은 재정정책을 통한 소득분배 개선 노력이다. 피케티(Piketty, 2014)도 역사적 경험으로 볼 때 재정정책이 소득분배 개선을 위한 가장 유효한 수단이 될 수 있다고 주장한 바 있다.

그러나 재정의 소득재분배 역할도 근본적으로는 재정의 건전성을 유지하는 범위 내에서 이뤄져야 한다. 또한 한국의 사회복지제도 및

그림 1-34 주요 국가별 재정정책의 소득재분배 효과

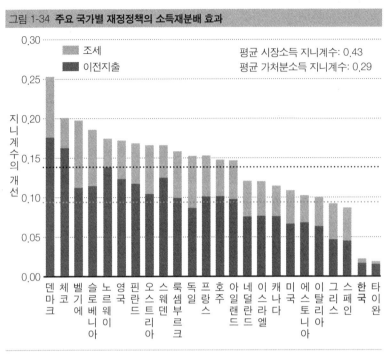

지니계수의 개선

- 조세
- 이전지출

평균 시장소득 지니계수: 0.43
평균 가처분소득 지니계수: 0.29

덴마크 체코 벨기에 슬로베니아 노르웨이 영국 핀란드 오스트리아 스웨덴 룩셈부르크 독일 프랑스 호주 아일랜드 네덜란드 이스라엘 캐나다 미국 에스토니아 이탈리아 그리스 스페인 한국 타이완

자료: 조장옥(2015).

지출은 아직 미성숙한 단계에 머물러 있어 인구 고령화가 진전됨에 따라 현재의 제도하에서도 자연히 복지재정의 지출이 빠르게 늘어나게 되어 있다. 따라서 소득재분배 역할 강화를 위한 재정정책의 설계는 이런 점을 충분히 고려해 매우 면밀히 이뤄져야 할 것이다. 또한 향후 세수가 증가하고 사회복지지출이 늘어나는 속도와 규모에서 국민의 합의를 도출해내기 위한 노력이 반드시 필요하다.

재정의 소득재분배 기능과 관련해서는 조세와 재정지출 양면에서 모두 지금보다 더 강화된 역할이 요구된다. 한국은 재정의 소득재분배 기능이 OECD 국가들 중 가장 낮은 수준에서 머물고 있다(그림 1-34 참조). 제5장에서 자세히 살펴보겠지만, 한국의 세제는 영국 등 선진국에

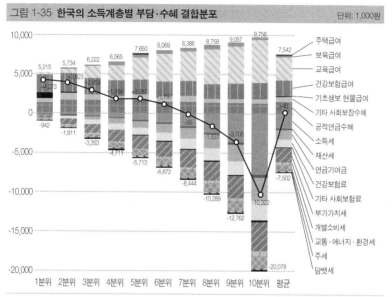

그림 1-35 **한국의 소득계층별 부담·수혜 결합분포**   단위: 1,000원

주택급여
보육급여
교육급여
건강보험급여
기초생보 현물급여
기타 사회보장수혜
공적연금수혜
소득세
재산세
연금기여금
건강보험료
기타 사회보험료
부가가치세
개별소비세
교통·에너지·환경세
주세
담뱃세

주: 2013년 '가계동향조사' 추정치.
자료: 제5장(성명재).

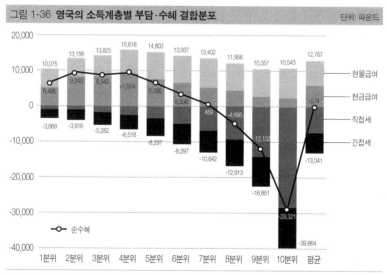

그림 1-36 **영국의 소득계층별 부담·수혜 결합분포**   단위: 파운드

현물급여
현금급여
직접세
간접세

━○━ 순수혜

자료: 제5장(성명재).

표 1-13 한국과 영국 간 주요 소득 종류별 10분위 배수 비교

소득 종류	영국(2012/2013 회계연도)	한국(2013년)
시장소득	39.3	15.78
민간소득	-	13.43
총소득	14.3	10.96
가처분소득	12.3	9.87
세후소득	17.3	9.87
최종소득	8.9	7.87

자료: 제5장(성명재).

비해 재분배 기능이 약한 편이다(표 1-13 참조). 따라서 소득세의 기능을 더 강화할 필요가 있다. 한국의 소득세율은 낮지 않은데도 개인소득세수가 총소득에서 차지하는 비중은 선진국보다 크게 낮다. 이는 감면의 수준이 높고, 세정의 한계로 자영업자에 대한 징세가 제대로 이루어지지 않고 있기 때문이다.

조세의 소득재분배 기능을 강화하려면 전반적인 세수에서 직접세인 소득세의 비중을 높여나가야 한다. 한국의 소득세는 물가연동제가 도입되어 있지 않기 때문에, 별도의 제도 개편이 없더라도 시간이 지나면 자생적으로 누진과세 효과를 통해 세수 비중이 증가되는 체계가 내장되어 있다(제5장 참조). 따라서 당분간 세제를 개편하지 않는 것도 한 방법이 될 수 있으며, 만약 추가적 증세가 필요하다면 소득세율의 누진도를 상향 조정함으로써 재분배 기능을 강화할 수 있을 것이다. 그러나 무엇보다 중요한 것은 자영업자의 소득 파악 및 지하경제 양성화 노력을 지속함으로써 근로자의 소득세 인상에 대한 저항을 줄이면서 소득세의 비중을 점차 늘려가는 것이다.

소득세와 달리 재산세 강화는 소득분배에 유의미한 긍정적 결과를 가져오지 못할 것으로 추정된다. 한국의 부동산자산 분포는 소득분포보다 더욱 집중되어 있는 것이 사실이지만, 소득수준이 높은 계층과 자산이 많은 계층이 반드시 일치하는 것은 아니다. 오히려 은퇴자, 퇴직자가 많은 50대 이상 가구에 부동산자산이 많이 집중되어 있기 때문에 자산은 많으나 소득이 적은 이들에게 재산세를 부과할 경우 소득분배에는 역진적 효과를 낼 수도 있다. 반면 소득세의 세율을 높이면 개인소득이나 법인소득이 국외로 이전될 여지가 있지만, 재산세는 세율을 높이더라도 부동산자산을 해외로 이전할 수 없어 조세 경쟁(tax competition)으로부터 자유로울 수 있다는 장점은 있다. 그러나 단순히 세수를 높이기 위해서가 아니라 소득분배를 위한 조세정책 수단으로서 재산세를 올리게 되면 그 효과는 간접세와 마찬가지로 역진적일 수 있다.

한국의 재정지출 역시 선진국에서보다 소득재분배 효과가 매우 낮은 편이다. 가장 큰 이유 중 하나는 인구구조의 차이이다. 앞으로 인구 고령화가 빠르게 진행되면 이에 따른 현물급여가 늘어나 재정지출 또한 빠르게 증가할 전망이다. 실제로 지난 10년 동안에도 한국의 복지지출은 가파르게 증가했다. OECD 자료에 따르면, 2014년 한국의 국내총생산(GDP) 대비 사회복지지출은 10.4%이다. 2005년의 6.5%에 비해 10년 만에 3.9%p 증가해 증가 속도로는 회원국 중 가장 빨랐다. 이는 같은 기간 OECD 회원국의 평균 증가 폭인 2.2%p를 크게 웃돈다. 따라서 현시점에서 복지제도를 지나치게 늘리는 것을 절제하고 점진적으로 확대하는 것이 바람직할 것으로 판단된다. 현재의 제도에서 사회복지지출을 확대하지 않아도 시간이 지날수록 자연스럽게 재분배 효과가 증가하기 때문이다. 제2장에서 자세히 살펴보겠지만 지난 수년간 한국의 시장소득 지니계수와 가처분소득 지니계수의 차이는 점점 확대되고 있으며, 지금의 제도하에서도 이러한 추세는 지속될 전망이다. 다만 저임금 계층에 대한 근로장려세제(EITC) 확대, 고용보험 사각지대 해소 등의 보완적인 노력은 지속적으로 해나갈 필요가 있다.

재정의 소득재분배 기능 확대는 필연적으로 재정지출 확대와 재정 건전성 문제를 야기한다. 앞서 언급한 소득세 기반 확대 및 누진율 강화로 세수가 일부 증가할 수는 있으나, 앞으로 복지 수요를 충족하고 소득재분배 역할을 강화하는 데 이것만으로는 충분치 않을 수 있다. 주요 복지 선진국에서는 부가가치세에 대한 면세 축소 및 세율 인상 등을 통해 확보한 세수를 재정 건전성 회복 및 복지제도의 재원으로 활용하고 있다. 특히 부가가치세는 세원이 넓고 왜곡이 적어 경제에 부담이 적고 지속 가능성 측면에서 우월해 앞으로 한국도 세수 증대를 위해 부가가치세 면세 축소 및 세율 인상을 검토해볼 수 있을 것이다(제5장 참조).

5. 결론

오늘날 전 세계적으로 자본주의체제의 한계에 대한 논쟁과 함께 더 나은 자본주의체제로의 전환을 위한 모색이 진행되고 있다. 이러한 논쟁과 모색의 핵심에는 소득분배 문제가 놓여 있다. 소득분배의 악화는 지난 약 30~40년간 전 세계가 공통적으로 경험하고 있는 현상이다. 한국 역시 소득분배가 지난 20년간 빠르게 악화되었다. 이는 세계화와 개방화, 신흥국 경제의 빠른 부상 등 대외 경제 환경 변화, 그리고 국내 고유의 시장 환경 변화가 복합적으로 작용한 결과이다. 이에 따라 국내 산업구조 및 고용구조가 변하고 그 결과 직업별, 기업별, 고용형태별, 직종 내 임금 격차가 확대되면서 노동시장의 양극화 현상이 심화되었다. 또한 연금제도의 미성숙, 연공급 위주의 임금체계 및 고령화 시대를 반영하지 못한 정년제도하에서의 인구구조 변화도 다른 어느 나라 못지않게 한국의 소득분배를 악화시킨 요인이다. 한국 고유의 재벌 대기업 중심 시장구조도 이러한 전반적 구조 변화와 맞물려 노동시장 양극화와 임금소득 격차의 심화, 소득분배 구조의 악화에 영향을 미친 한 요인이 된 것으로 보인다.

한국의 소득분배가 악화된 배경에는 이처럼 한국 경제의 구조적 변화라는 요인이 자리 잡고 있다. 그리고 이러한 구조적 변화는 주로 세계경제 환경 변화와 맞물려 진행되어왔다. 따라서 지난 20년간 지속된 한국의 소득분배 악화도 구조적인 문제라고 봐야 하며, 몇몇 단편적인 정책 변화로 소득분배 악화를 방지하거나 개선하기는 어렵다. 국내의 정책적 노력이 소득분배의 추세에 미치는 영향에는 분명한 한계가 있다. 그것은 지난 20년간 진행되어온 한국 경제의 구조적 변화를 되돌릴 만한 정책 수단을 찾기가 어렵고, 또 찾을 수 있다 하더라도 지금의 세계경제 환경에 비추어볼 때 그것이 꼭 바람직하다고 하기 어렵기 때문이다.

따라서 소득분배의 개선 내지 악화 방지를 위한 정부의 정책적 대응은, 그동안 세계화와 더불어 국제 경쟁이 심화된 가운데 한국이 제대로 국내 시장 환경을 개선하지 못했거나 합리적 관행이 정착되지 못한 부분에 대한 좀 더 적극적인 구조적 대응과 더불어, 조세·재정지출 측면의 소득재분배 기능 강화라는 두 축을 중심으로 추진해야 할 것으로 보인다. 전자는 시장소득분배 구조가 악화되는 것을 방지하거나 완화하는 대책이고, 후자는 전자의 한계가 분명한 상황에서 조세·재정의 역할을 통해 가처분소득의 분배를 개선하는 대책이다. 즉, 노동개혁, 공정 경쟁질서 강화, 연금 및 정년 제도 개편, 기업의 생산성 향상을 위한 교육제도, 인사관리 및 일하는 방식, 기술 개발, 중소기업정책에 전반적인 혁신을 이뤄 시장소득분배의 개선 내지 악화 방지를 도모하고 동시에 재정정책의 역할 강화를 통해 시장소득의 악화를 교정함으로써 가처분소득의 분배 개선을 도모하는 것이 정부가 취할 수 있는 소득분배 대책이다.

이는 하나하나가 매우 어려운 과제이다. 그러나 소득분배 악화 문제를 이대로 방치하면 장기적으로 한국은 지속적이고 안정적인 발전을 추구해나가기 어렵게 된다. 따라서 어렵더라도 이러한 대책을 추진해나가기 위한 종합적인 정책 설계와 환경 조성을 다른 어떤 정책 못지않게 우선순위를 두고 추진해나가야 할 것으로 보인다.

경제·사회 구조와
소득분배

윤희숙

1990년대 초반 이후의 소득분배 악화에 대한 대응을 모색하기 위해서는 우선 그 원인을 규명하는 것이 필요하다. 그런데 한국이 직면한 분배 문제의 원인 중 상당 부분은 세계경제 속에서 많은 국가들이 공통적으로 겪고 있는 문제점이다. 그러므로 최근 소득분배 추이를 관찰할 때 한국 경제를 포함한 세계경제의 변화 흐름 속에서 파악하는 것이 중요할 것이다. 만약 소득분배 악화가 글로벌 환경의 거대한 흐름에서 파생되는 문제라면 국지적 시각으로 협소하게 대응할 경우 효과를 기대하기 어려울 것이기 때문이다.

한국은 1960년대 중반부터 1990년대 초·중반까지 성장과 소득분배 양 측면에서 순조롭게 발전해오다가 분배가 악화되기 시작한 것으로 관찰된다. 2008년 이후부터 소득분배 지표가 개선되고

임금 격차가 줄어들기 시작하는 것으로 최근 관찰되기는 하지만, 이것이 지속되는 추세인지를 판단하기 위해서는 시간이 더 필요할 것으로 보인다.

이 장에서 관심이 집중되는 시간은 소득분배 악화가 진행되기 시작한 1990년대 초·중반 이후인데, 십수 년에 걸친 이 시기 분배 구조 변화는 기술 발전과 세계화의 영향이 한국 산업구조의 급격한 변화를 초래하는 한편으로 그것과 맞물리면서 심화된 것으로 추측된다.

고령화와 가족구성 변화 등 그간의 경제·사회 구조 변화 역시 중요한 요인이다. 급격한 고령화는 무소득 가구 비중과 빈곤 노인 가구 비중을 증가시켜 전반적 소득분배와 빈곤율에 상당한 영향을 미치는 것으로 판단되기 때문이다. 이러한 흐름 역시 정책으로 되돌리기 어려운 성격의 변화인 이상, 그에 따른 분

배 악화와 기타 원인의 영향을 분리하는 것이 효과적인 대응을 위해 필요하다.

이러한 점을 고려하면, 소득분배 변화에 대한 정책적 대응의 내용은 국외적·국내적 요인을 고려하면서 기술·산업구조·인구구조 변화를 고려한 종합적이고도 심층적인 것이어야 할 것이다. 우선 현재 관찰되는 추세 중 상당 부분은 그 본질상 앞으로도 지속될 변화로서 그 추세를 되돌리는 것을 목표로 한 정책 대응보다 그 추세 속에서 국민이 잘 적응할 수 있는 길을 모색하는 대응이 필요할 것이다. 이를 위해서는 무엇보다 조세·이전지출, 최저임금 인상으로 대표되는 전통적인 분배정책 수단에 시야를 국한시키지 않고 변화된 경제구조와 정책 환경에 부합하는 폭넓은 정책 수단을 모색해야 할 것이다.

무엇보다 국내적 요인과 글로벌 수준의 원인이 결합하고 이러한 요인이 경제구조의 빠르고도 장기적인 변화 흐름 속에서 작동하고 있다면, 단순한 소득 보장과 보호를 넘어 경제주체들의 소득 창출 능력을 강화하는 것이 소득분배 개선을 위해 중요해진다. 이에 더해 경제구조의 개선 역시 분배 개선을 위해 필요한 과제이다.

즉, 분배정책의 전통적 수단만으로는 큰 효과를 기대하기 어려우며, 노동시장과 중소기업 등 구조개혁 과제가 소득분배에 직접적으로 영향을 미치는 구조라는 점을 인식할 필요가 있다는 것이다. 물론 정책의 일차적인 목표가 분배 개선은 아닐 것이나, 소득분배 개선을 추구할 때 이들을 도외시하고는 그 성과를 기대할 수 없다는 점을 유념할 필요가 있다.

반대로 이러한 문제를 개선하기 위해 효과가 모호한 규제에 의존하게 되는 것도 경계할 필요가 있다. 미취업 저소득 근로자의 풀이 넓고 물량 확보에 어려움을 겪는 중소기업이 다수인 상황에서, 기취업자나 기하청기업의 여건을 향상시키는 데에 집중하는 것은 효과가 제한적일 것이다. 이미 형성된 고용 관계나 원·하청 관계는 노동 관련법의 준수 여부나 공정거래 측면에서 감시하는 것이 필요할 것이지만, 분배 개선을 위해서는 임금이나 하청 계약 단가 규제보다 넓은 저변을 대상으로 정책 방향을 설정해야 한다.

가장 원칙적으로는 자본고도화의 흐름 속에서 저숙련 근로자와 중소기업이 승산을 가질 수 있게 하는 것이 필요하다. 근로장려세제를 통한 고용 연동 소득 보조, 적극적 노동시장정책을 통한 직업 능력 개발, 중소기업 구조조정과 효과적 지원 등이 그것이다. 특히 사업장 규모에 따라 임금수준이 큰 차이를 보이는 것은 기업 규모별 생산성 격차가 소득분배에 지대한 영향력을 미치고 있다는 점을 시사한다.

소득분배 개선을 주목적으로 한 정책 수단을 강구할 때에도 관점의 전환이 필요하다. 특히 고용이냐 일자리 질이냐의 선택은 향후 사회정책의 중요한 방향 설정이다. 최저임금제와 비정형 고용계약 규제 등은 일자리를 확보한 근로자의 일자리 질 유지를 위한 전통적인 수단이었으나, 최저임금제는 빈곤 완화 측면에서 큰 실효성을 기대하기 어렵고, 고용 규제는 미취업자의 노동시장 진입을 억제하는 효과가 있다. 더구나 소득 격차의 주된 요인이 소득 창출자가 있는 가구와 무소득자 가구 간 격차라는 점을 고려하면, 더 많은 인구를 노동시장에 진입시키고 상향 이동을 도와 가구 내 소득 창출자를 늘려가는 고용률 위주의 정책이 중요성을 더하게 된다.

고령화 요인에 대한 정책 방향 역시 중요하다. 고령화가 소득분배에 미치는 영향이 점차 증가하고 있는 만큼, 임금 등 가격 변수를 규제하는 것보다 노령연금 등 고령자에 대한 정부 지원이나 노동시장 진입 지원이 중요성을 더하게 될 전망이다.

또한 정치경제학적 측면 역시 중요하다. 무소득 미취업자를 노동시장에 진입시켜 빈곤을 개선하려는 노력은 노동시장의 기취업자, 즉 노동시장 내부에서 안정적 위치를 점하고 있는 근로자의 이해와 상충할 여지가 많다. 고용률 제고 정책이 본질적으로 근로자 간 기득권과 정치구조의 재편을 내포할 수밖에 없기 때문에 소득분배 구조 개선을 위해서는 취약층 중심 담론을 바탕으로 정책 방향을 선명히 하는 것이 필요하다.

1. 서론

　최근 소득분배를 향한 관심은 한국 성장모델의 지속 가능성에 대한 우려와 결합된 양상을 보이고 있다. 노동소득분배율 감소, 기업소득과 가계소득의 불균형 증가 등 거시경제 차원 지표의 악화가 소득분배 악화와 등치되곤 할 뿐 아니라, 오랫동안 한국 경제의 미해결 과제였던 문제들을 그 원인으로 부각시키는 계기가 되고 있다. 대표적으로, 원·하청 관계, 대기업과 중소기업의 불균형 발전, 노동시장 이중구조 등이 그것이다.

　그런데 이러한 논의에 담긴 건강한 문제의식에도 불구하고, 논의의 초점을 좀 더 선명히 하기 위해서는 몇 가지 측면에서 추가적인 고찰이 필요하다. 첫째, 소득분배 구조 변화의 원인을 더 넓은 시각에서 바라봐야 한다. 한국이 직면한 문제 중 상당 부분은 세계경제 속에서 많은 국가들이 공통적으로 겪고 있는 문제점이다. 그것을 한국 경제에 특수하게 나타나는 문제로 규정한다면, 한국 경제 특수성에서 분배 악화의 원인을 찾아 그것을 시정하려는 노력으로 이어질 수밖에 없다. 그런데 만약 애초에 문제의 원인이 한국 경제를 포함한 더 큰 차원에서 진행되는 변화의 일부였다면, 그러한 노력이 큰 효과를 내기를 기대하기는 어려울 것이다. 따라서 한국 경제의 특수성에서 기인한 문제인지 여부를 정확히 인식하는 것은 국지적인 대응 방안으로 문제를 해소하거나 완화할 수 있는지를 판단하고 효과적인 대응 방안을 모색하는 데 중요한 정보이다.

　둘째, 그간의 경제·사회 구조 변화라는 맥락 속에서 소득분배의 변화를 관찰하는 것이 필요하다. 자본과 노동 간 분배가 악화되었다는 전통적인 인식 틀만으로 파악하기 어려운 변화들이 빠르게 진행되고 있기 때문이다. 예를 들어, 인구구조와 가족구성의 변화, 유일 부양자

모델의 약화와 표준적 근로자 비중의 감소, 산업구조의 변화 등이 그 것이다. 이들을 앞으로도 상당 기간 계속될 변화로 고려하는 것은 향후 소득분배 상황을 냉정하게 예측하는 데 유용하다.

셋째, 원인에 대한 시각을 넓히는 것과 함께, 조세·이전지출, 최저임금 인상으로 대표되는 전통적인 분배정책 수단에 정책적 대응을 국한시키는 것의 한계를 인지하는 것이 필요하다. 국내적 요인과 글로벌 수준의 원인이 결합하고 이러한 요인이 경제구조의 빠르고도 장기적인 변화 흐름 속에서 작동하고 있다면, 소득분배 개선을 위해 경제구조의 개선이 불가피할 가능성이 크다. 즉, 분배정책의 전통적 수단만으로 효과를 기대하기 어려울 수 있다는 것이다.

이 장에서는 이러한 문제를 전반적으로 살펴보고, 앞으로 이루어질 심층적인 연구의 방향을 제안하는 것을 목표로 한다.

2. 한국의 소득분배 관련 논의의 흐름

한국의 소득분배와 관련해서는 그것이 경제개발이 시작된 이후 지속적으로 개선되다가 1990년대 중반 이후 악화되기 시작했다는 데에 어느 정도 공감대가 형성되어 있다. 그런데 조금 더 자세하게 살펴보면 몇 차례 논쟁이 있었다는 것을 발견할 수 있고, 그러한 논쟁을 통해 한국 경제발전의 주요 지점들의 의미를 좀 더 입체적으로 들여다볼 수 있다.

소득분배에 관한 이견이 처음 드러난 것은 1980년대 후반 상황에 대해서이다. 이전 시기에 대해서는 아델만(Irma Adelman) 등 서구 학자들이 한국의 소득불균등도가 다른 개도국과 비교했을 때 양호하다고 평가한 것이 널리 공유되었고, 국내의 추계 결과 역시 이를 뒷받침하는 내용이었다. 한국의 공식적인 소득분배 추계로는 주학중(1979) 등의 연구와 1980년대 통계청이 몇 개의 샘플 연도를 뽑아 소득분배 상황을 직접 조사한 결과를 결합한 것이 통용되어왔다.

이에 따르면, 1960년대 중반부터 1970년대 초반까지 소득 불평등이 개선되다가 1970년대 후반에 악화되었고 1980년대 초반부터 지속적으로 개선되었다는 것이 1990년대 초반까지 일반적인 인식이었다. 이를 관통하는 해석은 1960년대 후반에 고용 기회가 확대되면서 소득분배가 다소 개선된 후 높은 인플레이션을 겪으면서 1970년대 중반에 악화되었다가 1980년대에 물가 안정과 실업 감소, 고도성장 등으로 소득분배가 다시 개선되었다는 것이다. 그런데 1980년대 당시 이른바 '3저 호황'과 부동산 가격 상승은 심각한 거품경제를 형성했고 이 기간에 분배의 체감도가 크게 악화되었기 때문에, 지속적으로 분배가 개선되고 있다는 추계 결과에 대해서는 논란의 여지가 존재했다.

즉, 체감 분배의 악화가 단지 약진하는 소수에 대한 다수 국민의 주관적 박탈감 때문인지, 실제 분배 악화를 반영한 것인지가 첫 번째 소득분배 논쟁의 중심이었다고 할 수 있다. 안국신(1995) 등의 연구는 기존 연구와 달리 1980년대 중후반에 소득분배가 개선된 것이 아니라 악화되었다는 추계 결과를 제시함으로써 1980년대 후반 소득분배 체감도 악화가 단지 국민의 불평등 용인도 때문이 아니라 실제적인 현상이라는 주장을 전개했다.

이는 1980년대 후반 당시 경기 과열과 부동산 가격 앙등 등의 상황이 소득분배에 어떤 영향을 미쳤는지에 대한 관점 차이로서 한국의 소득분배론과 관련한 첫 번째 논쟁이었다고 할 수 있다. 단, 자료 분석에서의 자영자 처리 방식 등 통계자료의 한계로 말미암은 문제였기 때문에 당시 논쟁은 애초부터 명확히 해결되기 어려운 성격이었다고 할 수 있다. 지금까지도 당시 논란의 초점이었던 공식 소득분배 수치가 통용되고 있고, 데이터 신뢰성 문제가 함께 언급되고 있을 뿐이다.

두 번째 논쟁은 외환위기 이후의 양극화 논의에서 나타난다. 양극화는 중산층이 몰락해 양극단의 두 계층으로 분화되는 소득분배 구조 변화를 의미하는데, 집중도를 중시하는 성격 때문에 소득분배 악화와는 개념적 차이가 있다. 2000년대 초반 소득분배에 관한 논쟁은 한국 경제가 양극화되고 있었는지, 소득분배가 악화될 뿐이었는지에 대해서였다고 할 수 있다(신동균·전병유, 2005). 정치권을 중심으로 소득 불평등이라는 용어 대신 양극화 심화라는 표현을 사용함으로써 논쟁 구도가 형성되었다고 볼 수 있는데, 결국 학계나 정책연구자의 지속적인 관심으로 이어지지는 않은 채 정치권에 국한해 용어 사용이 고착된 것으로 보인다.

이는 양극화와 소득 불평등 간 개념 차이가 정책적으로 큰 의미를 갖지 못한다는 연구 결과가 확산되었기 때문이다. 경험적으로, 실제 측정된 양극화 지수가 소득 불평등 지수와 거의 유사한 움직임을 보이기 때문에(Ravallion and Chen, 1997; 유경준, 2007), 정책 대응에서 양극화라는 용어를 사용하는 것이나 양자를 구별하려고 하는 것으로부터 별도의 함의를 도출하기 어렵다는 것이다.

다만 이때 양극화 논의와 함께 소득 불평등과 상대빈곤을 정책적으로 구별하게 되고, 그중 우선적으로 대응해야 하는 문제가 어느 것인지에 대해 논의가 이루어진 것은 이후 소득분배 논의의 진행이라는 측면에서 볼 때 유용한 성과였던 것으로 보인다. 특히 소득불균등도가 OECD 국가에 비해 상대적으로 양호하면서도 상대적 빈곤율이 높은 것은 이후 계속해서 관심의 대상이 되었다.

세 번째 논쟁은 2000년대 후반 들어 당시 소득분배 악화의 원인에 대한 관심이 증가했던 때 나타났다고 할 수 있다. 외환위기 시기에 이루어진 노동시장 개혁으로 비정규직 증가 등 고용 안정성이 악화된 것이 소득분배 악화의 주원인이라는 것이 당시 공통적인 인식이었다. 그리고 이는 한편으로 근로 빈곤에 대한 관심과 결합되어 있었다. 외환위기 이후 임시직·일용직 등 비정규노동의 증가와 고용 불안정이 구조적 변화로 진행되면서, 취업이 빈곤 문제를 더는 해결해주지 않게 되었다는 것이다(구인회, 2002; 이병희 외, 2010). 이는 열악한 일자리의 확산이 소득분배 악화의 원인이며 일자리의 양, 즉 고용률보다 일자리의 질을 높여야 한다는 함의를 갖는다. 그런데 이와 반대되는 입장에서 최경수(2010)는 2003~2008년의 근로소득 가구와 사업소득 가구의 비교를 통해, 저임금 근로자 소득은 증가하고 있으나 자영업 가구의 소득 증가는 극히 부진하다는 결과를 제시했다. 그에 따르면, 저임금 일자리 확산보다는 저임금 일자리 부족이 빈곤의 원인이라는 것이다.

소득분배 변화를 이해하기 위해 좀 더 구조적인 원인을 고찰해야 한다는 주장도 이 시기에 제기되었다(윤희숙, 2012). 소득분배 악화의 주원인으로서 일자리 질 저하가 지목된 이유가 1997년 외환위기 이후 소득분배 상황이 위기 이전 수준으로 회복되지 않았다는 점인데, 1990년대 초반에 이미 소득분배 지표들이 악화되는 추세가 나타난 것으로 미루어 위기 이후에 소득분배 지표들이 이전 수준으로 회복되지 않은 것은 당연한 결과일 수 있으며, 1990년대 초반의 경제구조 변화에 더욱 주목할 필요가 있다는 것이다.

1990년대 경제 환경과 산업구조의 변화 등이 소득분배에 미친 영향을 규명하려는 노력은 이 시기에 시작되어 아직도 진행 중이며, 고용 불안정 심화와 근로 빈곤에 대한 관심 역시 중요한 정책 과제이자 연구 과제로 남아 있다. 따라서 1990년대 소득분배 악화 원인에 대한 2000년대 후반의 논의는 소득분배에 관한 시각을 넓히는 한편, 고용률과 일자리 질 제고 두 가지 목표에 대해 이후로도 쭉 대립하게 될 두 입장을 선명히 부각시킨 계기라 할 수 있다.

마지막으로, 최근 논의는 통계자료에 대한 문제 제기와 거시지표에 비추어 분배상의 문제를 제기하는 흐름을 들 수 있다. 김낙년(2013)은 '가계동향조사'의 샘플링 문제점을 교정하면 OECD 중간 수준이라 인식되어오던 한국의 지니계수가 급등하게 된다는 결과를 제시한 바 있다. 좀 더 나은 데이터 수집과 과세 자료 등 다양한 통계자료를 활용해 소득분배 지표를 생산해야 할 필요성에 대해서는 이견을 찾기 어렵기 때문에 김낙년(2013)의 문제 제기가 논쟁을 촉발했다고 보기는 어렵다. 더 중요하게는 통계청으로 하여금 소득분배 지표를 생산하는 근거 자료인 '가계동향조사'를 개선할 필요성을 인정하게 하는 계기가 되었다는 것이고, 그런 이유로 향후 소득분배 지표의 연속성을 어느 정도 포기하고 새로운 지표를 작성하게 되는 큰 변화가 예상된다.

　2013년 이후 노동소득분배율 등 거시지표의 변화도 소득분배와의 관련 속에서 관심을 모으고 있다. 단일한 주제를 놓고 이견이 경합하지 않았다는 의미에서 논쟁이라 불리기에 적합하지는 않으나, 근래 소득분배 구조에 대한 관심이 증가한 것에는 노동소득분배율 감소와 가계와 기업 간 가처분소득 증가율 차이 등을 소득분배와 한국 자본주의의 성격과 연결시키는 시도들이 있었기 때문이다. 그러나 기능적 소득분배(노동소득분배율)와 제도 부문 간 분배(기업소득과 가계소득)를 개인 소득분배를 본질로 하는 소득분배 구조와 직접 연결시키는 것에는 개념상의 혼란도 존재하고 인과관계도 불분명하다는 문제점이 있다. 그런 이유로 이들 거시지표와 소득분배를 등치하는 논의는 확산되기 어려운 성격이었다고 할 수 있다.

　그럼에도 이러한 변화와 소득분배 변화를 가져온 공통의 원인이 존재하는지, 그리고 그것이 무엇인지는 여전히 흥미 있는 주제이다. 이는 근래 소득분배 변화의 원인을 살펴보는 과정에서 언급하는 것이 적절할 것이라 판단되어 다음 절에서 다루려 한다.

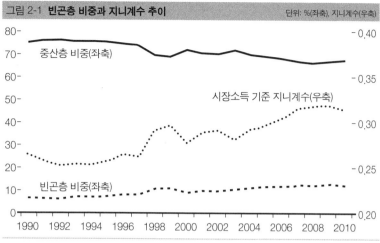

그림 2-1 **빈곤층 비중과 지니계수 추이**   단위: %(좌축), 지니계수(우축)

자료: 윤희숙(2012).

3. 소득분배 추이

　공식적인 수치에 따르면, 한국의 소득분배는 1980년대 이후 지속
적으로 개선되다가 1990년 초반부터 악화되기 시작했다. 외환위기로
급속히 악화되었다가 외환위기를 극복한 이후 회복되었으나 위기 이
전의 악화 추세는 계속되었다(그림 2-1 참조).

　2000년 이후의 추세를 좀 더 자세히 살펴보면, 악화되던 추세가
2008년을 기점으로 역전되는 것으로 나타나는데, 시장소득 불평등이
개선되면서 미미하게나마 가처분소득 지니계수와의 차이도 커지는 것
으로 나타난다(그림 2-2 참조). 물론 최근 '가계동향조사'의 신뢰성에 문
제가 제기되고 있어 지니계수의 절대적인 수준에 큰 의미를 두기는 어
려울 것이나, 2008년 이후 추세가 역전된 것은 주목할 만하다. 이러한
현상이 앞으로도 지속될 것인지, 그 원인이 무엇인지 등은 추가적인
추적 연구가 필요한 부분이다.

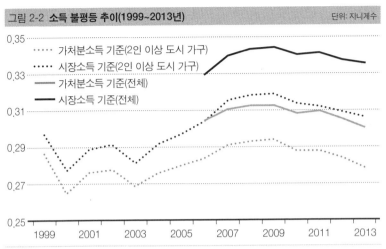

그림 2-2 **소득 불평등 추이(1999~2013년)**　　　　　　　　　　단위: 지니계수

...... 가처분소득 기준(2인 이상 도시 가구)
····· 시장소득 기준(2인 이상 도시 가구)
──── 가처분소득 기준(전체)
──── 시장소득 기준(전체)

주: 1999~2013년도는 2인 이상 도시 가구 대상, 2006년도부터는 1인 이상 전체 가구 대상 추가.
자료: 국가통계포털(KOSIS)(2014.8.22).

　　소득 불평등의 주원인으로 꼽히는 임금 불평등의 추이 역시 유사한 방향의 변화를 나타낸다(그림 2-3, 2-4 참조). 5인 이상 사업장, 1인 이상 사업장의 임금 격차 모두 2008년 이후 1분위와 5분위, 5분위와 9분위, 1분위와 9분위 비율의 증가 추세가 꺾이는 것으로 나타났다. 이를 실질급여 측면에서 살펴보면, 고임금 근로자의 급여보다 저임금 근로자의 급여가 향상된 것이 격차 축소에 주로 기여한 것으로 나타난다.

　　그런데 이 기간의 임금 격차 축소가 소득 불평등 완화의 원인인지는 분명치 않다. 한국은 급속한 고령화와 가족구성 변화 등 소득분배에 영향을 미치는 요소가 다양하고, 이들이 임금 격차 변화에 상당한 영향을 미칠 것이기 때문이다. 또한 임금 격차 축소가 어떠한 원인에서 말미암은 것인지 역시 아직 규명된 정도가 미미하다. 이들은 향후 심도 깊은 추가 연구가 필요한 영역이다. 그런 이유로 이후 살펴볼 한국의 소득분배 구조 변화에 관해서는 1990년대 초반 이후의 악화 국면을 중장기적 사이클로 간주하여 중점적으로 고찰할 것이다.

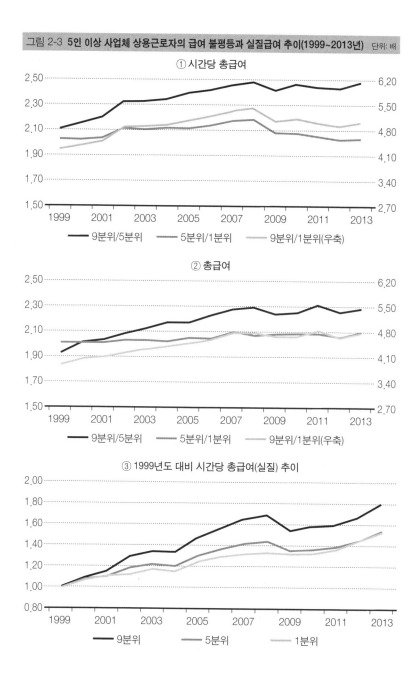

그림 2-3 **5인 이상 사업체 상용근로자의 급여 불평등과 실질급여 추이(1999~2013년)** 단위: 배

① 시간당 총급여

9분위/5분위 ──── 5분위/1분위 ──── 9분위/1분위(우축)

② 총급여

9분위/5분위 ──── 5분위/1분위 ──── 9분위/1분위(우축)

③ 1999년도 대비 시간당 총급여(실질) 추이

9분위 ──── 5분위 ──── 1분위

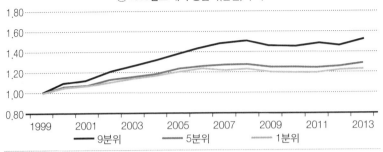

④ 1999년도 대비 총급여(실질) 추이

주 1: 총급여 = 6월 급여(= 정액 + 초과) + 전년도 연간특별급여액 / 12
  2: 시간당 총급여 = 총급여 / 총근로시간
  3: 불평등은 1분위 경계값(10% 분위값), 5분위 경계값(50% 분위값; 중간값), 9분위 경계값(90% 분위값)을 이용해 9대
     1, 9대 5, 5대 1의 비율로 계산함.
  4: 실질임금 추이는 소비자물가지수로 실질화한 급여를 이용함. 1999년도 대비 비율로 계산함.
자료: 고용형태별 근로실태조사 임금구조 부문 마이크로데이터(각 연도).

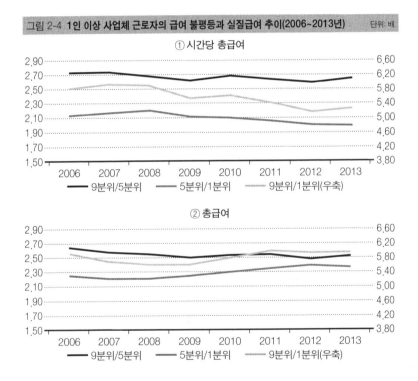

그림 2-4 1인 이상 사업체 근로자의 급여 불평등과 실질급여 추이(2006~2013년)   단위: 배

① 시간당 총급여

② 총급여

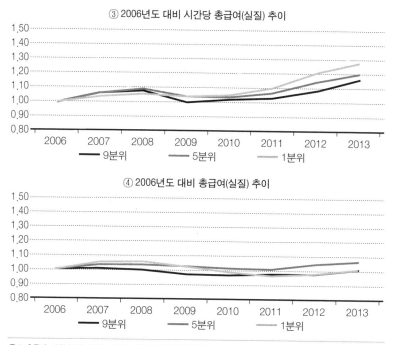

③ 2006년도 대비 시간당 총급여(실질) 추이

④ 2006년도 대비 총급여(실질) 추이

주 1: 총급여 = 6월 급여(= 정액 + 초과) + 전년도 연간특별급여액 / 12
　 2: 시간당 총급여 = 총급여 / 총근로시간
　 3: 불평등은 1분위 경계값(10% 분위값), 5분위 경계값(50% 분위값; 중간값), 9분위 경계값(90% 분위값)을 이용해 9대
　　 1, 9대 5, 5대 1의 비율로 계산함.
　 4: 실질임금 추이는 소비자물가지수로 실질화한 급여를 이용함. 2006년도 대비 비율로 계산함.
자료: 고용형태별 근로실태조사 고용형태 부문 마이크로데이터(각 연도).

4. 소득분배 변화 요인

　소득분배의 변화 요인이 무엇인지를 규명하는 것은 그 대응책을
모색하는 데 결정적인 영향을 미친다. 정책 대응은 그 원인을 해소하
거나 완화하는 것이기 때문이다. 소득분배에 영향을 미치는 요인을 파
악하기 위해 우선 소득을 구성하는 항목 중 어느 부분이 소득분배 변
화를 초래하는지를 관찰하는 것이 유용할 것이다.

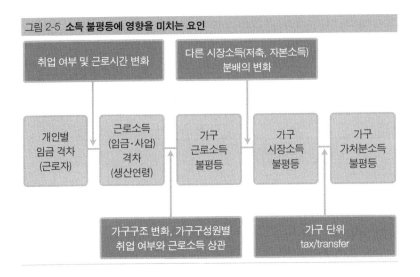

그림 2-5 **소득 불평등에 영향을 미치는 요인**

일반적으로 소득 격차의 지배적인 비중을 차지하는 것은 근로소
득 격차라고 알려져 있다. 특히 최근 한국 소득 불평등의 90% 이상이
근로소득을 통해 설명되는 것으로 나타난다(김진욱·정의철, 2010; 최경수,
2013). 근로소득의 격차는 가구 내 소득 창출자 수, 그리고 임금 격차로
구성된다. 즉, 소득 창출자가 없는 가구와 있는 가구, 소득 창출자가 1
인인 가구와 그보다 많은 가구, 소득 창출자의 임금소득이나 사업소득
의 차이 등이 근로소득의 격차를 결정하는 요인이다. 근로소득 외에도
비근로소득, 교육과 조세·이전지출 등이 소득 격차에 영향을 미치는
요인이다. 인구구조와 가족구성의 변화 역시 가구 내 소득 창출자 수
에 직접적인 영향을 미쳐 소득분배에 지대한 영향을 미친다.

이 중 어느 요인이 더 강력한 요인이 되는지는 제도 환경 등 국가
마다 구체적인 사정에 따라 달라진다. 예를 들어, 기술 발전으로 노동
수요가 유사한 방향으로 변화한다 하더라도 교육제도 등으로 숙련 공
급 구조가 다를 경우 노동 수요가 소득분배에 미치는 영향은 상이하

다. 1980년대 이후 고학력자의 임금 증가율이 미국보다 프랑스가 훨씬 낮게 나타난 것은 고학력 배출이 더 활발했기 때문인 것으로 알려져 있다. 노동조합이나 고용보호 등의 노동시장 관련 법률노 분배에 영향을 미친다.

소득 불평등에 영향을 미치는 요인 중 우선 임금 불평등은 기술 발전, 세계화, 산업구조 변화 등의 영향을 받는다고 알려져 있는데, 이 중 기술의 발전과 세계화는 글로벌 시장에 참여하는 국가들에 보편적으로 영향을 미치는 통로이다.

우선 기술 변화에 관한 이론으로 1990년대 주종을 이루던 '숙련편향적 기술 발전(skill-biased technological change)'은 정보화의 진전으로 고숙련 일자리의 가치가 증가하고 저숙련 인력의 가치가 떨어져 임금 불평등이 증가한다는 것이다(Katz and Murphy, 1992). 그런데 미국을 중심으로 숙련편향적 기술 발전론이 예측하는 바와 달리 고숙련과 저숙련 일자리가 함께 증가하는 양극화 현상이 나타나자 이를 설명하기 위해 기술에 관한 담론에서 업무(task) 성격과의 연관에 초점을 맞추는 방향이 부각되었다. 다시 말해, 노동시장에서 반복적 특성을 띤 업무가 컴퓨터 등 기계로 대체되는 반면, 이러한 장치를 다루면서 문제를 해결하거나 추상적이고 창의적인 사고를 요구하는 고숙련 일자리, 대면 커뮤니케이션이 중요한 업무, 저숙련이라도 대체되기 어려운 업무 등은 수요가 증가한다는 것이다.

최근 기술 발전 추세에 관해서는 생산에서 노동이 차지하는 중요성과 분배에 미치는 영향 측면에서 비관적인 전망이 이어지고 있다. 자본과 노동 일반의 대체성이 커지고 자본과 고숙련 노동은 보완적인 관계가 나타나는 것으로 관찰되는 것이다. 이는 소득분배에 관한 방향성을 시사하는데, 대런 애스모글루와 데이비드 오터(Acemoglu and Autor, 2011)는 근로자가 수행하던 업무를 기계가 대체하는 형태로 기술 진보가 진행되고 있으므로, 저숙련 노동의 경쟁력이 약화되고 있고 이 때문에 대체가 쉬운 저숙련 일자리가 줄어들게 되는 점을 지적한다.

그러나 고숙련과 기계 간에 존재하는 보완 관계 역시 장기적으로 지속 가능할 것이라 예측할 근거는 부족하다. 인간 고유의 사고와 지각이 필요해 기계로 대체될 수 없다고 인식되던 운전, 설계, 서류 정리 등 다양한 업무 영역이 빠르게 기계로 대체되고 있기 때문이다. 이는 향후 일자리와 실업이라는 측면에서 낙관적인 예측을 어렵게 하는 요소이다.

한편 이러한 비관적인 전망과 거리가 있는 예측들도 있다. 기술과 인적자본의 관계에 주목해온 오터(Autor, 2014)는 암묵지(tacit knowledge)의 역할을 들어 대체 불가능한 인간의 영역이 앞으로도 지켜질 것이라는 낙관적인 전망을 내놓는다. 또한 대체 불가능한 저숙련 서비스 업무에서 일자리 숙련이 증가한다고 해서 임금의 증가로 이어지지 않는다는 관찰 역시 흥미롭다. 즉, 일자리 양극화가 임금의 양극화로 이어지지는 않고 있다는 것이다.

기술 변화 말고도 세계화 역시 소득분배에 영향을 미치는 중요한 요인이다. 중간재 수입, 생산 국제화는 국내에서 공동화되는 직종과 산업 내 근로자 임금에 일차적인 영향을 미친다. 애초에 인건비 부담이 생산 국제화의 주요한 원인이었다면, 그것은 일자리 양극화과 임금 양극화의 가능성을 키우게 된다. 그런데 무역 확대나 중간재 수입은 선진국의 저숙련 근로자에게 불리하게 작용하는 반면에 소비자에게는 유리하기 때문에, 그것이 소득분배에 대해 갖는 함의가 단일한 방향으로 나타난다고 보기는 어렵다.

더욱이 최근에 주목되는 것은 세계화라는 현상이 다른 변화를 동반하면서 소득분배에 영향을 미친다는 점이다. 대표적으로 자본에 대한 근로자의 협상력 약화이다. 1991년 소비에트연방이 붕괴하고 중국

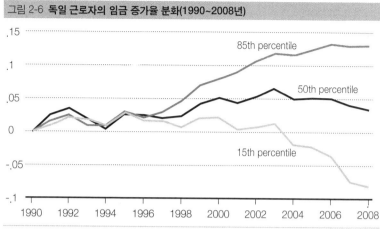

그림 2-6 **독일 근로자의 임금 증가율 분화(1990~2008년)**

85th percentile

50th percentile

15th percentile

자료: Dustmann et al.(2014).

과 인도가 글로벌 시장에 적극 참여하게 되면서 동구권과 중국, 인도의 저숙련 노동력이 세계시장에 일시에 편입되었다. 이 시기에 글로벌 시장의 노동력은 대략 14억 6000만 명에서 29억 3000만 명으로 배가된 것으로(the Great Doubling) 추정된다(Freeman, 2008).

이는 각국의 저임금 근로자의 경쟁 범위를 크게 확장시킨 것과 같은 효과를 갖는데, 이를 극명하게 나타내는 것이 동구권의 몰락 이후 독일 노동시장이다. 산별교섭과 연대임금의 대표 주자로 인식되었던 독일이 유사한 근로자 풀을 지닌 체코나 헝가리와의 장벽이 무너지면서 보인 변화들이다. 독일 제조업에서는 산별교섭 결과를 개별 사업장에서 따르지 않고 개방조항(open clauses)을 통해 별도 협약을 맺는 비중이 1994년 5% 정도에 불과했으나 2004년에는 60%에 이른 것으로 알려져 있다(Dustmann et al., 2014). 그림 2-6은 교섭 관행의 변화로 1990년대 중반 이후 독일 근로자의 임금 격차가 급속히 확대되는 경향을 보여준다. 임금 증가율의 차이가 거의 없던 1990년대 중반까지와 달리 현재 독일은 고숙련 근로자와 저숙련 근로자 간 임금 증가율이 현격히 차이가 나는 구조이다.

세계화가 소득분배에 영향을 미치는 주요한 다른 통로는 산업구조와 세계화가 결합해서 나타나는 노동 수요·공급의 변화이다. 참고로 한국은 이를 선명하게 보여주는 사례이다.

산업구조 변화의 통상적인 경로는 공업화 과정에서 소득이 증가하면서 각종 서비스에 대한 수요가 발달하고, 제조업과 서비스업 간 생산성의 차이가 벌어지면서 자연스럽게 경제의 서비스화로 이어진다는 것이다. 그리고 서비스업 상당 부분이 제조업과 달리 국제 경쟁의 압력으로부터 벗어난 비교역재(sheltered sector)로서 생산성이 낮게 유지될 수 있기 때문에 경제의 서비스화 과정에서 저임금 일자리의 비중이 증가하게 된다.

그런데 제조업의 경쟁력이 확보되지 않으면 세계화에 따른 서비스화는 더욱 가속화되며 서비스업 내 저임금 근로자의 상대적 위치는 더 하락하게 된다. 그리고 저임금 일자리 증가는 일을 하고 있음에도 빈곤을 벗어나지 못하는 문제, 이것이 다시 근로 유인의 저하를 초래해 미취업 빈곤, 또는 장기 빈곤의 문제를 심화시키는 악순환으로 이어지게 된다.

그런데 한국은 특히 급격한 산업화에 이어 세계시장에서 중국, 동남아 국가와의 경쟁 심화 등으로 빠르게 탈공업화되는 과정을 겪으면서 선진국에 비해 공업화와 서비스화에 소요된 시간이 극히 짧았던 것으로 나타난다(그림 2-7 참조). 특히 탈공업화 과정은 낮은 생산성 수준에 머무르던 서비스업으로 노동력이 이동함으로써 소득분배 전반에 영향을 미쳤을 것으로 추측된다. 그림 2-8에 따르면, 1992년 이후 불과 5년 동안 섬유·가죽·신발 등 저기술 제조업 취업자 수가 41.8% 감소했고, 숙박·음식 서비스, 도·소매 서비스 등 주요 서비스업 취업자 수 증가율이 70%에 육박하는 것으로 나타났다.

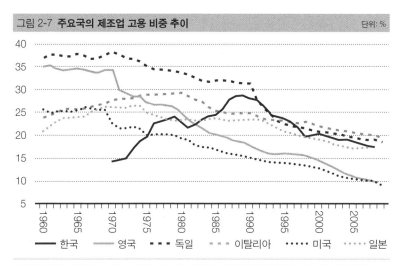

그림 2-7 **주요국의 제조업 고용 비중 추이**　　단위: %

주: 독일의 1960~1990년도는 서독 수치이며, 미국, 일본, 이탈리아, 영국의 1960~1970년도 수치는 ISDB를 이용함.
자료: OECD STAN database, ISDB(International Sectoral Data Base).

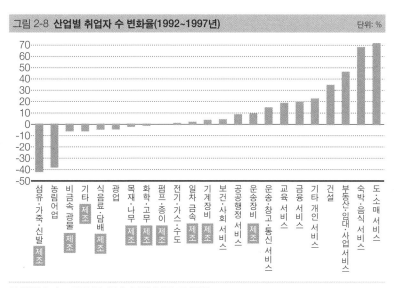

그림 2-8 **산업별 취업자 수 변화율(1992~1997년)**　　단위: %

주: STAN database의 중분류 기준에 따라 23개 산업으로 분류함.

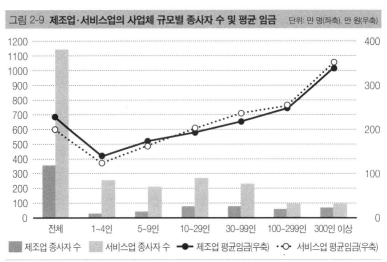

그림 2-9 **제조업·서비스업의 사업체 규모별 종사자 수 및 평균 임금** 단위: 만 명(좌축), 만 원(우축)

■ 제조업 종사자 수　■ 서비스업 종사자 수　—●— 제조업 평균임금(우축)　···○··· 서비스업 평균임금(우축)

주: 서비스업은 다음의 13개 산업(9차산업분류)으로 정의: 도소매(G), 숙박음식(I), 출판통신(J), 금융(K), 부동산임대(L), 사업
　(N), 전문과학(M), 교육(P), 보건사회복지(Q), 예술스포츠여가(R), 수리기타개인(S), 하수폐기(E), 운수(H).
자료: 경제활동인구조사 근로형태별 부가조사(2012.8).

　　이렇게 저생산성 영세업체에 집중된 서비스업의 고용 비중이 증가한 것은 저임금 근로자가 증가한 것을 의미한다. 2012년 현재 전체 임금근로자의 64.8%가 서비스업에 고용되어 있는데, 이들 중 26.3%인 462만 2000명이 10인 미만 영세 사업체에 근무하며, 평균 임금은 5인 미만 사업장이 124만 7000원, 5~9인 사업장이 164만 3000원으로 300인 이상 352만 6000원의 35.4%, 46.6%에 불과하다(그림 2-9 참조).

　　이 과정에서 두드러진 현상은 저소득층의 상황이 악화되었다는 것이다. 소득계층별 시장소득 점유율 추이에서는 저소득층의 소득 비중이 크게 줄어든 것으로 나타난다(표 2-1 참조). 2011년 소득 하위 10% 가구의 소득 점유율은 1996년과 비교했을 때 78% 감소했으며, 단독가구 증가 등 가구구조 변화의 영향을 분리하기 위해 개인 단위로 분석해도 하위 10%의 소득 점유율은 같은 기간에 59.5% 감소한 것으로 나타난다. 상위층이나 중위층에 비해 하위층의 소득이 크게 감소한 것

표 2-1 **계층별 시장소득 점유율 추이**   단위: %

① 가구 기준

		1996년	2000년	2006년	2011년	변화율
상위 10%		24.1	29.2	24.9	25.7	6.5
	5	39.5	44.9	41.8	42.9	8.7
	4	24.9	23.7	25.5	25.8	3.7
5분위	3	16.4	16.4	17.8	18.1	10.3
	2	12.9	10.7	11.1	10.6	-18.3
	1	6.3	4.4	3.7	2.6	-58.2
하위 10%		2.0	1.2	0.9	0.4	-78.0

② 개인 기준

		1996년	2000년	2006년	2011년	변화율
상위 10%		22.5	27.5	22.9	23.1	2.8
	5	37.2	42.2	38.4	38.9	4.5
	4	22.5	22.3	24.2	24.0	6.5
5분위	3	17.8	16.8	18.2	18.4	3.2
	2	13.9	12.3	13.1	13.3	-4.6
	1	8.5	6.4	6.1	5.5	-36.0
하위 10%		3.2	2.2	1.8	1.3	-59.5

주 1: 소득 기준은 각각 가구시장소득과 균등화·개인화한 시장소득임.
　　2: 변화율은 1996년도 대비 2011년도의 수치임.
자료: 가구소비실태조사(1996, 2000), 가계동향조사(2006, 2011).

이다. 물론 이러한 현상의 저변에는 고령화로 인한 무소득 가구 증가와 단신 빈곤 가구 비중의 증가 흐름도 존재할 것이기 때문에, 인구구조 변화의 영향과 경제구조 변화의 영향이 혼재된 결과일 것이다. 이들을 분리하는 것은 좀 더 심층적인 연구가 필요한 영역이다.

이러한 현상과 관련해 주목되는 것은 무소득자 가구의 빈곤율 추이이다. 표 2-2에서 보듯이 취업자가 없는 가구의 빈곤율은 취업자를 포함한 가구보다 월등히 높을 뿐 아니라 지속적으로 악화되었다.

따라서 한국은 세계화가 급격한 산업구조 변화를 동반하면서 소

표 2-2 **취업 여부에 따른 빈곤율 추이**				단위: %
	1996년	2000년	2006년	2011년
취업자 빈곤율	5.7 (0.6)	7.9 (0.8)	7.6 (1.0)	8.1 (1.3)
취업자 있는 가구 빈곤율	6.5 (0.5)	9.3 (0.9)	8.4 (1.0)	8.5 (1.1)
취업자 없는 가구 빈곤율	47.9 (16.0)	56.1 (24.9)	62.0 (26.9)	65.6 (34.9)

주 1: 소득은 균등화·개인화한 경상소득이며, 괄호 안은 극빈율임.
  2: 각 연도별로 중위소득 50%미만을 '빈곤', 25% 미만을 '극빈'으로 정의함.
자료: 가구소비실태조사(1996, 2000), 가계동향조사(2006, 2011).

득분배를 악화시킨 사례라 할 수 있다. 즉, 경제개발 시기 생산성이 낮은 1차 산업에서 생산성이 높은 2차 산업으로 인구가 이동해 소득분배가 개선되었던 것과 반대로, 제조업에서 생산성이 낮은 서비스업으로 노동력이 이동해 분배가 악화되는 현상이 1990년대 중반부터 진행되었다고 볼 수 있다.

이에 더해 한국의 특수성으로 추가되어야 하는 것은 급속한 고령화에 따른 인구구조, 가구구성 변화의 중요성이다. 앞에서 제시한 빈곤 관련 분석에서 경제구조 변화의 영향과 고령화의 영향이 혼재되어 있을 것이라는 것은 인구 그룹별 차이에서도 어느 정도 뒷받침된다. 우선 연령별 소득이 큰 격차를 보이며, 연령별 인구구조가 소득분배에 미치는 영향도 증가하는 추세이다. 성명재·박기백(2009)에 따르면, 연령별 인구구조의 변화가 소득분배에 미친 영향은 1980년대에 거의 0에 가까운 것과 달리 1990년대 중반부터는 크게 증가한 것으로 나타난다. 그림 2-10과 2-11은 빈곤율과 지니계수 등 대표적인 분배 지표에서 노인 포함 가구와 미포함 가구 간 차이가 큰 것을 보여준다. 모의실험 결과에서도 소득 분포의 변화가 소득분배에 미친 영향이 향후 더 증가할 것으로 예측된다.

그러나 고령화의 영향이 선험적으로 단언할 있는 방향이나 폭으

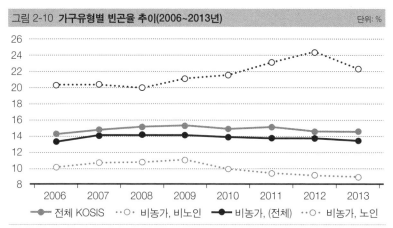

그림 2-10 **가구유형별 빈곤율 추이(2006~2013년)**　　　　　　　단위: %

주: 빈곤은 가구 가처분소득의 균등화, 개인화, 중위 50% 미만 기준임.
자료: 국가통계포털(KOSIS) 가계동향조사(2006~2013년).

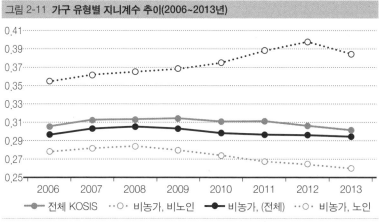

그림 2-11 **가구 유형별 지니계수 추이(2006~2013년)**

자료: 국가통계포털(KOSIS) 가계동향조사(2006~2013년).

로 고정된 것은 아니다. 최근 60대 초반 가구주 가구에서 근로소득에 대한 소득 불평등이 개선되는 것은(김진욱·정의철, 2010) 인구구조의 변화와 고령자 경제활동 패턴의 변화가 맞물려 나타나는 현상이다. 이는 고령자의 노동시장 참여와 소득 창출을 지원하는 각종 정책적 노력을 통해 고령화가 소득분배 악화에 미치는 영향을 완화할 가능성이 있음을 시사한다.

가구 내 소득 창출 패턴의 변화 역시 중요하다. 최바울(2013)과 이철희(2008)는 외환위기 이후 가구소득불균등도 비교에서 배우자의 노동 공급 변화가 가구소득불균등도를 완화하는 데 크게 기여했다는 결과를 제시했다.

최근 언급되고 있는 거시지표와 소득분배 간 관계도 흥미로운 주제이다. 앞서 언급한 노동소득분배율은 생산요소에 분배되는 소득으로서 기능적 소득분배(functional distribution of income)의 지표이다. 기능별 소득분배는 자본소득과 노동소득으로 요소소득을 구분하는 방식인데, 소득분배에 미치는 영향은 간접적이며 뚜렷하지 않다. 참고로, 한 나라의 소득분배는 기능별 소득분배가 아니라 총소득이 사람들 간에 어떻게 분포되는가를 따지는 계층별 또는 개인 간 소득분배를 뜻한다. 임금으로 지급된 부가가치의 비중과 저소득층으로 흘러가는 가처분소득의 비중 간에는 연관이 있을 필요가 없으며, 노동소득분배율 하락과 소득 불평등 간에는 수학적인 관계가 존재하지 않아 노동소득분배율이 하락해도 소득분배는 개선될 수 있다.

그러나 경험적으로는 노동소득분배율과 소득 불평등은 같은 방향으로 움직이는 것으로 나타나는데, 이는 노동소득분배율 하락에 영향을 주는 제3의 요소가 소득분배 변화에도 영향을 주기 때문인 것으로 추측된다.

OECD(2012)에 따르면, 노동소득분배율을 떨어뜨린 요인 중 약 80%가 기술 진보와 자본 심화로 설명되는데, 1990~2007년에 총요소생산성은 연평균 1.3% 증가하고 자본 축적은 연평균 0.8% 증가한 것으로 나타난다. 자본가격이 하락해 자본의 생산성이 상승하면 자본과 결합하는 노동의 생산성이 증가하므로 실질임금이 상승하는데, 자본과 노동이 상호 보완적이라면 실질임금 상승이 고용 감소를 압도해 노동소득분배율이 상승하는 반면에 자본과 노동이 대체 관계라면 노동소득분배율은 하락하게 된다. 1990년대 이후 기술 발전은 자본량을 증가시키는 방향으로 진행되었고, OECD(2012)의 진단은 자본이 고숙련 노동과는 보완 관계이나 저숙련 노동과는 대체 관계라는 것이다. 그리고 이로 인해 노동소득분배율의 하락은 소득불균등도의 확대와 병행되었다는 것이다.

그런데 다른 선진국처럼 한국에서도 기술 발전이 노동소득분배율에 강한 영향을 미쳤는지는 불확실하다. 그 대신에 노동소득분배율 하락은 주로 자영자 부문의 축소에서 기인한 것으로 나타난다. 자영자 영업이익을 자본소득으로 분류하는 한국은행에 따르면, 1970년대 이후 노동소득분배율은 꾸준히 상승하다가 외환위기 이후 소폭 하락하는 데 그쳤다(1996년 62.6%에서 2012년 59.7%). 하지만 전체 산업의 노동소득과 자본소득 비율을 적용해 영업이익을 분리하면 2000년대 이후에는 1990년대 평균에 비해 약 5%p 하락한 것으로 나타난다(유경준 외, 2014). 한국의 노동소득분배율 하락에 관해서는 한국 경제의 특수한 문제인 것처럼 언급되는 경향이 있었는데, 하락 폭이 다른 OECD 국가들에 비해 예외적으로 크다고 보기 어렵다(그림 2-12 참조). 단, 그 원인으로는 다른 선진국과 달리 상대적으로 높은 자영자 비중이 축소되는 과정이 가장 크게 작동한 것으로 보인다.

한편, 최근 주목받은 기업소득 대비 가계소득 비율은 제도 부문별 소득분배 지표이다. 가계소득과 기업소득은 외환위기 이전에는 장기적으로 거의 동일한 성장을 보였으나, 외환위기 이후 격차가 확대되고 있는 것으로 관찰된다. 가계 및 비영리단체의 소득 점유율은 1996년에 74%에서 2012년에 64%로 하락했고, 기업 부문인 비금융법인의 점유율은 같은 기간에 1.2%에서 8.7%로 성장했다(강두용·이상호, 2013).[1]

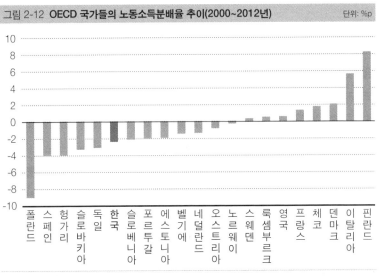

그림 2-12 OECD 국가들의 노동소득분배율 추이(2000~2012년)   단위: %p

| 폴란드 | 스페인 | 헝가리 | 슬로바키아 | 독일 | 한국 | 슬로베니아 | 포르투갈 | 에스토니아 | 벨기에 | 네덜란드 | 오스트리아 | 노르웨이 | 스웨덴 | 룩셈부르크 | 영국 | 프랑스 | 체코 | 덴마크 | 이탈리아 | 핀란드 |

자료: OECD(2012).

양 부문 간의 이러한 증가율 격차는 기업 부문과 가계 부문의 양극화로 내수 증가를 억제하는 영향을 발휘할 것이라는 가설로 이어진다.

그런데 제도 부문별 소득구조의 변화는 노동소득분배율을 통해 살펴본 것보다 소득 불평등과 관련해 추가적인 시사점을 제공하지는 못한다. 자영자 영업이익을 제외하면 1996년부터 2009년까지 가계 및 비영리 단체의 소득 비중은 거의 하락하지 않았기 때문이다. 따라서 가계 및 비영리단체의 소득 비중 하락은 주로 자영자의 쇠퇴에 기인한 것으로 보이며(최경수, 2013), 이는 한국의 노동소득분배율이 하락한 원인이기도 하다. 즉, 기능적 소득분배 측면의 변화와 제도 부문별 소득분배의 변화는 사실상 같은 내용의 변화를 의미한다.

---

1   한국은행의 제도 부문별 소득계정은 비금융법인, 금융법인, 일반 정부, 가계 및 비영리
     단체로 구분되며, 비법인사업체, 즉 개인사업자의 소득은 가계소득에 합산된다.

5. 소득분배에 대한 정책 대응의 방향

　　미국과 유럽에서 최근 진행된 소득분배 논의에는 최상층의 소득 몫이 불비례하게 증가하고 있다는 인식이 주요하게 작용한 데 반해, 한국에서는 분포 하층의 상황이 열악해지고 있다는 관찰이 주로 영향을 미친 것으로 보인다. 이는 소득분배 과정에서 상층 몫을 줄여야 할 필요성보다는 하층의 가처분소득이나 소득 창출 능력 제고를 위한 공적 재원 마련 측면에서, 즉 재분배 과정에서 상층 소득의 동원이 필요하다는 것을 의미한다.

　　하층의 상황이 열악해진 원인 역시 중요하다. 분배 악화의 가장 중요한 원인은 기술 변화와 세계화를 들 수 있는데, 이들 원인이 분배에 어떤 폭으로 어떻게 영향을 미치는지는 국가마다 다르게 나타난다. 한국은 이 중에서도 세계화의 영향이 산업구조의 급격한 변화와 결합되어 저숙련 근로자의 상황에 큰 영향을 미친 사례라 할 수 있다.

　　그리고 이러한 원인이 상당 부분 국지적으로 대응하기 어려운 보편적 추세라는 특징을 보인다. 보편적 추세라는 진단이 정책적 대응의 필요성이나 효과가 없다는 것을 의미하지는 않을 것이나, 글로벌 환경과 경제구조적 측면에 주목한 대응이 더욱 필요할 것이다. 원칙적으로 기술 발전과의 경주에서 저숙련 근로자가 승산을 가질 수 있게 해야 한다. 이를 위해 근로장려세제(EITC)를 통한 고용 연동 소득 보조, 적극적 노동시장정책을 통한 직업 능력 개발 등이 필요한 것이다.

　　글로벌 경쟁 환경 속에서 저생산성 중소기업이 생존 능력을 가질 수 있게 하는 것도 필요하다. 특히 앞서 그림 2-9에서 보았듯이 제조업과 서비스업 모두에서 사업장 규모에 따라 임금수준이 큰 차이를 보이는 것은 기업 규모별 생산성 격차가 소득분배에 지대한 영향력을 미치고 있다는 점을 시사한다.

다시 말해, 글로벌 경쟁 환경 속에서 자본과 노동이 모두 경쟁력을 가질 수 있도록 환경을 조성하되, 전망이 더욱 밝은 곳으로 쉽게 이동할 수 있도록 강제 내지 지원하는 것이 필요하다는 것이다. 이는 중소기업과 노동시장 전반의 구조개혁 과제와 분리하기 어려운 과제인데, 소득분배 개선을 위해서 절실하게 요구되는 과제인 반면에 그 정책의 일차적인 목표가 소득분배 개선이 아니라는 것에 주목할 필요가 있다.

즉, 노동시장이나 중소기업 부문 구조개혁의 일차적인 성과지표가 소득분배의 개선 여부는 아닌 반면에, 소득분배 개선을 위한 정책을 추진할 때 이들 부문의 정책 추진 없이는 효과를 기대하기 어렵다는 점을 인식해야 할 것이다. 예를 들어, 미취업 저소득 근로자의 풀이 넓고 물량 확보에 어려움을 겪는 중소기업이 다수인 상황에서 기취업자나 기하청기업의 여건을 향상시키는 데에 집중하는 것은 그 효과가 제한적일 것이다. 이미 형성된 고용 관계나 원·하청 관계는 노동 관련 법의 준수 여부나 공정거래 측면에서 감시하는 것이 필요하겠지만, 소득분배를 개선하기 위해서는 임금이나 하청 계약 단가 규제보다 넓은 저변을 대상으로 정책 방향을 설정해야 한다. 중소기업 구조조정이나 노동시장 구조개혁이 분배정책으로서도 중요한 의미를 갖게 되는 것이다.

그리고 소득분배 개선을 목적으로 한 정책 수단을 강구할 때에도 관점의 전환이 필요하다. 소득분배의 악화를 초래한 원인이 구조적 문제인 이상, 이러한 구조 변화를 고려하지 않은 전통적 분배정책만으로 소득분배 구조에 큰 영향을 미치기는 어렵다. 특히 고용이냐 일자리 질이냐의 선택은 향후 사회정책의 방향 설정에서 중요하다. 최저임금제와 비정형 고용계약 규제 등은 일자리 질 유지를 위한 전통적인 수단이었으나, 빈곤 완화 측면에서의 실효성이나 미취업자의 고용 증진 측면에서 큰 실효성을 기대하기는 어렵다.

이는 저임금 근로자 집단과 빈곤 집단이 겹치는 정도가 낮아 최저임금의 빈곤 개선 효과를 크게 기대하기 어렵고, 고용 규제는 정규근로자를 배타적으로 보호하게 되는 결과로 이어질 수 있기 때문이다. 더구나 고용 규제는 신규 진입에 장애가 될 수 있다. 예를 들어, 경기 상승기에는 임시계약직을 허용하고 하강기에는 이를 규제한다면, 이를 예측한 기업으로서는 상승기에는 추가 고용을 하지 않는 것으로 대응하는 것이 자연스럽다. 즉, 경기 순환 전체에 걸쳐 생산에 대한 고용 탄력성이 낮은 경직된 노동시장으로 귀결되어 일자리 창출이 제한되는 것이다.

결국 더욱더 중요한 것은 더 많은 인구를 노동시장에 진입시키고 상향 이동을 도와 가구 내 소득 창출자를 늘려가는 고용률 위주의 정책이다. 소득 창출자가 없는 가구가 장기 빈곤으로 떨어지게 되는 것이 불가피한 이상, 취약 계층의 노동시장 진입을 용이하게 하는 개혁이 무엇보다 효과적인 분배 개선정책이나 빈곤정책인 셈일 것이기 때문이다.

고령화 요인에 대한 정책 방향 역시 중요하다. 고령화가 소득분배 악화의 주된 요인인 만큼, 임금 등 가격 변수를 규제하는 것보다 노령연금 등 고령자에 대한 정부 지원이나 노동시장 진입 지원이 더 바람직하기 때문이다.

또한 정치경제학적 측면 역시 중요하다. 소득분배 악화 추세를 완화하는 대응으로 조세·이전지출, 노동시장제도, 교육 등 제도적 측면의 중요성은 널리 인식되어 있다. 그런데 무소득 미취업자를 노동시장에 진입시켜 빈곤을 개선하려는 노력은 노동시장의 기취업자, 즉 노동시장 내부에서 안정적 위치를 점하고 있는 근로자의 이해와 상충할 여지가 많다. 고용률 제고 정책이 본질적으로 근로자 간 기득권과 정치

구조의 재편을 내포할 수밖에 없기 때문에 소득분배 구조 개선을 위해서는 취약층을 중심으로 하는 담론을 바탕으로 정책 방향을 선명히 하는 것이 필요하다.

산업구조와
소득분배

김종일

이 장에서는 1990년대 이후 산업구조 변화에 따라 산업별·직종별 임금의 불균등도가 어떻게 변화했는지를 알아본다. 1990년대 이후 산업구조 변화의 가장 큰 특징은 제조업에서 서비스업으로의 노동이동과 수출의 성장 기여도의 지속적인 증가이다. 이에 따라 제조업의 생산성은 빠르게 증가했으나, 서비스업의 생산성은 내수 침체와 함께 정체하고 있다. 이는 서비스업에서 보수가 적은 불안정한 일자리에 종사하는 취업자가 늘어나는 것으로 나타났다. 전 산업을 통틀어보면 17시간 이하로 일하는 취업자는 2000년에 2.8%에서 2014년에는 4.6%로 증가했으며, 35시간 이하로 일하는 취업자는 9.7%에서 15.5%로 늘어났다. 또한 5인 이하 영세 사업체의 근로자 명목임금은 1996~2012년에 연평균 2.82% 증가했지만, 실질임금은 하락

한 것으로 나타났다.

고용노동부의 '임금구조 기본통계조사'와 '고용형태별 근로실태조사'의 원자료를 정리해 산업별·직종별 근로자의 임금 격차와 불균등도를 알아보면, 산업에 관계없이 산업 내 근로자의 임금 불균등도는 1990년대 이후 지속적으로 상승하고 있다. 산업별로는 보건·사회복지, 금융·보험·부동산·사업 서비스업 등이 임금의 불균등도가 높으며, 교육이나 보건·사회복지 부문의 임금 불균등도가 이 기간에 비교적 빠르게 상승했다. 직종별로 보면 산업과 마찬가지로 모든 직종에서 임금 불균등도가 상승했다. 직종별로 볼 때 판매직의 임금 불균등도가 가장 빠르게 상승해 2013년 현재 가장 높다.

이러한 분석에 따르면, 근로소득 면에서 한국의 소득분배 악화는 한국이 다른

선진국처럼 제조업의 비중이 줄고 서비스업의 비중이 늘어나는 경제의 서비스화 단계에 빠르게 접어들었기 때문이다. 그런데 외환위기 이후 내수보다 수출의 성장 기여도가 커지고 고용의 서비스화가 더욱 빠르게 일어났지만 서비스의 생산성은 정체하고 있다. 이는 서비스업에서 불완전고용의 증가로 이어지고 있다. 즉, 상대적으로 급여가 많고 전문적 지식 없이도 숙련 형성을 통해 안정적인 급여를 받을 수 있는 제조업의 일자리가 줄어든 반면, 서비스업에서 근로시간이 불안정하고 비정규직인 일자리가 증가했다. 이는 서비스업 직종 간 임금 불균등도의 확대로 이어지고 있다.

한국이 당면한 소득분배 악화의 핵심에는 소득 하위 계층에 대한 안정적이고 생산적인 일자리의 부족이 자리하고 있으며, 이것이 소득분배의 악화가 사회경제적 문제가 되는 주된 이유이다. 소득분배 측면에서 볼 때 소득 상위 집단에 대한 소득 집중보다 노령층이나 청년층 등 노동 취약 계층에게 안정적인 소득원을 제공하지 못하는 것이 더 큰 문제이다. 안정적인 소득원의 제공은 앞으로

복지제도의 확충을 통해 보강해야 할 것이지만, 복지 예산의 제한 등을 고려하면 일자리 확충이 근본적인 문제 해결 방안이라 할 수 있다.

산업구조 변화가 소득분배 개선에 도움이 되기 위해서는 근본적으로 산업구조를 고용친화적으로 변화시키는 것이 중요하다. 산업구조를 고용친화적으로 변화시키기 위해서는 제조업이나 서비스업 관계없이 숙련 형성과 생산과정의 조직화가 가능한 업종의 성장이 관건이다. 하지만 이러한 산업구조 변화는 정책적 지원을 통해 단기간에 달성할 수 있는 것이 아니다. 장기적으로 이러한 업종의 활성화가 가능할 수 있는 시장 환경이 조성되어야 하며, 정부도 세제나 금융, 산업 지원, 규제 등 관련 제도를 고용친화적으로 개선하는데 정책 초점을 맞추어야 한다. 임금 격차 해소만을 직접적인 정책 목표로 두고 비정규직의 과도한 정규직화나 중소기업에 대한 과도한 보호와 지원을 행한다면, 정책 목표를 달성하기도 어려울뿐더러 부작용만 나타날 것이다.

1. 서론

생산 기술과 시장 수요의 변화는 산업별 취업자와 부가가치 등 산업구조를 변화시킨다. 산업구조 변화는 또한 부가가치의 분배, 즉 노동소득 및 자본소득의 분배 구조의 변화를 통해 소득분배에 영향을 미친다. 그중 이 장에서는 노동소득의 분배에 관해 산업별 취업자의 구성과 생산성의 변화, 산업별 그리고 고용형태별, 직종별 임금의 변화를 중심으로 살펴본다. 최근 노동소득의 분배율이 점차 하락하고 소득상위 계층으로의 자본소득집중도가 커지고 있어 소득분배를 파악하는데 자본소득의 분배를 알아보는 것이 중요하다. 하지만 산업 변화와 관련해 자본소득의 분배 구조 변화를 파악하기가 어려워 이 글에서 자본소득 부분은 고려하지 않는다.

산업구조 변화가 노동소득, 즉 근로소득분배에 영향을 미치는 요인은 시장적 요인과 제도적 요인으로 나눌 수 있다. 시장적 요인은 숙련편향적 기술 변화에 따른 숙련근로자와 비숙련근로자의 소득 격차 확대이다. 이는 기본적으로 근로소득이 근로자의 생산성에 따라 정해지는 소득의 기능주의적 분배이론에 의거하며, 기술 변화에 따른 숙련근로자와 비숙련근로자에 대한 상대적 수요와 공급의 변화에 따라 양집단의 임금 격차가 변화한다는 것이다. 골딘과 카츠(Goldin and Katz, 2005) 등 선진국을 대상으로 한 다수의 기존 연구에서는 숙련편향적 기술 변화가 1970년대 이후 소득분배에 악영향을 미쳤다고 본다. 무역과 국제적인 자본 이동의 확대, 생산의 국제화, 정보통신기술의 진보는 선진국에서 숙련편향적 기술 변화를 가속화시켰다. 노동집약적 산업구조에서 자본집약적·숙련집약적·지식집약적으로 산업구조가 변화하는데, 이에 대응해 숙련 공급이 잘 이루어지지 않으면 소득분배가 악화될 수 있다.

이러한 시장적 요인과 더불어 제도적 요인은 소득분배를 더욱 악화시킬 수 있다. 산업구조 변화에 대응해 숙련의 공급이 변화한다고 하더라도 노동조합이나 노동시장의 제도적 경직성 때문에 산업 간, 혹은 산업 내 기업 간 노동이동이 제도적으로 자유롭지 않으면 근로소득 격차가 확대될 수 있다. 비정규직에 대한 차별을 해소하기 위해 '동일 노동, 동일 임금'을 주장하는 데에는 이러한 제도적 요인에 따른 차별이 근로자 간 소득 격차 확대의 주요 원인이라고 보는 시각이 자리한다. 자유화와 시장화의 진전으로 노동의 교섭력이 약해지고, 모든 국가에서 노동시장의 유연성이 요구되고 있으나, 이에 대처하는 방식은 국가와 산업마다 다르다. 대체로 영국이나 미국은 노동시장의 유연성을 다른 국가에 비해 적극적으로 수용했지만, 그렇지 못한 국가에서는 비정규직이 확대되는 결과로 이어졌다.

　산업별로 보더라도 숙련 형성과 조직적 생산과정이 중시되는 산업에서는 안정적인 고용의 보장이 필요하지만, 그것이 별로 필요 없는 업종에서는 고용의 안정성이 요구되는 것은 아니다. 또한 직종별로 보더라도 근로자의 성과를 최대화하기 위해서 숙련 형성이나 조직 적응에 필요한 근무기간을 보장하는 것이 나은 직종이 있지만, 성과에 따라 능률급으로 계약하는 것이 나은 직종이 있다. 이렇게 산업구조와 기술의 변화와 함께 노동시장제도는 임금의 불균등에 영향을 미친다.

　이 장에서는 1990년대 이후 산업구조가 어떻게 변화했으며, 이에 따라 산업별, 직종별 임금의 불균등도가 어떻게 변화했는지를 알아본다. 첫째로, 부가가치와 취업자 비중의 추이를 통해 산업구조 변화를 살펴보고 산업 간 상대적 노동생산성의 추이를 알아본다. 둘째로, 각 산업별, 직종별, 기업 규모별, 고용형태별 임금 격차와 함께 산업 내, 직종 내 임금의 불균등도를 알아본다. 마지막으로, 이러한 자료 분석을 통해 얻은 결과가 정책에 시사하는 바를 살펴본다.

2. 소득분배 지표의 추이

지금까지 소득분배와 관련된 지표를 추계한 바에 따르면, 한국의 소득분배는 1990년대 중반 이후 악화되는 추세이다. '가계동향조사'에 의거한 지니계수나 국세청의 소득세 자료에 의거한 소득집중도 모두 1990년 초반부터 상승하고 있다. 통계청이 공식적으로 발표하는 지니계수는 최근 조금 하락했지만 1992년 이후 상승하는 추세이다(그림 3-1 참조). 김낙년(2012)이 추계한 20세 이상 인구 중 소득 상위 1%의 소득 집중도도 외환위기 이후 빠르게 높아지고 있다(그림 3-2 참조). 근로소득[1]도 종합소득보다는 상승 추이가 느리나 1995년 이후 점차 증가하고 있다. 이는 근로소득과 함께 사업소득 및 재산소득 모두 소득 상위 계층의 상승률이 높다는 것을 의미한다.

소득 그룹별로 1인당 근로소득의 추이를 보면, 상위 0.1%의 최상위 고소득층[2]은 소득 증가율이 1990년대 이전 수준을 유지하고 있으나, 그 이하의 소득계층은 소득 증가율이 낮아지고 있는 것으로 나타난다. 특히 하위 90%의 실질소득은 1995년 이후 정체된 상태이다(그림 3-3 참조). 가계조사를 이용해 2인 이상 가구 근로소득 및 재산소득의 소득분위별 실질소득 증가율을 추계한 바에 최경수(2010)에 따르면, 1995년 이후 2008년 사이 하위 10%의 실질소득은 연평균 1.4%씩 감소했으며, 하위 20%의 소득 증가율은 (-)0.1%로 거의 변화가 없었다(표 3-1 참조).

결론적으로 한국의 소득분배는 1990년대 중반 이후 악화되고 있는데, 소득 최상위 계층의 소득 증가율은 이전과 유사한 수준을 보이

---

[1] 여기서 근로소득은 경제활동인구 중 취업자로 파악된 상용·임시·일용 근로자 가운데 상위 1%의 근로소득 비중을 의미한다.

[2] 경제활동인구 중 취업자로 파악된 근로자 수의 0.1% 집단을 의미한다.

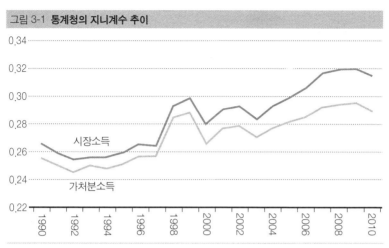

그림 3-1 **통계청의 지니계수 추이**

시장소득

가처분소득

주: 2인 이상 도시 가구 기준.
자료: 국가통계포털(KOSIS).

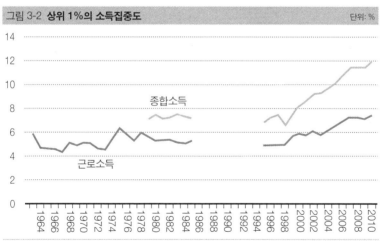

그림 3-2 **상위 1%의 소득집중도**　　　　　　단위: %

종합소득

근로소득

자료: 김낙년(2012).

고 있지만, 그 외의 계층의 소득은 성장이 둔화되고 있으며, 특히 소득 하위 계층의 실질소득은 오히려 감소하고 있다.

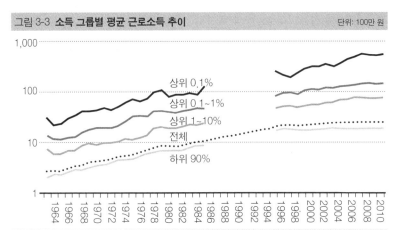

그림 3-3 **소득 그룹별 평균 근로소득 추이**　　　　　　　　　　　단위: 100만 원

상위 0.1%
상위 0.1~1%
상위 1~10%
전체
하위 90%

주: 2000년 불변가격.
자료: 김낙년(2013).

표 3-1 **2인 이상 도시 가구 노동시장 소득 연평균 증가율**　　　　　　　　단위: %

10분위	D1	D2	D3	D4	D5	D6	D7	D8	D9
1990~1995년	9.0	8.7	9.0	9.0	9.2	8.9	9.0	8.5	8.2
1995~2002년	-3.3	-1.0	-0.3	0.1	0.4	0.7	0.8	1.4	1.6
2002~2008년	0.8	1.1	1.6	1.8	2.3	2.6	2.8	2.7	2.7
1995~2008년	-1.4	-0.1	0.6	0.9	1.3	1.5	1.7	2.0	2.1

주: 실질소득 기준.
자료: 전국가계조사. 최경수(2010).

3. 산업구조 변화와 불완전고용

그렇다면 한국의 소득분배가 악화되는 데 산업구조 변화는 어떤 영향을 미쳤을까? 우선 산업별 부가가치와 취업자 비중을 통해 한국의 산업구조 변화를 살펴보자. 1990년대 중반까지 부가가치 면에서 농림어업은 지속적으로 그 비중이 하락했으며, 이를 대신해 광공업과 서비스업의 부가가치 비중이 증가했다(표 3-2 참조). 제조업 생산의 지속적인 증가로 2010년 현재 광공업이 전체 GDP의 30% 이상을 차지

표 3-2 산업별 부가가치 구성

단위: %

구분	1980	1985	1990	1995	2000	2005	2010
농림어업	16.2	13.5	8.9	6.3	4.9	3.4	2.7
광공업	26.4	28.7	28.1	28.2	29.8	28.7	31.6
전기·가스·수도업	2.2	3.0	2.1	2.0	2.6	2.3	2.1
건설업	8.0	7.3	11.3	11.6	8.4	9.2	7.5
도소매·음식·숙박업	14.4	14.2	13.3	11.5	11.2	9.8	9.9
운수·창고·통신업	8.0	7.4	6.8	6.6	7.0	7.3	6.4
금융·보험·부동산·사업 서비스업	11.3	11.2	14.8	18.2	20.0	20.8	20.4
공공행정·국방	6.1	5.3	5.2	5.3	5.7	6.3	6.3
교육	4.3	4.8	4.7	5.0	5.0	5.8	5.8
보건·사회복지	1.0	2.1	2.1	2.2	2.7	3.5	4.3
기타 개인 서비스	2.2	2.4	2.5	2.8	2.8	2.9	3.0
계	100.0	100.0	100.0	100.0	100.0	100.0	100.0

자료: 국민계정, Asian KLEMS DB.

하고 있으며, 서비스업의 비중도 지속적으로 증가했는데, 그중에서도 금융·보험·부동산·사업 서비스업의 비중이 빠르게 증가했다.

취업자 구성을 보아도 농림어업 취업자 비중은 빠르게 줄어든 반면, 서비스업 취업자 비중은 빠르게 증가했다(표 3-3 참조). 광공업의 비중은 1990년까지는 증가했으나 이후 점차 감소하고 있으며, 영세 자영업자가 많은 도소매·음식·숙박업의 비중도 2000년까지 증가했으나 이후 감소하고 있는 추세이다. 이와 달리 금융·보험·부동산·사업 서비스업의 비중은 지속적으로 증가하고 있다. 이러한 산업구조 변화는 한국에서 1990년대 이후 탈산업화가 진행되면서 서비스화가 심화되고 있음을 시사한다. 특히 2000년대 들어 교육 서비스와 보건·사회복지 서비스 분야의 취업자가 증가하는 추세이다. 표 3-2와 표 3-3을 보면 부가가치와 취업자 비중의 동태적 변화가 산업별로 차이를 나타내는데, 이는 산업별로 생산성 변화율에 차이가 있음을 시사한다.

표 3-4는 산업별 GDP 비중을 취업자 비중으로 나눈 것으로서, 각

표 3-3 **산업별 취업자 구성**						단위: %	
구분	1980	1985	1990	1995	2000	2005	2010
농림어업	34.0	24.9	17.9	11.8	10.6	8.0	6.6
광공업	22.5	24.4	27.6	23.7	20.4	18.6	18.2
전기·가스·수도업	0.3	0.3	0.4	0.3	0.3	0.3	0.3
건설업	6.2	6.1	7.4	9.4	7.5	7.9	7.4
도소매·음식·숙박업	19.2	22.6	21.8	26.5	27.2	25.4	23.0
운수·창고·통신업	4.5	4.7	5.1	5.3	6.0	6.3	6.1
금융·보험·부동산·사업 서비스업	2.4	3.8	5.2	8.1	10.0	12.2	14.3
공공행정·국방	2.1	2.6	2.9	3.2	3.6	3.5	4.0
교육	3.4	4.4	5.1	5.0	5.6	6.9	7.6
보건·사회복지	1.0	1.3	1.5	1.5	2.0	2.8	4.8
기타 개인 서비스	4.5	4.9	5.2	5.1	6.8	8.1	7.7
계	100.0	100.0	100.0	100.0	100.0	100.0	100.0

자료: 경제활동인구조사, Asian KLEMS DB.

표 3-4 **산업별 취업자 1인당 부가가치의 상대적 생산성**						단위: %	
구분	1980	1985	1990	1995	2000	2005	2010
농림어업	48	54	50	54	46	43	42
광공업	117	118	102	119	146	154	173
전기·가스·수도업	671	1,099	552	590	849	750	629
건설업	130	121	152	124	112	116	102
도소매·음식·숙박업	75	63	61	43	41	38	43
운수·창고·통신업	177	158	134	126	118	116	104
금융·보험·부동산·사업 서비스업	465	297	282	224	200	171	143
공공행정·국방	291	206	182	168	158	182	155
교육	127	108	94	100	89	84	77
보건·사회복지	103	163	138	148	135	123	89
기타 개인 서비스	49	48	49	56	41	36	39
계	100.0	100.0	100.0	100.0	100.0	100.0	100.0

주: 산업별 GDP 비중을 취업자 비중으로 나눈 것임.

산업의 상대적인 노동생산성을 비교하고 있다. 산업별로 보았을 때, 농림어업, 도소매·음식·숙박업, 개인 서비스 부문이 상대적으로 노동 생산성이 낮게 나타난다. 이 부문은 경제 전체 평균에 비해 부가가치

표 3-5 **산업별 취업자 수 변화** 단위: 1,000명

구분	1980~1985	1985~1990	1990~1995	1995~2000	2000~2005	2005~2010
농림어업	-921	-496	-834	-160	-428	-249
광공업	580	1,329	-145	-533	-62	-97
전기·가스·수도업	-3	29	0	-6	7	7
건설업	68	435	567	-333	234	-61
도소매·음식·숙박업	751	558	1,480	338	53	-337
운수·창고·통신업	82	222	152	185	168	21
금융·보험·부동산·사업 서비스업	231	382	708	460	670	617
공공행정·국방	101	134	130	108	33	169
교육	207	249	113	163	377	231
보건·사회복지	61	74	37	120	218	507
기타 개인 서비스	127	196	107	398	420	-14
계	1,284	3,112	2,315	740	1,690	983

자료: 경제활동인구조사, Asian KLEMS DB.

생산성이 50% 이하이며, 근로자에게 돌아가는 보수도 낮은 편이다. 이 세 부문의 취업자 비중은 2010년 전체 취업자의 37.3%를 차지한다. 특히 소매업이나 음식업, 개인 서비스업은 비교적 특별한 숙련 과정 없이 창업과 진입이 자유로운 업종으로, 2000년대 이후 상대적 생산성이 이전보다 빠르게 하락했다. 그 대신에 광공업의 상대적 노동생산성은 1990년대 중반까지는 평균보다 20% 정도밖에 높지 않았으나, 외환위기 이후 빠르게 증가하여 2010년 현재 경제 전체의 평균보다 73%나 높은 수준에 이르고 있다. 정도의 차이는 있으나 서비스업은 산업에 관계없이 전반적으로 노동생산성 증가가 제조업에 비해 부진했다. 특히 금융·보험·부동산·사업 서비스업은 비록 생산성 수준은 타 산업에 비해 현재도 높은 편이나, 상대적 생산성의 우위가 빠르게 사라지고 있다.

생산성이 높은 산업과 그렇지 못한 산업에서의 취업자 수는 어떻게 변화했는가? 표 3-5는 1980년 이후 5년 단위로 취업자 수 변화를

표 3-6 **취업자 부가가치 생산성 수준별 취업자 수**						단위: 1,000명, %
구분	1980	1985	1990	1995	2000	2005
부가가치 생산성 평균 이상	3,741	4,650	6,524	7,217	7,246	7,894
	(27.3)	(31.1)	(36.1)	(35.4)	(34.3)	(34.6)
부가가치 생산성 평균	1,462	1,612	2,269	2,988	2,840	3,242
	(10.7)	(10.8)	(12.5)	(14.6)	(13.4)	(14.2)
부가가치 생산성 평균 이하	8,484	8,709	9,290	10,193	11,052	11,692
	(62.0)	(58.2)	(51.4)	(50.0)	(52.3)	(51.2)

주: 괄호 안은 전체 대비 비중임.
자료: 국민계정, 경제활동인구조사.

보여준다. 농림어업은 취업자 수가 지속적으로 감소하고 있으며, 광공업은 1990년 이후 감소하다가 2005~2010년에는 증가했다. 제조업 취업자 수는 2009년 380만 명 수준까지 떨어졌다가 이후 증가해 2014년 현재 433만 명 정도로 늘어났다. 2000년대 이후 고용 창출이 가장 많았던 분야는 금융·보험·부동산·사업 서비스업과 교육, 보건·사회복지 분야의 서비스업이다.

　2000년대 이후 경제 전체의 평균보다 상대적으로 1인당 부가가치 생산성 수준을 기준으로 평균보다 높은 업종인 광공업, 전기·가스·수도업, 금융·보험·부동산·사업 서비스업, 공공행정·국방, 평균 수준인 건설업과 운수·창고·통신업, 그리고 평균 이하인 농림어업, 도소매·숙박, 교육, 보건·사회복지, 기타 개인 서비스업으로 나누어 취업자 수 변화를 살펴보면 표 3-6과 같다. 대체로 생산성이 평균 이상인 산업은 일자리도 안정적이고 보수도 괜찮은 편이지만, 평균 이하인 산업은 일자리도 불안정하며 보수도 낮은 편이다.

　이렇게 구분해보면 2000년대 이후 노동생산성이 평균 이하인 산업에서 취업자 수가 상대적으로 빠르게 증가한 것은 아님을 알 수 있다. 이는 제조업에서 취업자가 감소한 반면, 금융·보험·부동산·사업 서비스업에서 취업자가 빠르게 증가했기 때문이다. 하지만 금융·보

자료: 경제활동인구조사.

표 3-7 산업별 주당 40시간 이하 취업자 비중							단위: %	
구분	2000	2002	2004	2006	2008	2010	2012	2014
전체 17시간 이하	2.8	2.9	3.2	3.5	3.6	4.4	4.5	4.6
전체 35시간 이하	9.7	10.5	11.4	12.1	14.6	15.2	14.7	15.5
농림어업	23.0	26.4	28.0	28.9	29.8	34.0	35.0	34.8
광공업	5.3	6.1	5.5	5.7	9.1	7.5	6.0	6.8
건설업	11.3	11.4	15.0	14.6	15.6	16.3	16.0	15.4
도소매·음식·숙박업	7.6	8.5	9.9	11.0	12.0	14.6	14.7	15.5
전기·운수·통신·금융	5.2	5.7	6.4	6.9	10.7	8.5	7.9	8.8
부동산 임대	6.6	8.0	8.4	8.2	12.7			
사업 서비스	5.9	6.2	6.0	6.9	11.6			
공공행정·국방	7.8	9.0	9.5	14.0	19.9			
교육	23.0	24.3	26.7	26.2	29.3	14.0	17.3	17.8
보건·사회복지	4.9	3.6	5.1	7.0	11.3			
오락·문화·운동	11.2	11.7	11.1	15.0	16.4			
기타 개인 서비스	8.0	8.0	8.5	9.6	11.3			

험·부동산·사업 서비스는 고용의 빠른 증가에도 불구하고 상대적 생산성의 우위는 빠르게 사라지고 있어 생산성 증가가 정체하고 있다. 물론 이러한 검토는 개략적인 것이며, 정확한 평가는 각 서비스 세부 업종의 추이를 보아야 가능할 것이다.

요컨대, 상대적으로 취업자의 생산성이 빠르게 증가한 제조업은 취업자 수가 1990년대 이후에 감소한 반면, 서비스업은 취업자 수가 증가했지만 생산성이 증가하지 않았다. 이는 제조업에서 1990년대 이후 해외로 생산기지를 옮기며 노동절약적 산업구조가 정착되어 고용이 방출되었지만 이를 흡수한 서비스업에서는 생산성이 정체하고 있기 때문이다.

이러한 서비스업의 생산성 정체는 취업자 수가 증가했는데도 주당 40시간 이하 일하는 불안정한 일자리에 종사하는 취업자 비중이 빠르게 증가하는 현상으로도 나타난다(표 3-7 참조). 산업별로 보면 광공

표 3-8 **최종수요 항목별 취업유발계수**

구분	민간소비	정부지출	민간투자	정부투자	수출	최종수요
1995	43.92	38.39	31.35	34.43	29.45	36.80
2000	25.88	23.33	20.57	19.58	15.00	21.32
2005	19.88	17.27	15.64	16.29	10.07	15.77
2010	16.58	16.16	13.63	14.22	8.31	12.86
2010/1995*	0.38	0.42	0.43	0.41	0.28	0.35

* 2010년 취업유발계수를 1995년으로 나눈 것임.
자료: 산업연관표.

업이나 전기, 운수, 통신, 금융 서비스업에서는 주당 근로시간이 35시간 이하인 근로자의 수도 적은 편이고 이러한 불안정한 일자리가 크게 증가하지도 않아서 안정적인 일자리의 비중이 높다. 하지만 도소매·숙박·음식업 등 자영업자가 많은 생계형 서비스업과 교육이나 보건·사회보장 등 취업자가 빠르게 증가한 서비스업에서는 주당 근로시간이 35시간 이하인 근로자의 수가 빠르게 증가했으며, 심지어 공공행정·국방 부문에서도 증가하고 있다. 전 산업을 통틀어보면 17시간 이하 일하는 취업자 수는 2000년 2.8%에서 2014년 4.6%로 증가했으며, 주당 근로시간이 35시간 이하인 취업자는 9.7%에서 15.5%로 늘어났다. 즉, 주당 40시간 풀타임으로 일할 수 있는 일자리 수의 증가에 비해 그렇지 못한 일자리 수가 더 빨리 증가했는데, 불완전한 취업자는 서비스업에서 많이 늘어났다.

표 3-8의 최종수요 항목별 취업유발계수를 보면, 소비나 투자에 비해 수출의 취업유발계수가 가장 빠르게 하락하는 가운데, 대외 의존도가 빠르게 올라가면서 성장의 수출 의존도가 더욱 높아지는 경제구조가 심화되고 있음을 알 수 있다. 제조 대기업이 선도하는 수출산업의 경제성장 기여율이 2003년부터 2013년까지 10년간 평균 78.7%로 나타나며, 지난 10여 년간 수출을 중심으로 한 제조업이 빠르게 성장한 데 비해 제조업에서의 고용 창출은 더딘 상황이다. 더욱이 수출산

업의 성장과 비교할 때 내수는 정체되고 있어 경제의 대외 의존도가 1990년 53.6%에서 2000년 67.9%, 2013년 105.9%로 빠르게 증가하고 있다. 한편 제조업을 대신해 서비스업의 취업자 비중이 증가하고 있지만, 서비스업에서 제공하는 일자리는 불안정하며, 그에 따라 급여도 높지 않다.

이는 과거 '수출 → 투자 → 고용 → 소득 → 소비 → 내수 → 고용 → 소비'로 이어지는, 수출과 내수의 선순환구조가 사라지는 한국의 산업구조 변화를 반영하고 있다. 이러한 선순환구조의 해체는 1990년대 이후 매우 뚜렷하게 나타난다. 특히 한국은 다른 선진국에 비해 제조업에서 자동화가 가능한 전자나 자동차 등 중화학공업 비중이 높다. 이 산업들은 특성상 생산기지의 해외 이전이 빠르게 일어나고 국내 생산 공정에 노동절약적 공정 투자가 활발하게 일어난다. 부가가치나 고용에서 한국의 중화학공업 비중은 일본, 미국, EU 등 다른 선진국보다 높다(김종일, 2009). 나아가 취업유발계수가 높은 숙련집약적 산업이나 생활밀착형 노동집약적 제조업이 전반적으로 취약하고, 서비스업에서는 일자리의 증가에도 노동의 안정성이 낮으며, 내수의 침체로 서비스업의 성장이 정체하고 있다.

요컨대, 1990년대 이후 생산의 고도화와 노동절감형 생산체제의 도입으로 생산성이 지속적으로 증가하고 일자리의 안정성이 비교적 높은 제조업에서는 고용이 감소한 반면에 고용을 흡수한 서비스업에서는 생산성 향상과 안정적인 일자리 창출이 부진한 결과, 취약 계층의 소득이 정체되고 산업별·계층별·기업별 근로자 임금 격차가 확대된 것으로 보인다.

4. 근로소득의 불균등도

산업구조 변화에 따라 근로소득의 불균등은 어떻게 변화해왔는가? 이를 알아보기 위해 고용노동부의 '고용형태별 근로실태조사'[3]를 중심으로 산업별·직종별 기업 규모별 차이가 임금 격차에 어떠한 영향을 미치고 있는지를 살펴보고자 한다.

먼저 '국민계정'과 '경제활동인구조사'를 고용노동부의 임금자료와 통합해 임금근로자 전체의 근로소득분배 구조가 어떻게 변화했는지 알아보자. 표 3-9는 '국민계정', '임금구조 기본통계조사', '경제활동인구조사' 등을 통합해 전체 취업자 중 임금근로자의 비중과 사업체 규모별 월급을 계산해본 것이다.[4] 표 3-9에 따르면 지난 16년간 비임금근로자와 5인 미만 영세 사업체의 근로자가 전체 취업자에서 차지하는 비중이 하락했으며, 그 숫자도 감소해 노동시장 구조가 선진화되고 있음을 알 수 있다. 그럼에도 한국은 다른 선진국과 비교했을 때 비

---

3 '고용형태별 근로실태조사'에서는 2006년부터 '임금구조 기본통계조사'를 통합해 임금통계를 발표하고 있는데, 2006년 이전의 임금통계 자료는 '임금구조 기본통계조사'를 이용해야 한다. 한 가지 고려해야 할 점은 '임금구조 기본통계조사'에서 1996년 이전까지 10인 이상 사업체를 대상으로 표본조사를 했지만, 이후에는 5인 이상 사업체를 대상으로 한다는 것이다. 2006년 이전 임금구조의 불균등도를 알아보려면 이 자료를 사용할 수밖에 없지만, 표본의 특성상 저임금 계층이 많은 5인 이하 사업체가 누락되는 문제가 있다. 또한 고용노동부의 자료는 공공부문을 제외하고 민간부문만을 조사 대상으로 한다. 따라서 이 자료를 이용해 전반적인 노동소득의 분배 구조 악화를 살펴보는 데는 한계가 있다. 특히 다수의 소득 하위 계층을 이루는 영세 자영업자, 다수의 일용직 근로자들이 누락되므로 소득 하위 계층의 노동소득이 자료에서 제외된다.

4 전체 임금근로자의 평균 월급은 '국민계정'의 제도 부문별 소득계정의 피용자 보수 중 사회부담금을 제외한 임금 및 급여에서 임금근로자의 수로 나누어 계산했다. 임금근로자 수는 취업자에서 '경제활동인구조사'의 비임금근로자 수를 제한 것이다. 5인 이상 사업체 임금근로자의 평균 월급은 고용노동부의 자료에서 계산했으며, 5인 미만 사업체 임금근로자의 평균 월급은 '국민계정'의 임금과 급여에서 5인 이상 사업체 임금근로자의 임금과 공공행정 부문의 임금을 제하고 이를 근로자 수로 나누어 계산했다.

표 3-9 **임금근로자의 평균 월급과 취업자에서 차지하는 비중**					단위: 1,000원, %
구분	1996년	2000년	2005년	2012년	1996~2012년 증가율
임금근로자 평균 월급	1,235	1,444	1,939	2,460	4.30
5인 미만 사업체 임금근로자 평균 월급	1,073	1,185	1,448	1,684	2.82
5인 이상 사업체 임금근로자 평균 월급	1,352	1,643	2,333	2,861	4.69
공공행정 부문 평균 월급	2,120	2,312	3,544	4,194	4.27
취업자 수	20,853	21,156	22,856	24,681	1.05
5인 미만 사업체 근로자 비중	35.2	32.8	34.4	28.6	-0.23
5인 이상 사업체 근로자 비중	25.4	27.1	28.8	38.6	3.67
공공행정 부문 근로자 비중	3.1	3.6	3.5	3.9	2.44
비임금근로자 비중	36.3	36.5	33.3	28.9	-0.38

주: 2012년 이전 비임금근로자 비중은 고용물표로 분해했으며, 공공행정 부문 임금은 이 부문 피용자 보수의 80%로 추산함.
자료: 국민계정, 고용형태별 근로실태조사(임금구조기본조사), 경제활동인구조사.

임금근로자와 영세 사업체의 근로자 비중이 여전히 높은 편이다. 2012년 현재 취업자 중 비임금근로자 비중은 28.9%이며, 5인 미만 사업체 근로자의 비중도 28.6%를 나타내고 있다.

한국 임금근로자의 평균 월급은 1996년에는 123만 원 정도였으나 2012년에는 246만 원으로 16년간 연평균 4.3%씩 증가했다. 이를 5인 미만과 5인 이상 사업체로 나누어서 보면, 5인 미만 사업체 근로자의 평균 월급은 2.82% 증가한 반면, 5인 이상 사업체 근로자의 평균 월급은 4.69% 증가해 소규모 영세 사업체 근로자의 임금이 상대적으로 낮은 증가율을 보이고 있다(표 3-9 참조).

그림 3-4는 1990년대 중반 이후 5인 미만의 영세 사업체 근로자 임금과 그 이상 규모 사업체 근로자 임금의 격차가 지속적으로 확대되었음을 보여준다. 1996년에 5인 이상 사업체 근로자는 매달 5인 미만 사업체 근로자 월급의 26% 정도를 더 받았으나, 2012년에는 70% 정도를 더 받고 있다. 5인 미만 사업체 근로자의 평균 월급은 2012년 현

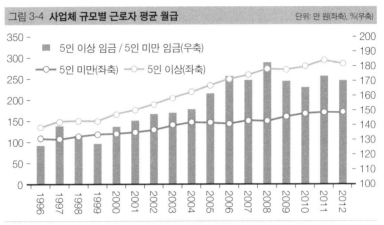

그림 3-4 **사업체 규모별 근로자 평균 월급**   단위: 만 원(좌축), %(우축)

주: 녹색 기둥은 5인 미만 사업체 근로자의 평균 월급 대비 5인 이상 사업체 근로자의 평균 월급의 비율을 나타냄.

재 168만 원 수준인데, 2013년 월평균 근로시간인 179.9시간(통계청 사업체 노동력 조사의 5인 이상 사업체의 월평균 근로시간)을 적용하면 시간당 9166원 정도로, 2012년 최저임금액 4580원의 2배에 못 미친다.

1996~2012년에 소비자물가지수가 연평균 3.25% 상승했는데, 이를 고려한다면 임금근로자의 실질임금은 연 1% 정도 상승했으며, 5인 미만 사업체 근로자의 실질임금은 오히려 하락했다고 볼 수 있다. 1인당 실질국내총생산이 같은 기간에 연평균 3.85% 상승한 것과도 비교된다. 이는 총부가가치에서 세금과 고정자본소모를 제한 요소소득의 비중이 지속적으로 하락하고, 연금 등 사회부담금이 증가했기 때문이다. 사회경제적으로 소득분배 측면에서 가장 주목해야 할 것이 바로 영세 사업체에서 일하고 있는 노동 취약 계층의 실질소득 감소이다.

산업별 고용형태별 임금 격차

'고용형태별 근로실태조사'는 2006년부터 5인 미만 사업체를 포

표 3-10 **산업별 고용형태별 임금근로자의 구성** 단위: %

구분	300인 이상 사업체 근로자 비중		노조가 있는 사업체 근로자 비중		정규직 근로자 비중	
	2006년	2013년	2006년	2013년	2006년	2013년
광업	24.0	19.8	32.4	24.6	93.4	85.5
제조업	15.6	20.8	17.7	13.5	87.2	91.0
전기·가스·수도업	23.6	34.9	62.4	68.1	94.8	91.8
건설업	4.8	6.3	4.5	2.3	70.7	57.1
도소매·음식·숙박업	1.9	2.7	4.1	3.0	61.5	61.0
운수·창고·통신	13.0	12.8	43.9	39.2	87.8	81.9
금융·보험·부동산·사업 서비스업	9.9	14.8	13.0	12.6	73.6	68.2
교육	10.6	18.1	5.6	4.9	62.8	46.3
보건·사회복지	18.4	17.0	10.9	6.6	88.5	81.7
계	9.8	13.0	13.3	10.4	75.9	72.7

주: 합계에서는 일부 서비스업이 제외되어 전체의 95%를 포함함.
자료: 고용형태별 근로실태조사.

함한 전체 민간부문 임금근로자의 산업별 고용형태별 임금 자료를 제시하고 있다. 이를 기초로 2006년 이후 근로소득의 불균등도가 어떻게 변화해왔는지 알아보자. 표 3-10은 이 자료의 근로자 구성이 어떻게 변화했는지를 정리한 것이다.

고용 규모 300인을 기준으로 하여 300인 이상 사업체(대규모 사업체)와 300인 미만 사업체(중소 사업체)로 고용 규모에 따라 사업체를 나누어보면, 대규모 사업체의 고용 비중은 2006년 9.8%에서 2013년 13.0%로 점차 증가하고 있음을 알 수 있다.[5] 이러한 현상은 광업이나 운수·창고·통신업을 제외한 모든 산업에서 나타난다. 산업 중 대규모 사업체의 근로자 비중이 비교적 높은 것은 현재 전기·가스·수도업,

---

5 300인은 과거의 중소기업 범위에 따른 기준이다. 서비스업의 중소기업 기준은 도소매·숙박업이 200인 미만, 교육이 100인이지만, '2013 고용형태별 근로실태조사' 자료에서 이에 따른 구분이 이루어지지 않아 일괄적으로 300인을 기준으로 표기했다.

표 3-11 **산업별 고용형태별 임금 격차**   단위: %

구분	중소 사업체 대비 대규모 사업체 근로자의 임금 수준		노조 없는 사업체 대비 노조 있는 사업체 근로자의 임금 수준		비정규직 대비 정규직의 임금 수준	
	2006년	2013년	2006년	2013년	2006년	2013년
광업	149.1	142.5	149.0	148.4	190.2	150.5
제조업	169.2	190.6	169.5	158.3	221.8	189.6
전기·가스·수도업	121.1	112.1	101.3	109.9	263.4	257.0
건설업	240.4	234.7	149.9	184.2	124.5	135.9
도소매·음식·숙박업	213.1	195.0	191.0	214.5	222.3	213.0
운수·창고·통신	156.4	148.4	101.4	111.5	135.3	132.4
금융·보험·부동산·사업서비스업	147.8	147.9	155.9	152.4	144.6	144.2
교육	181.6	156.0	179.8	188.3	189.9	235.0
보건·사회복지	184.4	214.1	159.1	180.8	166.1	212.9
계	180.4	189.2	166.9	168.3	185.3	180.5

자료: 고용형태별 근로실태조사.

제조업, 광업, 교육, 보건·사회복지의 순인 것으로 조사되며, 전기·가스·수도업, 교육, 제조업 등의 산업에서는 대규모 사업체 근로자 비중이 빠르게 증가한 것으로 나타난다.[6] 노조가 있는 사업체의 근로자 비중은 점차 감소하고 있으며, 정규직 근로자의 비중은 지난 7년간 조금 감소했다.

표 3-11은 표 3-10의 산업별 고용형태별 구분을 바탕으로 근로자 간 임금 격차를 나타낸 것이다.[7] 이에 따르면, 300인 이상 대규모 사업체의 근로자는 5~299명 규모 사업체의 근로자보다 급여수준이 80%

[6] 2006년의 대규모 기업체의 근로자 수가 2007년 이후에 비해 산업에 관계없이 전반적으로 매우 낮은데, 이것이 원자료의 문제인지는 확인하기 어렵다.

[7] 여기서 임금은 월급여로서 고용노동부 자료의 정액급여와 초과급여에다 연간특별급여액을 12로 나눈 금액을 추가해 계산했다.

정도 높으며, 노조가 있는 사업체의 근로자는 노조가 없는 사업체의 근로자보다 급여수준이 약 70% 정도 높은 편이다. 한편 정규직은 비정규직에 비해 급여를 약 80% 정도 더 받는다. 2006년과 2013년 사이에 큰 변화는 없었으나, 사업체 규모나 노조 유무에 따른 급여의 격차는 조금 확대된 반면, 정규직과 비정규직 간 급여의 격차는 미소하나마 줄어들었다.

산업별로 보면, 2013년 현재 사업체 규모에 따른 임금 격차는 건설업이 가장 크고, 보건·사회복지, 도소매·음식·숙박업이 그 뒤를 잇는다. 노조 유무에 따른 임금 격차는 도소매·음식·숙박업, 교육, 건설업, 보건·사회복지의 순으로 크다. 정규직과 비정규직 간 임금 격차는 전기·가스·수도업, 교육, 도소매·음식·숙박업, 보건·사회복지 순으로 큰 것으로 나타난다.

고용형태에 따른 임금 격차는 산업별로 큰 차이를 보이는데, 제조업은 교육 등 서비스업에 비해 대규모 사업체 비중이 증가하고 정규직 비중이 높은 편이다. 제조업의 사업체 규모별 임금 격차는 확대되고 있지만, 정규직과 비정규직의 임금 격차는 조금 감소했다.

직종별 고용형태별 임금 격차

다음으로 근로자의 직종별 임금 격차를 알아보자. 먼저 2006년과 2013년 직종별 근로자의 비중을 알아보면 표 3-12와 같다. 표에 따르면, 관리직의 수나 비중은 감소한 반면에 판매원과 노무직의 비중은 증가했다. 제조업에서는 노무직의 비중이 감소했다. 2006~2013년 사이에 근로자 수가 가장 많이 증가한 직종은 판매원으로, 75만 명이 증가했다. 그 뒤를 이어 전문가와 사무직이 각각 63만 명, 55만 명 증가한 것으로 조사되었다.

표 3-12 **직종별 근로자 비중**					단위: %	
구분	전체		제조업		서비스업	
	2006년	2013년	2006년	2013년	2006년	2013년
관리직	3.2	1.4	3.9	1.9	2.8	1.2
전문가	22.7	22.6	13.9	12.2	26.8	26.3
사무직	24.6	23.4	19.6	21.7	27.1	24.1
대인서비스직	9.2	8.1	0.5	0.4	13.3	11.0
판매원	7.2	11.6	1.0	3.5	10.2	14.5
농림어업 숙련직	0.1	0.1	0.0	0.0	0.1	0.2
기능직	7.7	6.1	15.4	12.6	4.0	3.7
기계조작직	16.5	16.3	37.2	41.7	6.7	7.0
노무직	8.8	10.4	8.7	5.9	8.8	12.1
계	100.0	100.0	100.0	100.0	100.0	100.0

자료: 고용형태별 근로실태조사.

　　이를 제조업과 서비스업으로 나누어서 보면, 두 산업 모두에서 관리직 비중이 모두 감소하며 근로자 수도 줄어든 것으로 나타난다. 제조업은 기능직이나 기계조작직 등 생산직의 비중이 높지만, 서비스업은 대인서비스직이나 판매원의 비중이 높다. 또한 제조업은 노무직의 비중이 줄었지만, 서비스업은 그 비중이 늘어났다.

　　표 3-13은 직종별 임금 격차를 알아보기 위해 상대적 급여수준을 계산한 것이다. 예상대로 관리직의 급여수준이 가장 높게 나타났다. 급여수준이 전체 평균 이상인 직종은 전문가와 사무직이며, 기능직이나 기계조작직 등은 평균 수준이다. 이미용, 오락 등의 업종에서 일하는 대인서비스직이나 노무직은 평균 급여의 50%대 수준의 저임금을 받으며, 판매원도 급여수준이 상대적으로 낮은 편이다. 2006~2013년 사이에 서비스업 관리직의 상대적 임금수준이 빠르게 증가했다. 전문가의 상대적 임금은 전체적으로 하락했으나 사무직은 상승했다. 그 외의 직종에서는 별다른 변화가 없었다. 제조업과 서비스업으로 나누어

표 3-13 **직종별 상대 급여수준**						단위: %
구분	전체		제조업		서비스업	
	2006년	2013년	2006년	2013년	2006년	2013년
관리직	223.9	238.7	198.0	190.0	238.9	264.9
전문가	123.3	116.8	127.2	131.5	125.9	117.8
사무직	105.8	115.6	102.8	109.6	108.8	118.9
대인서비스직	51.0	56.5	64.9	58.8	53.9	60.0
판매원	81.2	90.8	77.4	90.2	86.0	95.2
농림어업 숙련직	79.7	75.7	60.0	62.2	85.6	80.7
기능직	98.8	98.5	92.8	85.6	94.2	103.1
기계조작직	95.9	101.0	92.1	92.7	80.6	91.4
노무직	54.6	54.0	57.2	61.4	53.3	54.1
전체	100.0	100.0	100.0	100.0	100.0	100.0

주: 전체 근로자 임금=100.
자료: 고용형태별 근로실태조사.

보면, 제조업에서는 전문가나 사무직의 임금이 상대적으로 상승했지만, 서비스업에서는 이와 반대로 하락한 것으로 나타났다.

이상을 종합하면 제조업은 근로자의 다수를 차지하는 기능직이나 기계조작직 등 생산직의 급여가 산업 평균에 비해 크게 낮지 않으나, 서비스업은 대인서비스 등 서비스 생산직의 급여수준이 상대적으로 낮은 편이다. 1990년대 이후 제조업의 일자리 감소와 서비스업의 일자리 증가는 직종 면에서 기능직이나 기계조작직보다 대인서비스직이나 판매원의 증가로 나타났다. 요컨대, 1990년대 이후 제조업에서 서비스업으로의 노동이동에 따라 서비스업의 비숙련 직종 근로자 수가 증가했는데, 이들의 낮은 급여수준이 근로소득의 분배 악화로 이어졌다고 볼 수 있다.

다음으로 직종별 비정규직의 비중이 어느 정도인지 알아보자. 표 3-14에 따르면, 직종별로 비정규직의 비중이 큰 차이를 보인다. 대인서비스직, 판매원, 노무직에서 비정규직의 비중이 높으며, 반면에 관

표 3-14 **직종별 비정규직 비율**					단위: %	
구분	전체		제조업		서비스업	
	2006년	2013년	2006년	2013년	2006년	2013년
관리직	1.9	2.2	0.8	0.5	2.6	3.3
전문가	14.2	19.2	2.5	1.6	17.1	22.2
사무직	14.2	10.9	3.1	2.4	18.0	13.7
대인서비스직	52.0	54.8	25.2	25.9	52.4	55.2
판매원	58.2	50.5	16.9	5.2	60.1	54.5
농림어업 숙련직	28.1	58.9	29.0	69.3	28.0	58.3
기능직	19.6	15.9	19.3	16.4	20.1	15.3
기계조작직	13.5	12.8	13.8	10.5	12.9	17.7
노무직	48.9	55.8	39.2	26.8	53.4	61.0
전체	23.8	26.2	12.8	9.0	29.1	32.4

자료: 고용형태별 근로실태조사.

리직, 사무직, 전문가, 기능직, 기계조작직에서는 비정규직 비중이 낮은 편이다. 한편 2006년 이후 관리직, 전문가, 대인서비스직, 노무직에서는 비정규직 비중이 늘어났지만, 사무직, 판매원, 기능직, 기계조작직에서는 그 비중이 줄었다. 이를 제조업과 서비스업으로 나누어 보면, 제조업에서는 비정규직의 비중이 전반적으로 줄어들었지만, 서비스업에서는 늘어난 것으로 나타난다. 이는 서비스업에서 다수를 차지하는 대인서비스 관련 근로자의 비정규직 취업이 늘어났기 때문이며, 서비스업에서 비정규직 전문가가 늘어난 것도 이에 일조한 것으로 보인다.

표 3-15는 직종별로 정규직 대비 비정규직의 임금 수준을 나타낸 것이다. 앞에서 살펴본 바와 같이 2006년 이후 비정규직의 상대적 급여는 여전히 정규직의 60%대 수준이지만 점차 상승하고 있다. 비정규직의 상대적 임금은 제조업이 서비스업보다 낮은 편이다. 직종별로 보면, 흥미롭게도 관리직은 비정규직의 급여수준이 오히려 정규직보다

표 3-15 직종별 정규직 대비 비정규직의 임금 수준						단위: %
구분	전체		제조업		서비스업	
	2006년	2013년	2006년	2013년	2006년	2013년
관리직	85.5	101.0	113.8	124.7	79.9	95.5
전문가	63.0	57.2	53.4	62.3	65.6	60.1
사무직	56.1	55.2	62.3	55.3	57.2	56.8
대인서비스직	75.7	74.7	65.0	72.6	76.1	74.8
판매원	102.8	91.7	48.0	53.2	103.8	93.3
농림어업 숙련직	73.1	74.7	79.8	70.6	72.7	75.0
기능직	57.8	62.8	52.8	61.3	68.5	64.6
기계조작직	61.3	72.0	54.2	63.1	87.5	91.4
노무직	76.8	79.7	70.6	72.6	81.4	83.2
전체	58.9	61.2	48.5	55.1	63.7	64.8

자료: 고용형태별 근로실태조사.

높게 나타난다. 판매원이 정규직과 비정규직의 격차가 작은 편이며, 다음으로 기계조작직, 노무직 등이 격차가 작다.

산업별 임금의 불균등도

근로자 간 임금의 불균등도는 1990년대 이후 지속적으로 확대되고 있다. 그림 3-5는 근로자 간 임금의 불균등도를 타일지수로 추정한 것이다. 이에 따르면, 1996년 이후 타일지수가 지속적으로 증가해 근로소득의 분배가 악화된 것으로 볼 수 있다. 여기에는 서비스업에서 급여가 상대적으로 낮은 직종의 근로자 수가 증가한 것이 큰 영향을 미쳤을 것으로 추정된다. 근로소득의 불평도가 전반적으로 증가한 원인은 근로자의 교육이나 경력 등을 고려해 좀 더 자세한 분석이 있어야 확인할 수 있을 것으로 보인다.

큰 의미를 부여하기는 어렵지만, 그림 3-5에서는 타일지수의 부가

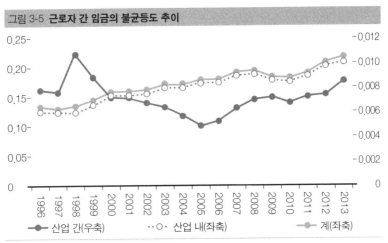

그림 3-5 **근로자 간 임금의 불균등도 추이**

주 1: 수치는 '임금구조 기본통계조사'의 임금 불균등도를 타일지수에 따라 추정한 것임.
  2: 산업은 표 3-9에서와 같이 산업 대분류로 나누었음.
  3: 타일지수는 완전 평등할 경우에 0이며, 완전 불평등할 경우에는 표본 수의 로그치여서 높을수록 불평등하다고 할 수 있음.
자료: 임금구조 기본통계조사.

성 특성을 이용해 임금 불균등도를 산업 간과 산업 내 불균등도로 나누어 보았다. 산업을 대분류 수준으로 크게 나누었기 때문에 산업 간 불균등도가 임금 불균등도에 미치는 영향은 미미하다.[8] 산업 간 불균 등도는 1998년 외환위기 이후 크게 상승했다가 2005년까지 하락했지만, 이후 증가하는 추세이다.

그림 3-6은 대분류 산업별 근로자 간 임금의 불균등도를 추정한 타일지수의 추이를 보여준다. 물론 이것도 산업을 어떻게 분류하는가에 따라 결과에 차이가 나겠지만 광업, 전기·가스·수도업, 제조업 등 2차 산업에서 산업 내 임금의 불균등도가 낮은 편이며, 보건·사회복

---

8   그림 3-5는 대분류 산업의 산업 간 불균등도를 추정해본 것인데, 산업 간 불균등도에 대해 유의미한 결과를 확인하기 위해서는 좀 더 세분해서 볼 필요가 있다.

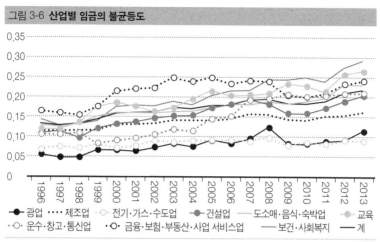

그림 3-6 산업별 임금의 불균등도

0.35
0.30
0.25
0.20
0.15
0.10
0.05
0

1996 1997 1998 1999 2000 2001 2002 2003 2004 2005 2006 2007 2008 2009 2010 2011 2012 2013

● 광업 ···· 제조업 ··○·· 전기·가스·수도업 ● 건설업 ── 도소매·음식·숙박업 ● 교육
··○·· 운수·창고·통신업 ··○·· 금융·보험·부동산·사업 서비스업 ── 보건·사회복지 ── 계

주: '임금구조 기본통계조사'의 산업별 임금 불균등도를 타일지수에 따라 추정한 것임.
자료: 임금구조 기본통계조사.

지, 금융·보험·부동산·사업 서비스업 등에서 높은 편인 것으로 나타
났다. 대부분 산업 내 임금의 불균등도는 지난 15여 년간 지속적으로
상승했지만, 이 기간에 근로자 수가 많이 증가한 보건·사회복지, 운
수·창고·통신업의 산업 내 임금 불균등도가 더욱 빠르게 증가한 것으
로 나타났다.

즉, 제조업에 비하여 임금의 불균등도가 높은 서비스업에서의 빠
른 고용의 증가는 경제 전체적으로 근로소득의 분배 악화에 기여한 것
으로 보인다. 특히 서비스업 내 근로자 간 임금 불균등도 악화는 앞서
표 3-6에서 보았듯이 이 업종에서 풀타임 근로를 하지 못하는 불완전
하게 고용된 근로자 수가 빠르게 증가한 사실과 무관하지 않은 것으로
보인다. 이를 확인하기 위해서는 더욱 자세한 분석이 필요할 것이다.

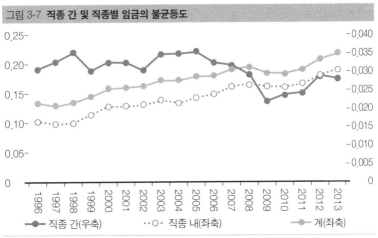

그림 3-7 직종 간 및 직종별 임금의 불균등도

〔범례〕 ━●━ 직종 간(우축)   ···○··· 직종 내(좌축)   ━●━ 계(좌축)

주 1: '임금구조 기본통계조사'의 급여의 불균등도를 타일지수에 따라 추정한 것임.
　 2: 직종 분류는 표 3-11에서와 같이 대분류 수준에서 나누어 계산함.
자료: 임금구조 기본통계조사.

직종별 임금의 불균등도

그림 3-7은 근로자 간 임금의 불균등도를 직종별로 나누어 타일지
수로 추정한 것이다. 직종은 앞의 표에서처럼 9개 대분류 직종으로 나
누었는데, 직종 간 불균등도보다는 직종 내 근로자 간 임금의 불균등
도가 전체적인 임금의 불균등도 증가에 기여하는 정도가 크다. 직종
간 불균등도는 최근 5년간 낮아진 것으로 보이나, 직종 분류의 변동
때문인지는 확인하기 어렵다. 하지만 산업 내 임금의 불균등도가 계속
높아져 온 것처럼, 직종 내 임금의 불균등도도 1990년대 중반 이후 계
속 높아지고 있다.

그림 3-8은 직종별 불균등도를 나타내는 타일지수의 추이를 보여
준다. 직종별로 볼 때 판매원의 임금 불균등도가 가장 빠르게 상승했
으며, 2013년 현재 가장 높다. 관리직 임금의 불균등도도 빠르게 상승

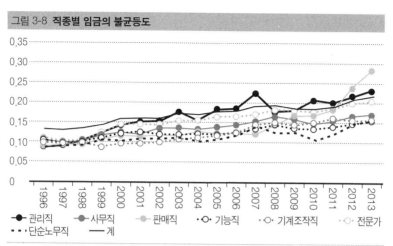

그림 3-8 **직종별 임금의 불균등도**

주: '임금구조 기본통계조사'의 직종별 급여의 불균등도를 타일지수에 따라 추정한 것임.
자료: 임금구조 기본통계조사.

했다. 이에 따라 판매원, 관리직, 전문가의 직종 내 임금 불균등도는 상대적으로 높은 편이며, 반면에 단순노무직, 기능직, 사무직, 기계조작직의 직종 내 임금 불균등도는 상대적으로 낮은 편이다.

1990년대 중반 이후 제조업의 고용 비중 하락과 함께 기능직과 기계조작직 근로자의 비중은 하락했고, 그 대신에 판매직 근로자의 비중은 증가했다. 사무직 근로자의 비중은 2000년대 중반까지는 증가했으나, 현재는 감소하는 추세이다. 제조업 생산직 일자리의 감소와 정보통신기술의 발전에 따른 사무직 일자리의 감소는 근로자 간 급여의 불균등이 확대되는 데 기여한 것으로 보인다. 이렇게 직종 내 근로자 간 급여의 차이가 크지 않은 직종의 일자리가 줄어들고, 성과에 따른 급여의 차이가 큰 판매원, 관리직, 전문가의 일자리가 늘어나는 것은 다른 선진국도 겪어온 현상으로, 한국 역시 그러한 흐름에서 예외가 아닌 것으로 보인다.

5. 요약 및 정책적 시사점

이 장에서는 1990년대 이후 산업구조가 어떻게 변화했으며, 이에 따라 산업별·직종별 임금의 불균등도가 어떻게 변화했는지를 알아보았다. 1990년대 이후 산업구조 변화의 가장 큰 특징은 제조업에서 서비스업으로의 노동이동과 수출의 성장 기여도의 지속적인 증가이다. 이에 따라 제조업의 생산성은 빠르게 증가했으나, 서비스업은 내수 침체와 함께 생산성이 정체하고 있다. 이는 서비스업에서 낮은 보수를 받으며 불안정한 일자리에 종사하는 취업자가 늘어나는 현상으로 나타났다. 전 산업을 통틀어서 17시간 이하로 일하는 취업자는 2000년 2.8%에서 2014년에 4.6%로 늘었으며, 35시간 이하로 일하는 취업자는 9.7%에서 15.5%로 늘어났다. 5인 이하 영세 사업체에서 일하는 근로자의 명목임금은 1996~2012년 사이 연평균 2.82% 증가했지만, 실질임금은 하락한 것으로 나타났다.

이 장에서는 또한 고용노동부의 '임금구조 기본통계조사'와 '고용형태별 근로실태조사'의 원자료를 정리해 산업별·직종별 근로자의 임금 격차와 불균등도를 알아보았다. 첫째, 산업별로 보면 사업체 규모에 따른 임금 격차는 건설업이 가장 크고, 다음으로 보건·사회복지, 도소매·음식·숙박업이다. 정규직과 비정규직의 급여 차이가 큰 산업은 전기·가스·수도업, 교육, 도소매·음식·숙박업, 건설, 보건·사회복지 등이다. 둘째, 직종별로 보면 제조업은 근로자의 다수를 차지하는 기능직이나 기계조작직 등 생산직의 급여는 산업 평균과 비교해 크게 낮지 않으나, 서비스업에서는 대인서비스직 등 서비스 생산직의 상대적인 급여수준이 낮은 편이다. 셋째, 지난 2006년 이후 제조업에서는 비정규직의 비중이 전반적으로 줄어들었지만, 서비스업에서는 늘어났다. 이는 서비스업에서 다수를 차지하는 대인서비스직 근로자의 비정규직 취업이 늘어났기 때문이며, 서비스업에서 비정규직 전문가가 늘어난 것도 이에 일조한 것으로 보인다. 넷째, 직종별로 볼 때 판매원이 정규직과 비정규직의 격차가 상대적으로 작은 편이며, 다음으로 기계조작직, 노무직 등에서 그 격차가 작다.

이 장에서는 또한 타일지수를 이용해 근로자의 임금 불균등도를 추정해보았다. 이에 따르면, 산업에 관계없이 산업 내 근로자의 임금 불균등도가 1990년대 이후 지속적으로 상승했다. 산업별로는 광업, 전기·가스·수도업, 제조업 등 2차 산업이 산업 내 임금의 불균등도가 낮은 편이며, 보건·사회복지, 금융·보험·부동산·사업 서비스업 등이 높은 편이다. 교육이나 보건·사회복지 부문의 임금 불균등도가 이 기간에 비교적 빠르게 상승했다. 한편 산업별 임금 불균등도와 마찬가지로 직종별 임금 불균등도 역시 모든 직종에서 상승한 것으로 나타났다. 직종별로 볼 때 판매직의 임금 불균등도가 가장 빠르게 상승해 현재 가장 높은 수준을 보인다. 관리직 임금의 불균등도 역시 빠르게 상승했다. 즉, 판매직·관리직·전문가의 임금 불균등도는 상대적으로 높은 편이며, 반면에 단순노무직·기능직·사무직·기계조작직의 임금 불균등도는 상대적으로 낮은 편이다.

1990년대 이후 제조업의 일자리 감소, 그리고 이와 맞물린 서비스업의 일자리 증가는 기능직이나 기계조작직보다 대인서비스직이나 판매원의 증가로 나타났다. 따라서 1990년대 이후 제조업에서 서비스업으로의 노동이동이 비숙련 근로자가 주로 취업하는 직종의 상대적 급여수준을 낮아지게 하여 근로소득의 불균등 심화에 영향을 미쳤다고 볼 수 있다.

결론적으로 근로소득 면에서 한국의 소득분배 악화는 한국이 다른 선진국처럼 제조업 비중이 감소하고 서비스업 비중이 증가하는 경제의 서비스화 단계에 빠르게 접어든 데에 기인한다. 그런데 외환위기 이후 내수보다 수출의 성장 기여도가 커지고 고용의 서비스화가 더욱 빠르게 일어났지만, 서비스의 생산성은 정체하고 있다. 이는 서비스업에서 불완전고용의 증가로 이어지고 있다. 즉, 상대적으로 급여가 많고 전문적인 지식 없이도 숙련 형성을 통해 안정적인 급여를 받을 수 있는 제조업의 일자리가 줄어든 반면, 서비스업에서 근로시간이 불안정하고 비정규직인 일자리가 증가했다. 그리고 이는 서비스업 직종 간 임금 불균등도의 확대로 이어지고 있다.

한국이 당면한 소득분배 악화의 핵심에는 소득 하위 계층에 대한 안정적이고 생산적인 일자리 부족이 자리하고 있으며, 이것이 소득분배의 악화가 사회경제적 문제가 되는 주된 이유이다. 자료 분석에 따르면, 1990년대 중반 이후 소득 하위 계층의 실질소득은 감소한 것으로 나타난다. 이렇게 소득 하위 계층의 실질소득이 감소한 것은 이들의 급여수준이 낮은 것과 더불어 충분히 일할 수 있는 시간이 주어지지 않기 때문이다. 이러한 현상은 다양한 요인이 복합적으로 작용한 결과이겠으나, 무엇보다 산업구조 변화에 따라 경제의 전반적인 고용 창출력이 약화되고 이것이 한계노동자의 과잉 공급과 이들 보수의 정체로 나타나기 때문이다. 이와 함께 인구구조 변화에 따른 노령 인구 증가나 비정규직 노동을 양산하는 노동시장의 구조 변화 등도 소득 하위 계층의 상대적 보수 악화에 기여했을 것이다. 2014년 10월 '고용동향'에 따르면, 한국의 실업률은 3.2%이지만, 취업자인데도 취업시간이 적어 추가 취업이 가능한 인구나 비경제활동인구 중 구직 단념자 등을 포함한 잠재경제활동인구까지 고려한 실업률은 10.1% 수준에 이른다.

일자리 부족 문제는 한국 경제의 성장이 둔화한 동시에 산업구조가 지난 20여 년간 급속하게 변화한 데에 기인한다. 특히 생산의 국제적 분업의 심화에 따라 국내에 있던 생산기지가 중국 등 해외로 이전하고, 이와 더불어 수출산업의 고부가가치화가 빠르게 진행되면서 수출의 고용 창출력이 급속히 저하했으며, 외환위기 이후 대기업이 구조조정을 추진해 안정적이고 소득이 상대적으로 높은 일자리의 증가가 정체되었다. 영세 자영업자와 비정규직 근로자가 양산되며, 이들 노동 취약 계층의 고용의 질 저하와 보수의 상대적 하락으로 나타났다. 이는 수출과 내수, 대기업과 중소기업, 제조업과 서비스업, 숙련 노동과 저숙련 노동 간의 생산성 격차 확대와 함께 노동시장의 제도적 비유연성에 따른 임금 격차의 확대를 동시에 반영하고 있다.

따라서 소득분배 측면에서 볼 때, 피케티(Piketty, 2012)가 강조하는 상위소득 집단에 소득과 부가 집중되는 현상도 문제가 될 수 있지만, 한국에서는 상위소득 집단에 대한 소득 집중보다도 노령층이나 청년층 등 노동 취약 계층에 안정적인 소득원을 제공하지 못하는 문제가 더 큰 문제이다. 안정적인 소득원의 제공은 앞으로 복지제도의 확충을 통해 보강되어야 할 것이지만, 복지 예산의 제한 등을 고려하면 일자리 확충이 근본적인 문제 해결 방안이라 할 수 있다.

이렇게 볼 때, 비정규직의 정규직화나 중소기업 보호·지원으로 근로자 계층별 임금 격차를 축소해 소득분배를 개선하고자 하는 것은 올바른 정책 방향이 아니다. 노동시장제도 개선이나 중소기업의 경쟁력을 강화시키는 정책은 공정성이나 효율성 등 정책 자체의 목적을 추구해야 하며 소득분배라는 목적을 추구해서는 안 된다. 소득분배는 산업구조, 나아가 경제구조의 장기적인 변화에 따라 변화하며, 경제활동의 종합적인 결과이다. 이러한 소득분배의 개선이 정책의 목표가 될 수는 없다. 물론 여기서 소득분배는 시장소득의 분배를 의미한다. 세제나 복지를 통한 가처분소득의 분배 개선은 필요하다.

산업구조 변화가 소득분배 개선에 도움이 되게 하려면 근본적으로 산업구조를 고용친화적으로 변화시키는 것이 중요하다. 산업구조를 고용친화적으로 변화시키기 위해서는 제조업이나 서비스업에 관계없이 숙련 형성과 생산과정의 조직화가 가능한 업종의 성장이 관건이다. 한국은 현재 자동화와 대량생산 등 노동절감용 공정 혁신과 이에 따르는 비용 우위로 경쟁력을 가지는 산업이 경제를 이끌어가고 있다. 앞으로는 숙련과 노동의 질이 중요한 업종이 더욱더 성장할 수 있게 해야 한다. 즉, 산업구조를 숙련과 제품 혁신이 중요하고, 숙련노동 집약적인 업종이 성장할 수 있게 해야 한다. 제조업에서는 숙련에 기초한 제품 혁신이 활발하게 일어나는 부품과 장비, 엔지니어링 산업의 다각화와 성장이 중요하다. 또한 서비스업에서는 서비스의 다양화, 고객 맞춤화 등을 통한 새로운 업태의 지속적인 창출이 필요하다. 이를 위해서는 새로운 업태를 창출하는 데에 걸림돌이 되는 제도적 장애물을 제거하는 것이 요구되며, 관련 노동시장제도의 개선도 필요하다.

하지만 이러한 산업구조 변화는 정책적 지원을 통해 단기간에 달성할 수 있는 것이 아니다. 장기적으로 이러한 업종의 활성화가 이루어질 수 있는 방향으로 시장 환경이 조성되어야 하며, 정책적인 노력도 세제나 금융, 산업 지원, 규제 등 관련 제도를 고용친화적으로 산업환경을 개선하는 데 맞추어야 한다. 임금 격차 해소만을 직접적인 정책 목표로 두고 비정규직의 과도한 정규직화나 중소기업에 대한 과도한 보호와 지원을 행한다면, 정책 목표를 달성하기도 어려울뿐더러 부작용만 나타날 것이다.

임금과
소득분배

이장원

한국은 임금 불균등도가 OECD 24개국 중 멕시코와 미국에 이어 세 번째로 높은 나라이다. 저임금 계층 비율도 미국 다음으로 높은 탓에 한편에서는 한국의 노동시장이 미국식 노동시장 유형 또는 신자유주의적 노동시장이라고 지적하기도 하지만, 오히려 한국은 내부자와 외부자 간에 불균등도가 심한 분절적 노동시장의 특성이 강한 것으로 보인다. 고용 안정성 격차나 임금 불균등도에서 한국은 분절 노동시장의 특징을 뚜렷이 나타내고 있다.

최근 한국에서 임금소득 격차가 일부 미세한 개선 조짐을 보인다고 하지만, 전체적으로 임금 격차가 확대되는 구조적 양상이 그대로 유지되는 상황이라고 할 수 있다. 즉, 벌어진 격차가 개선되고 있다고 보기 어렵다는 것이다.

따라서 지나친 임금 격차를 축소하려면 기업별·산업별(업종별), 사회적 수준에서 공정 임금체계를 구축하기 위한 노사정의 정책적 협력이나 공조 방안을 도출하고 이를 사회적 어젠다로 명확하게 제시해야 한다. 한국 사회는 단순히 일자리가 부족한 것이 아니라 괜찮은 일자리가 부족한 상황이며, 따라서 고용률 70%를 달성하려면 여성과 청년층 고급 인력의 이른바 '취업 사보타주'를 타파할 수 있는 공정 임금 기반을 조성해야 한다. 임금이 공정하면 취업하려는 사람도 늘어날 것이다.

아울러 산별 공정 임금제도를 구현하려는 노조의 노력은 더 존중받을 필요가 있다. 이를 임금과 직무의 표준화 작업이라는 차원에서, 산별교섭이 아니더라도 사회적 협의 과정을 통해 지원해야 한다. 노사정공이 임금위원회나 임금직무위원회를 상설위원회로 두고 노조와 비노조 부문, 대기업과 중소기업 부문, 정규직과 비정규직 부문을 관통하고 연계하는 임금 직무 질서를 만드는 중장기 목표를 두고 수평적 노동시장 혁신을 위해 노력해야 한다.

앞으로 한국의 노동시장을 개방적이고 유연하며 공정하고 활력 있게 변화시키는 데 임금직무체계는 가장 중요한 원동력이 될 것이다. 한국 노동시장에서 안정적인 연공급과 경쟁적인 직무급 시장 간 간극은 단지 제도의 차이를 넘어 일차 노동시장과 이차 노동시장 간에 신분적 질서를 형성하는 요인으로 작동하고 있다. 즉, 아무리 부인해도 연공급은 기득권적 요소가 점점 강해지고 직무급은 별 분석도 없이 대충 중소기업이나 무기계약직 근로자에게 숙명으로 던져진 신분제적 요인이 되고 있는 것이다. 중소기업의 직무급에는 직종별 숙련급적 요소를 강화해야 하며, 고임금 연공급에는 성과급적 요소를 강화할 필요도 있다. 궁극적으로 중소기업에서 대기업으로, 나이가 들면 다시 대기업에서 중소기업으로 원활한 노동이동이 이루어지는 선진국형 평생고용 모델을 실현하는 데 임금직무체계의 전체적 개편은 매우 중요한 과제이다.

또한 임금 격차를 축소하려면 임금정책에서 연대임금정책이 강조되어야 한다. 물론 노사정이 함께 참여해야 그 효과가 극대화될 것이다. 스웨덴은 과거 이런 경험을 한 대표적인 국가로, 연대임금정책에서 두 가지 원칙을 강조했다. 하나는 '동일 가치 노동, 동일 임금'의 원칙이고, 다른 하나는 고임금층과 저임금층 간 임금 격차를 줄이는 것이다. 이는 생산성이 떨어지는 기업의 구조조정을 통한 거시경제적 효과까지 낳는다. 특히 연대임금정책은 노조 입장에서 볼 때 공정성 추구라는 기본 원칙을 지키는 것이고, 임금 격차를 줄여 좀 더 평등한 구조를 만들려는 전략과도 통한다. 그러나 취약한 노조 조직률과 단체협약 적용률을 감안할 때, 연대임금정책을 노사 당사자가 아니라 정부가 주도할 필요가 있다.

이미 직업훈련이나 교육을 담당하는 분야에서는 인재 육성의 기준을 세웠다. 850여 개 국가직무능력표준(NCS)이 그것이다. 이에 따라 업종별·직무가치별로 시장에서 합당한 보상을 해주려면 850여 개 모델에 대해 각각 표준적인 시장임금 정보와 합리적인 임금 격차를 사회적으로 설정해야 한다.

물론 임금 격차를 축소하려면 이러한 임금정책이 주축을 이루어야 하지만, 노동시장에서 임금 문제는 전체 노동시장 체계와 맞물려 있기 때문에 임금제도를 개선하기 위해서는 노동시장 구조개혁이 병행되어야 한다.

1. 임금 격차와 이중노동시장

한국은 임금 불균등도가 OECD 24개국 중 멕시코와 미국에 이어 세 번째로 높은 나라이다. 이와 더불어 저임금 계층 비율도 미국 다음으로 높은 탓에 한편에서는 한국의 노동시장이 미국식 노동시장 유형 또는 신자유주의적 노동시장이라고 지적하기도 한다. 하지만 오히려 한국은 내부노동시장과 외부노동시장 간에 불균등도가 심한 분절적 노동시장의 특성이 강한 것으로 보인다. 실제로 고용 안정성 격차나 임금 불균등도에서 한국은 분절적 노동시장의 특징을 뚜렷이 나타내고 있다(정이환, 2013: 80~87). 이는 현재 한국의 노동시장이 계층 간에 단순히 선을 그어놓은 정도가 아니라, 마이클 샌델(2012)이 말하듯이 마치 야구경기장에서 돈 많은 이들이 스카이박스에 올라가 일반 관중석의 대중과 격리된 채 야구를 즐기는 것처럼, 계층 간에 높은 담장이 놓여 공동체적 이동이 불가능한 상태인 것을 의미한다.

현재 한국 사회에서 외부노동시장 근로자는 단지 열악한 근로조건에 처해 있을 뿐 아니라 임금근로자로서 기본적인 사회적 보호를 받지 못하는 비공식 고용의 문제까지 안고 있다. 이들은 사회보험이나 '근로기준법'상의 제도적 보호로부터 제외된 경우가 많다. 한국의 외부노동시장은 방임된 성격을 띠고 있으며, 비공식 고용이 강하게 나타난다(정이환, 2012: 202~205).

이러한 현상은 이른바 이중노동시장론으로 설명될 수 있다. 이중노동시장론에서는 노동시장을 1차와 2차 부문으로 나누고, 1차 부문은 상대적으로 양호한 근로조건과 높은 임금, 고용 안정이 보장되지만, 2차 부문은 반대로 열악한 근로조건과 낮은 임금, 불안정한 고용 상태에 있다고 설명한다. 이러한 이중노동시장론은 흔히 노동시장 분절론과 함께 논의된다. 분절론에서는 노동시장을 내부노동시장과 외부노동시장으로 구분하는데, 이에 따르면 내부노동시장은 양질의 고용이 보장되며, 외부노동시장은 고용조건상 발전 가능성이 전무하거나 매우 낮다. 분절론은 내부노동시장이 기업이나 업종 단위로 존재하며 나아가 복합적으로 어느 곳에나 존재한다고 본다는 점에서, 전체노동시장을 크게 두 개의 실체로 나누는 이중노동시장론과 구별된다. 한편 탈산업화 과정에서 노동시장은 더욱 분절화되었다(Häusermann and Schwander, 2012).

한국 노동시장의 분절은 경제의 이중구조화와 직접적으로 연관된다. 대기업·수출 부문과 중소기업·내수 부문 간의 격차와 단절은 일부 대기업의 영업이익과 수출 신장이 더 이상 낙수효과를 일으키지 않는 현실을 낳았다. 이러한 이중경제는 경제성장 방식이 불균등 성장을 추구한 데서 비롯되었다. 성장의 과실을 향유한 대기업 부문은 안정적인 내부노동시장으로 연결되었고, 성장의 그늘에서 헤매는 중소기업은 내부노동시장은커녕, 정상적인 고용이 어려워 비정규직에 의존하는 방식으로 고용이 전개되었다.

1차 노동시장과 2차 노동시장은 전통적으로 대기업과 중소기업이라고 할 수 있다. 하지만 최근 들어 비정규직 문제가 2차 노동시장의 가장 대표적인 양태로 불거져 나왔다. 현재 비정규직은 대부분 중소기업에 위치한다고 할 수 있어, 분절론적 입장에서도 우리는 비정규직 실태를 주시할 필요가 있다. 이들은 임금은 물론이고 사회보험 수혜에서도 정규직과 확연한 차이를 보이며, 상당 부분은 차별적 요인이 작동한다.

2. 임금소득 격차 추세

일반적으로 한 사회의 소득 불평등을 살펴보는 데 5분위 배율 또는 10분위 배율, 지니계수 등의 지표를 활용한다. 이 중 5분위 배율은 모든 가구를 소득수준에 따라 다섯 개 집단으로 나눈 다음에 소득수준이 가장 높은 5분위(상위 20%)의 평균소득을 소득이 가장 낮은 1분위(하위 20%)의 평균소득으로 나눈 비율이다. 그 값이 클수록 소득분배가 불평등하다는 것을 의미한다. 즉, 완전 평등한 사회는 그 값이 1이다.

2013년 한국의 전체 가구에 대한 소득 5분위 배율은 5.43배로, 2012년 5.54배보다는 0.11배 감소한 것으로 나타났다. 전국 가구(2인 이상 비농가)를 기준으로 한 소득 5분위 배율은 4.55배로, 2012년 4.69배와 비교해 0.14배 감소했다(통계청, 2014). 전체 가구에 대한 소득 5분위 배율은 지난 2006년 5.38배 이후 2009년 5.75배를 기점으로 점차 감소하고 있는 것으로 나타났다. 하지만 2006년의 5.38배보다는 여전히 높은 소득 5분위 배율을 보이고 있다. 전국 가구 기준 소득 5분위 배율은 지난 2005년 4.75배보다 0.20배 낮아졌다. 이는 2008년 4.98배를 정점으로 점차 감소하고 있는 상황이다.[1]

정부는 최근 들어 한국의 소득분배가 다소 개선되는 추이를 보이고 있다고 설명한다. 기획재정부는 「14년 1/4분기 가계동향 및 2013년 소득분배 분석」을 통해 한국의 소득분배 지표들이 전체적으로 개선되고 있다고 평가했다(기획재정부, 2014a). 그 근거로 지니계수, 상대적 빈곤율 등의 지표를 제시하고 있으며, 특히 소득 5분위 배율(전체 가구 기준)이 지난 2012년 5.54배에서 2013년 5.43배로 하락한 부분을 강조하는 등 최근 소득분배 개선 흐름이 유지되고 있다고 판단했다(기획

---

1   균등화 처분가능소득 기준.

표 4-1 **시장소득 및 처분가능소득 기준 소득 5분위 배율**   단위: 배

구분		2005	2006	2007	2008	2009	2010	2011	2012	2013
전체 가구	시장소득	-	6.65	7.09	7.38	7.70	7.74	7.86	7.51	7.60
	처분가능소득	-	5.38	5.60	5.71	5.75	5.66	5.73	5.54	5.43
전국 가구	시장소득	5.53	5.74	6.05	6.16	6.14	6.03	6.00	5.79	5.72
(2인 이상 비농가)	처분가능소득	4.75	4.83	4.95	4.98	4.95	4.81	4.80	4.69	4.55

주 1: 전체 가구: 가계동향조사, 농가경제조사 자료를 이용하여 1인 가구를 포함한 전체 인구 기준임.
　2: 2인 이상 비농가: 가계동향조사 자료를 이용하여 농가를 제외한 전국 2인 이상 가구에 포함되는 인구 기준임.
　3: 시장소득(세전소득)=근로소득+사업소득+재산소득+사적이전소득.
　4: 처분가능소득=시장소득+공적이전소득-공적비소비지출.
자료: 국가통계포털(KOSIS) 가계동향조사.

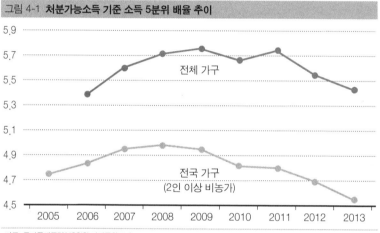

그림 4-1 **처분가능소득 기준 소득 5분위 배율 추이**

자료: 국가통계포털(KOSIS) 가계동향조사.

재정부, 2014b). 정부는 전국 가구 기준 2013년 처분가능소득 5분위 배율이 4.55배로, 2005년 4.75배 이후 가장 낮은 수준을 기록하는 등 소득분배 개선 흐름이 유지되고 있는 상황이라고 설명했다. 소득 역시 전 분위에서 증가하는 상황이며, 특히 2~3분위 소득이 상대적으로 빠르게 증가하고 있는 등 전 소득분위에 걸쳐 소득 및 가계수지가 개선되고 있다고 분석했다(기획재정부, 2014a). 정부는 소득분배 개선의 추세가 지속된다는 판단하에 정책의 목표를 소득분배 개선보다는 경제 활

성화를 위한 전체 가구소득 증대에 초점을 두고 있는 것으로 보인다 (기획재정부, 2014b).

그러나 일반적인 소득 격차가 정체 내지 미세하게 개선되고 있는 것과 별개로, 그 이면을 들여다보면 자산 격차가 여전히 크고 근로소득자 집단 간 임금소득 격차는 여전히 개선될 기미가 보이지 않는다는 것을 알 수 있다. 자산 격차에 대한 논증은 별도의 데이터를 이용해 방대한 작업을 거쳐야 하므로 논외로 하고, 이 장에서는 근로자 집단 간 임금소득 격차를 중점적으로 살펴본다. 최근 한국에서 임금소득 격차가 일부 미세하게 개선되는 조짐을 보인다고 하지만, 전체적으로는 임금 격차가 확대되는 구조적 양상이 그대로 유지되는 상황이라고 할 수 있다. 즉, 벌어진 격차가 개선되고 있다고 보기 어렵다는 것이다. 여기서는 특히 정규직과 비정규직 간 고용형태에 따른 격차와 대기업과 중소기업 간 근로자 임금소득 격차를 중점적으로 살펴본다.

3. 정규직·비정규직 간 임금 격차

한국에서 정규직 근로자와 비정규직 근로자 간 임금 격차는 여전히 큰 것으로 나타난다. 고용노동부의 '2013 고용형태별 근로실태조사'의 고용형태별 임금수준을 조사한 결과에 따르면(20013년 6월 기준), 전체 근로자의 월급여[2]는 228만 8000원으로 집계되는데, 여기서 정규직 근로자의 월급여는 256만 6000원인 데 비해 비정규직 근로자의 월급여는 137만 2000원으로 정규직 근로자 대비 53.3% 수준이다. 정액

---

2   여기서 월급여는 2013년 6월 급여 계산 기간을 기준으로 산정·지급된 월급여를 의미하며, 정액급여와 초과급여로 구성된다.

구분	월급여	정액급여		초과급여	연간 특별급여	시간당 정액급여
		평균	중위수			
전체	2,288	2,140	1,734	149	3,942	14,075
정규직	2,566	2,390	1,951	176	5,022	15,001
비정규직	1,372	1,312	1,100	60	380	11,019
정규직 대비 비정규직	53.5	54.9	56.4	34.0	7.6	73.5

표 4-2 고용형태별 임금 수준 (단위: 1,000원, %)

주 1: 연간특별급여는 '2012년 1년간' 기준임.
 2: 시간당 정액급여=정액급여/소정실근로시간
자료: 고용노동부(2013a).

급여[3]는 전체 근로자 평균이 214만 원인 가운데, 정규직 근로자는 239만 원, 비정규직 근로자는 131만 2000원으로, 정액급여 역시 비정규직 근로자가 정규직 근로자의 54.9% 수준이다. 초과급여[4]는 전체 근로자가 14만 9000원이며, 정규직 근로자가 17만 6000원, 비정규직 근로자가 6만 원으로, 정규직 대비 비정규직 근로자의 초과급여는 34.0%에 그친다. 연간특별급여는 전체 근로자가 394만 2000원인데, 정규직 근로자는 502만 2000원인 반면 비정규직 근로자는 38만 원으로 정규직의 7.6% 수준이다. 시간당 정액급여는 정규직 근로자가 1만 5001원이며, 비정규직 근로자가 1만 1019원으로 정규직 대비 73.5% 수준인 것으로 조사되었다(표 4-2 참조).

정규직·비정규직 근로자의 시간당 임금 총액 격차는 전반적으로 감소하는 추세이기는 하지만, 일정 수준 이상의 임금 격차는 계속 나타나고 있다. 정규직 근로자의 시간당 임금 총액은 2008년 1만 4283원, 2009년 1만 3828원, 2010년 1만 4388원, 2011년 1만 5289원,

---

3 정액급여는 통상임금과 그 외 임금으로 볼 수 있는 수당이다. 연장근로수당, 야간근로수당, 휴일근로수당은 제외된다.

4 초과급여는 '근로기준법'상의 소정실근로시간을 초과하는 근로로 인하여 추가로 지급되는 급여를 말한다.

표 4-3 정규직과 비정규직 근로자의 시간당 임금 총액				단위: 원, %
구분	2008년	2009년	2010년	2011년	2012
정규직	14,283	13,828	14,388	15,289	16,403
비정규직	7,932	7,785	8,236	9,372	10,437
임금 격차	13.0	15.7	12.6	9.1	8.4

주 1: 임금 격차는 동일 사업체 내 정규직과 비정규직 간 성·연령·학력·경력·근속연수 등이 같다고 가정하여 분석한 결과임.
　 2: 6월 조사 기준(연 1회 실시).
자료: e-나라지표.

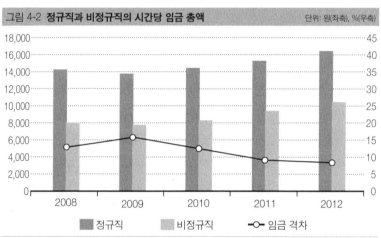

그림 4-2 정규직과 비정규직의 시간당 임금 총액　　　　단위: 원(좌축), %(우축)

자료: e-나라지표.

2012년 1만 6403원으로 각각 조사되었다. 비정규직 근로자의 시간당
임금 총액은 각각 2008년 7932원, 2009년 7785원, 2010년 8236원,
2011년 9372원, 2012년 1만 437원으로 상승했다. 인적 속성을 통제한
조사에서 정규직 근로자와 비정규직 근로자의 시간당 임금 총액의 격
차는 2008년 13.0%에서 2012년 8.4%로 다소 감소한 것으로 조사되었
다(표 4-3, 그림 4-2 참조).

　물론 연령, 학력, 경력 등의 인적 요인을 통제한 이후 정규직과 비
정규직 간 순수한 의미에서의 불합리한 차별적 격차가 8.4%로 줄어들

었다는 것은 현실에서 노조나 근로자의 공감을 얻지 못하고 있다. 특히 직무 중심의 인재 채용과 배치가 제대로 이루어지지 않는 한국의 노동시장에서 인적 요인의 조정보다는 표면적으로 나타나는 명목적 차이가 매우 중시되는 것이 현실이기 때문이다. 유사한 일을 하는데 임금에 큰 격차가 있다는 인식이 강하게 남아 있는 것이다.

통계청의 '2013년 8월 근로형태별 부가조사'(2013) 결과에 따르면, 한국 정규직 근로자의 월평균 임금은 254만 6000원인 반면에 비정규직 근로자의 월평균 임금은 142만 8000원에 그쳤다(2013년 기준). 눈여겨볼 부분은 2004년 정규직 근로자의 월평균 임금이 177만 1000원에서 2013년 254만 6000원으로 77만 5000원 상승한 것에 비해 비정규직 근로자의 월평균 임금은 2004년 115만 2000원에서 2013년 142만 8000원으로 27만 6000원이 상승하는 데 그쳤다는 점이다. 월평균 임금뿐만이 아니라 퇴직금·상여금·시간외수당 수혜율에서도 정규직 근로자와 비정규직 근로자 간에 큰 차이가 있는 것으로 나타났다. 정규직 근로자는 퇴직금 수혜율이 81.8%, 상여금 수혜율이 83.6%, 시간외수당 수혜율이 58.4%인 것으로 조사되었는데, 비정규직 근로자는 퇴직금 수혜율이 39.9%, 상여금 수혜율이 40.2%, 시간외수당 수혜율이 24.9%에 그쳤다(2013년 기준). 특히 정규직 근로자의 각 항목별 수혜율은 비정규직 근로자의 수혜율과 비교해 두 배 이상 높은 것으로 나타났으며, 지난 10년간 정규직 근로자와 비정규직 근로자 간 퇴직금·상여금·시간외수당 수혜율의 차이가 별다른 개선 없이 유지되고 있는 것으로 나타났다.

노동계는 그동안 '동일 가치 노동, 동일 임금' 원칙의 명문화와 고용형태에 따른 차별 행위에 대한 처벌의 법제화를 주장해왔다. 그리고 객관적으로 그 필요성이 인정되는 불가피한 경우를 제외하고는 임시고용을 허용할 수 없다는 입장을 지속적으로 피력해왔다. 또한 정부의

표 4-4 임금근로자의 근로조건별 월평균 임금, 퇴직금·상여금·시간외수당 수혜율											단위: 만 원, %
구분		2004	2005	2006	2007	2008	2009	2010	2011	2012	2013
월평균 임금 (만 원)	정규직	177.1	184.6	190.8	200.8	212.7	220.1	229.4	238.8	246.0	254.6
	비정규직	115.2	115.6	119.8	127.6	129.6	120.2	125.8	134.8	139.3	142.8
	임금근로자	154.2	159.3	165.6	174.5	184.6	185.2	194.9	203.2	210.4	218.1
퇴직금 수혜율 (%)	정규직	67.4	68.6	67.9	70.3	74.5	76.9	76.6	78.4	80.2	81.8
	비정규직	31.3	28.8	30.3	34.8	35.6	32.7	35.9	38.4	39.6	39.9
	임금근로자	54.0	54.1	54.6	57.5	61.4	61.5	63.1	64.7	66.7	68.2
상여금 수혜율 (%)	정규직	65.8	67.4	67.5	69.8	71.2	77.7	79.3	80.4	81.8	83.6
	비정규직	27.5	25.5	27.7	31.1	27.9	29.8	35.5	35.5	36.4	40.2
	임금근로자	51.6	52.1	53.3	55.9	56.6	61.0	64.7	65.0	66.6	69.5
시간외수당 수혜율 (%)	정규직	55.8	56.6	53.9	54.2	53.5	55.5	55.4	55.0	56.2	58.4
	비정규직	22.2	21.1	21.5	23.8	20.7	20.4	22.5	22.0	23.2	24.9
	임금근로자	43.4	43.6	42.4	43.3	42.4	43.3	44.4	43.7	45.2	47.5

자료: 통계청(2013).

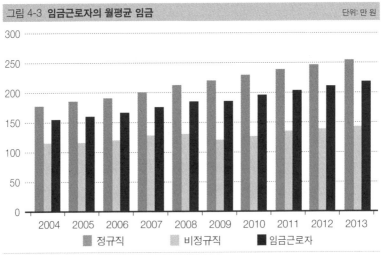

그림 4-3 임금근로자의 월평균 임금　　　　　　　　　　　　　단위: 만 원

자료: 통계청(2013).

비정규직 보호를 위한 다양한 입법 활동에도 불구하고 비정규직을 차
별하는 사업주에 대한 법적 처벌 등이 수반되지 않는 것은 의미가 없

다는 입장이다. 노동계는 사회 양극화의 주원인 중 하나로 정규직·비정규직 간 임금 격차를 인식하고 있으며, 정부와 사용자 측이 여러 통계 지표를 통해 고용형태에 따른 임금 격차가 점차 감소하고 있다는 주장에 오히려 정규직·비정규직 간 임금 격차가 확대되고 있다고 맞서고 있다.

사용자 측은 기업에 많은 부담을 지울 수 있는 '동일 가치 노동, 동일 임금' 원칙 실현과 차별금지법 도입에 대해 대체로 부정적이다. 근로자와 사용자 사이의 근로계약 체결은 기본적으로 각 개인의 자유로운 의사에 의해 이루어지는 것이므로 이를 법으로 제한하는 것은 적절하지 않다는 입장이다. 사용자 측은 먼저 정규직·비정규직 근로자의 생산성 차이를 무시한 '동일 가치 노동, 동일 임금' 원칙의 단순한 적용은 불합리한 측면이 있다고 본다. 비정규직 근로자의 역량, 직무 범위, 책임의 정도 등에서 정규직 근로자와의 차이가 있는데도 단순히 같은 사업장에서 일한다는 이유만으로 정규직 근로자와 동등한 근로조건을 제공하는 것은 인건비 부담의 과도한 증대와 고용상의 유연성 저하를 야기해 기업 경영을 어렵게 만든다는 주장이다. 또한 근로형태에 따른 기업의 자율적인 임금 결정 과정에 법이 개입하는 것은 과도한 제한이며, 따라서 지나친 규제는 기업의 활동을 위축시키는 동시에 기업이 신규 고용을 기피하게 만든다는 설명이다. 그리고 무엇보다 정규직·비정규직 간 임금 격차를 완화하기 위해서는 정규직의 지나치게 높은 임금 인상 자제가 선행되어야 한다는 입장이다(한국경영자총협회, 2004).

그동안 정부는 경제의 지속적 성장을 위해 정규직·비정규직 간 임금 격차 해소와 비정규직 처우 개선을 위한 정책 방향을 여러 차례 밝혀왔다. 비정규직에 대한 차별적 대우가 근로자의 근로 의욕을 떨어뜨리고 노동시장의 안정과 사회 통합을 저해하고 있다는 인식하에, 노동시장의 갈등을 줄여 사회 전체적으로 일자리를 확대하겠다는 계획을 세웠다. 그 바탕에는 강한 협상력의 정규직·유노조 근로자가 비정규직·무노조 근로자에 비해 급여와 고용 안정성 등에서 과도한 보호를 받고 있다는 인식이 자리 잡고 있다. 따라서 노동시장 이중구조의 개선을 위해서는 노동시장의 유연안정성 확보와 정규직·비정규직 근로자 간 격차 완화가 필요하다고 본다.

또한 정부는 정규직·비정규직 근로자 간 격차를 완화하기 위해 단기적으로는 차별시정신청제도의 실효성을 높여나가기로 했다. 근로자 간 차별을 줄이기 위해 시행하고 있는 차별시정신청제도가 근로자의 재계약 거부 우려 등의 이유로 제도적 활용이 잘 이루어지지 않고 있기 때문이다. 차별시정신청제도가 실질적으로 활용될 수 있도록 노조 등 제3자의 차별시정신청, 대표신청제도 등의 도입을 적극적으로 검토하겠다고 밝혔다. 그리고 중장기적으로는 정규직 근로자에 대한 과도한 보호를 줄여나가는 대신에 비정규직 근로자의 임금과 근로조건 등 처우를 개선함으로써 근로자 간 격차를 완화해나가기로 했다(기획재정부, 2012).

최근 기획재정부는 '경제혁신 3개년 계획'(2014)에서, 정규직·비정규직 근로자 간 격차 완화를 통한 노동시장 이중구조 개선을 재차 강조했다. 비정규직 근로자에 대한 차별을 해소하기 위한 방안으로는 공공부문 내 비정규직 근로자의 단계적 축소, 민간부문 내 정규직 전환 촉진, 반복적이고 의도적인 비정규직 차별에 대한 처벌 강화 등을 내세웠다. 또한 고용형태별 고용공시제도 등을 통해 정규직 전환을 유도하며, 원·하청 근로자 간 격차를 완화할 수 있는 방안을 마련하기로 했다. 정부는 비정규직 근로자의 근로조건을 보호 및 강화하는 동시에 정규직 근로자의 보호 수준을 합리화해 나가겠다고 밝혔다. 정규직·비정규직 근로자 간 격차에 따른 경제적 비용과 사회적 갈등에 대한 실태를 파악한 이후 개선 방안을 마련한다는 계획이다. 또한 근로자의 임금과 생산성 간 연계를 강화하기 위한 방안을 마련하고, 기업이 경영상의 유연성을 확보하는 동시에 합리적인 노사 교섭 관행을 정착시킬 수 있도록 한다는 것이다(기획재정부, 2014c).

4. 대기업·중소기업 간 임금 격차

한국에서는 대기업과 중소기업 간 임금 격차 역시 좀처럼 개선되지 않고 있다. 고용노동부의 '사업체노동력조사'(2013) 조사 결과를 살펴보면, 대기업 대비 중소기업 상용근로자의 임금수준[5]은 2002년 67.5%, 2004년 64.0%, 2006년 65.4%, 2008년 63.6%, 2010년 62.9%, 2012년 64.1%로 각각 조사되었다(표 4-5, 그림 4-4 참조). 즉, 2002년과 비교해 2012년에 대기업과 중소기업 상용근로자 간 임금 격차가 3.4% 확대된 것이다.

사업체 규모별 근로자의 임금 총액을 살펴보면, 사업체 규모별로 근로자 임금에 일정 수준 격차가 존재하는 것으로 나타났다. 고용노동부의 '사업체노동력조사' 결과를 살펴보면 2013년도 300인 이상 사업장 근로자의 임금 총액은 458만 3000원으로 조사되었다. 이에 비해 100~299인 사업장 근로자 임금 총액은 348만 4000원, 30~99인 사업장은 314만 5000원, 10~29인 사업장은 281만 5000원, 5~9인 사업장은 238만 9000원으로, 사업체 규모가 클수록 근로자 임금 총액이 많은 것으로 나타났다.

---

[5] 여기서 말하는 '대기업 대비 중소기업 상용근로자 임금수준'은 '5~299인 규모 사업체의 상용근로자 임금'을 '300인 이상 규모 사업체의 상용근로자 임금'으로 나눈 것이다.

표 4-5 대기업 대비 중소기업의 상용근로자 임금수준					단위: 1,000원, %	
구분	2002년	2004년	2006년	2008년	2010년	2012년
5~299인	1,755	2,023	2,283	2,493	2,699	2,834
	(67.5)	(64.0)	(65.4)	(63.6)	(62.9)	(64.1)
300인 이상	2,629	3,163	3,493	3,921	4,291	4,424
	(100.0)	(100.0)	(100.0)	(100.0)	(100.0)	(100.0)
전 규모	1,948	2,255	2,542	2,802	3,047	3,178
(5인 이상)	(74.1)	(71.3)	(72.8)	(71.5)	(71.9)	(71.8)

주: 괄호 안은 300인 이상 규모의 사업체 근로자 임금을 100으로 했을 때의 임금 격차 지수임. 상용 5인 이상 사업체의 상용근로자 임금 기준.
자료: 고용노동부(2014a).

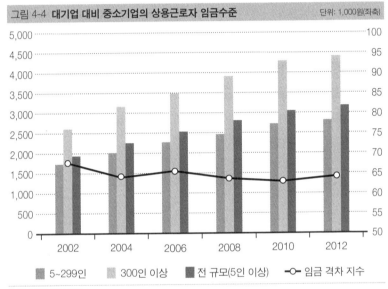

그림 4-4 대기업 대비 중소기업의 상용근로자 임금수준   단위: 1,000원(좌축)

자료: 고용노동부(2014b).

한편 2001년 대비 2013년 임금 총액 증감액을 살펴보면, 5~9인 사업체 104만 5000원, 10~29인 사업체 120만 9000원, 30~99인 사업체 146만 5000원, 100~299인 사업체 169만 9000원, 300인 이상 사업체 244만 8000원이 증가했다. 즉, 사업체 규모가 클수록 실제 임금 총

표 4-6 **사업체 규모별 상용근로자의 임금 총액 추이**   단위: 1,000원

구분	1999년	2001년	2003년	2005년	2007년	2009년	2011년	2013년
전 규모	1,544	1,752	2,127	2,404	2,716	2,863	3,019	3,299
5~9인	1,192	1,344	1,543	1,783	1,911	2,115	2,186	2,389
10~29인	1,376	1,606	1,808	2,081	2,189	2,442	2,562	2,815
30~99인	1,439	1,680	2,005	2,259	2,394	2,682	2,864	3,145
100~299인	1,561	1,785	2,230	2,517	2,628	2,957	3,113	3,484
300인 이상	1,794	2,135	2,474	2,822	3,276	3,934	4,273	4,583

주 1: 임금 총액=정액급여+초과급여+특별급여
　 2: 상용근로자 5인 이상 사업체에 종사하는 상용근로자에 대한 분석 결과임.
　 3: 2009년 자료는 추정 방법 변경 및 산업분류 개편(KSIC-9차 개정)에 따라 시계열 연계를 위해 재산출함.
자료: e-나라지표.

그림 4-5 **사업체 규모별 상용근로자의 임금 총액 추이**   단위: 1,000원

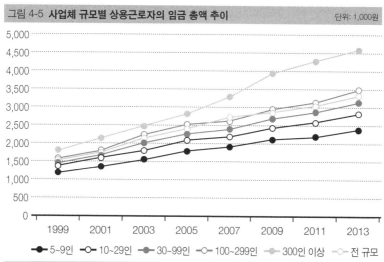

자료: e-나라지표.

액의 증감액도 큰 것이다(e-나라지표).

　중소 제조업의 월평균 전체 임금 변화를 살펴보면, 중소기업 연평균 임금과 대기업 임금 간의 격차도 확대되고 있는 것으로 나타났다. 대기업과 중소기업의 연평균 전체 임금의 차액(대기업 연평균 전체 임금 −

표 4-7 중소 제조업 월평균 전체 임금					단위: 원, %	
구분	2008년	2009년	2010년	2011년	2012년	2013년
중소기업	2,232,337	2,321,320	2,492,489	2,466,159	2,620,491	2,738,788
대기업	4,027,929	4,031,703	4,546,940	4,663,782	4,923,384	5,178,326
격차	1,795,592	1,710,383	2,054,451	2,197,623	2,302,893	2,439,538
	(55.4)	(57.6)	(54.8)	(52.9)	(53.2)	(52.9)

주 1: '격차'는 대기업 월평균 전체 임금에 중소기업 월평균 전체 임금을 뺀 값임.
　　2: 괄호 안은 대기업 월평균 전체 임금 대비 중소기업 월평균 전체 임금 비율임.
자료: 중소기업연구원(2014).

중소기업 연평균 전체 임금)은 2008년 179만 5592원에서 2013년 243만 9538원으로 증가했다. 대기업 대비 중소기업의 월평균 전체 임금 비율은 2008년 55.4%에서 2009년 57.6%, 2010년 54.8%, 2011년 52.9%, 2012년 53.2%, 2013년 52.9%로, 기업 규모에 따른 임금 격차 문제가 확대된 것을 알 수 있다(중소기업연구원, 2014).

미국, 일본과의 국제 비교에서도 한국의 대기업·중소기업 간 임금 격차는 상대적으로 폭이 매우 크고 지속적으로 확대되고 있다는 것을 확인할 수 있다. 제조업 부문의 근로자 수 500인 이상 규모 기업 대비 10~19인 규모 기업의 평균 임금 비율은 미국과 일본이 각각 50.5%와 68.6%로 한국의 41.3%에 비해 높은 편이다. 이는 한국의 제조업 부문 대기업과 중소기업 간 임금 격차가 미국, 일본보다 더 크다는 것을 의미한다(조덕희, 2012). 한편 500인 이상 규모 기업 대비 20~99인 규모 기업의 평균 임금은 미국이 76.0%, 일본이 59.7%이며, 500인 이상 규모 기업 대비 100~499인 규모 기업의 평균 임금은 미국이 80.4%, 일본 72.9% 수준이다. 이에 비해 한국은 각각 59.7%, 63.0%에 그치는 것으로 나타나 대기업·중소기업 간 임금 격차가 상대적으로 큰 것을 알 수 있다(그림 4-6 참조).

한편 현재 한국에서는 기업 규모에 따른 임금 격차에 관한 현실 인식과 향후 개선 방향에 대해 노사정 간에 큰 이견이 존재한다. 노동

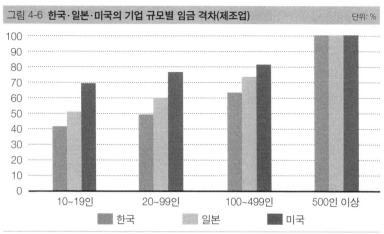

그림 4-6 **한국·일본·미국의 기업 규모별 임금 격차(제조업)** 　　　　　　　　　단위: %

주: 일본은 10~19인 대신 5~29인, 20~99인 대신 30~99인 기업을 기준으로 함.
자료: 조덕희(2012).

계는 대기업·중소기업 간 임금 격차의 원인 중 하나로 공정하지 못한 원·하청 관계를 지목하고 있다. 외환위기 이후 많은 기업들이 제품을 직접 생산하기보다는 외부에서 조달하는 것을 선호하고 있다. 기업 스스로 생산하는 것보다 비용을 절감하고 고용 유연성을 확보할 수 있기 때문이다. 그 결과 하청기업은 수익성 압박을 경험하면서 내부적으로 비용 절감을 시도하게 된다. 노동계는 그 과정에서 특히 중소기업 및 영세기업 근로자의 근로조건이 저하되면서 대기업과의 임금 격차가 확대된 것이라고 지적하는 한편, 이러한 임금 격차가 좀처럼 개선되지 않고 있으며 심지어 악화되고 있다고 인식한다.

　또한 노동계는 법제도 측면에서 임금 격차를 해소하기 위한 방안으로 초기업단위 노조의 지위와 역할을 강화할 것을 주장한다. 오늘날 임금수준 결정 과정에서 사회적 합의가 요구되는 부분이 점차 확대됨에 따라 노조·사용자·정부 간 대화와 조정의 과정이 절실히 요구되고 있다. 따라서 여러 초기업단위 노조들이 실질적인 권한을 가지고 임금 결정에 참여할 수 있는 제도적 환경이 조성되어야 한다는 설명이다. 개별 노조의 이익에 함몰되어 개별 기업 내에서의 임금 인상만을 목표로 하는 현실을 개선해 대기업·중소기업 간 임금 격차 문제에 비로소 제대로 접근할 수 있다고 본다(황선자 외, 2013).

한편 사용자 측은 기본적으로 대기업과 중소기업 간 임금 격차가 발생하는 이유를 대기업과 중소기업에 각각 고용된 근로자의 교육, 성별, 근속연수 등 인적자본의 차이에서 발생하는 것으로 본다. 이와 더불어 대기업·중소기업 간 생산방식이나 생산성의 차이로 인해 기업 규모에 따른 임금 격차가 발생할 수 있다고 지적한다. 실제로 대기업·중소기업 근로자 간 학력과 근속연수 등의 차이가 기업 규모별 임금 격차를 설명하는 중요한 요인 중 하나라는 것이 경제학자들의 일반적인 시각이다(조덕희, 2012).

한국경영자총협회는 대기업 정규직 위주의 임금 인상이 기업 규모별 임금 격차 심화의 주요 원인이라고 주장한다. 또한 외환위기 이후 노조가 형식적으로는 '동일 가치 노동, 동일 임금' 원칙 등을 요구했지만 대기업 정규직 근로자 위주의 노동운동이 진행되면서 실제로는 소수 노조만의 이익을 추구했다고 비판한다. 게다가 기업 규모별 임금 격차가 확대되면서 인력 수급 미스매치, 즉 청년층의 일자리가 부족한데도 중소기업은 근로자를 구하기가 어려운 현상이 나타나고 있다는 점을 지적한다. 따라서 노조운동이 임금수준 향상이라는 목표에서 벗어나 나라 전체의 고용 안정성 확보와 일자리 증대에 관심을 기울여야 한다는 주장이다. 또한 기업 규모에 따른 임금 격차를 해소하려면 대기업 근로자의 임금 인상을 자제하고, 그 대신에 중소기업 근로자들의 근로조건과 임금수준을 높일 수 있는 사회적 분위기를 만드는 것이 중요하다고 강조한다.

5. 격차 축소를 위한 임금정책 방향과 과제

고용률 70% 달성, 비정규직 대폭 축소, 정년 60세 시대 실현을 위해서 가장 중요한 정책 과제는 임금체계 개선이다. 노동시장에서 다양한 고용형태가 나타나는 것을 유연성으로 이해하되 그 안에서 안정적인 일자리가 만들어지도록 견인하기 위해서는 임금이 공정하고 안정적이어야 한다. 즉, 임금체계 개선은 한국에서 이른바 유연안정성을 구축하는 데 가장 중요한 정책 과제라고 할 수 있다. 덴마크는 이른바 '황금삼각형 모델'로 대표되는 유연안정성 모델에 따라 해고는 쉽게 하되 사회보장을 충분히 강화하는 방식을 취하는데, 한국은 '고용률 70% 달성'이라는 사회적 목표를 고려해, 해고유연성을 강화하기보다는 고용을 유지하는 데 드는 기업의 부담을 줄이기 위해 연공급 임금제도를 혁신하는 것을 중심으로 임금체계상의 유연성을 강화하는 방향으로 나아가야 한다.

흔히 연공급 임금제도 대신에 직무급 임금제도를 도입해야 한다고 역설하곤 하지만, 직무급에 대한 구체적인 합의에 이르지는 못하고 있다. 직무급이란 간단히 말해 개인이 담당하는 직무에 따라 임금이 정해지며 같은 직무에 종사하는 자에게는 학력, 근속연수, 연령 등의 조건에 관계없이 같은 임금을 지불하는 것이다. 하지만 직무표준을 개발하려는 정부의 정책적 노력 외에 노사정이 직무에 따른 임금 가치를 공통적으로 설정하려는 노력 없이 직무 중심 노동시장이 형성되기는 어렵다.

직무급 임금제도 정착은 결국 비정규직에 대한 불합리한 임금 차별의 여지를 줄이는 데 촉매제 역할도 할 것이다. 노동계가 지지하는 '동일 가치 노동, 동일 임금'이라는 대원칙에 가까워지는 것이다. 따라서 직무급이라 하더라도 기업별로 서로 다른 협의의 직무급이 아니라 직종별로 숙련과 역량을 고려한 광의의 직무급 체계를 정부가 중심이되어 개발하고 이에 대해 노사가 합의하는 것이 더 현실적인 방향일 것으로 판단된다.[6]

한국의 노동정책에서 임금 문제는 고용 문제에 비해 상대적으로 부차적인 위치에 있었다. 그러나 다양한 고용형태가 출현하는 것을 규제로 막기에는 한계가 있다. 고용형태의 다양화라는 시대적 추세를 반영하면서도 안정적인 고용이 유지되려면 바람직한 고용모델에 대한 사회적 합의 이전에 공정한 임금모델에 대한 사회적 합의를 구축할 필요가 있다.

임금에 관한 사회적 합의를 마련하려면 먼저 현재까지 이루어진 정책적 논의에 한계가 있다는 점을 노사정 스스로 인지해야 한다. 1997년 이전 완전고용 시기에는 임금 안정화를 통한 수출경쟁력 유지가 강조되었고, 1997년 이후 만성적인 일자리 위기 국면에서는 임금 안정과 고용 안정 간의 교환이 강조되었으며, 최근에는 최저임금 인상 등을 통한 격차 해소가 강조되었다. 그런데 사실 이 세 가지 기조는 어느 하나가 다른 것을 대체한 것이 아니라 지금껏 함께 병행해 존재해 오는 가운데 필요에 따라 어느 하나가 강조되는 것이다. 하지만 임금이 열악한 근로자는 고용조건도 열악하기에 단순한 임금 안정과 고용 안정 간의 교환 논리로는 근본적인 문제를 풀 수 없고, 상대적으로 낮은 최저임금의 인상이라는 정책 목표 또한 직무 중심 노동시장 형성을 통한 영세 중소기업의 순차적 산업구조조정과 병행하지 않고서는 풀기 어려운 과제이다.

따라서 지나친 임금 격차를 축소하려면 기업별·산업별(업종별)·사

---

[6]　이런 점에서, 좁은 의미의 직무급이 아니라 직종별로 숙련의 가치를 일부 반영하자는 정이환(2013)의 주장에 동의한다.

회적 수준에서 공정 임금체계 구축을 위한 노사정의 정책적 협력이나 공조 방안을 도출하고 이를 사회적 의제로 명확하게 제시해야 한다. 한국 사회는 단순히 일자리가 부족한 것이 아니라 괜찮은 일자리가 부족한 상황이며, 따라서 고용률 70%를 달성하려면 여성과 청년층 고급 인력의 이른바 '취업 사보타주'를 타파할 수 있는 공정 임금 기반을 조성해야 한다. 임금이 공정하면 취업하려는 사람도 늘어날 것이다. 고급 인력이 노동시장에 들어오면 중소기업의 경쟁력이 개선되고 그러면 다시 고급 인력이 몰리는 선순환이 이루어질 수도 있다. 임금이 공정하면 중년 또는 고령의 인력도 직무가치에 준해서 임금피크제를 수용할 것이다. 반면에 연공급 제도 안에서 나이가 들었다고 갑자기 임금을 깎자고 하면 반발할 가능성이 크다. 연령에 따른 차별에 대해 법적인 문제가 제기될 가능성도 있다. 모든 난제는 결국 하는 일에 비춰 임금이 공정하면 풀릴 수 있는 것이다.

아울러 산별 공정 임금제도를 구현하려는 노조의 노력은 더 존중받을 필요가 있다. 이것이 기업 내의 기존 연공제 질서를 엄호하면서 임금 상승의 일방적 도구로만 활용된다면 사회적 호응이 떨어지겠지만, 중소기업 근로자나 비정규직도 직무 수행에 대해 공정한 보상을 받는, 초기업단위의 공정한 노동시장 질서 창출에 기여한다면, 정부나 사용자도 이를 임금과 직무의 표준화 작업이라는 차원에서, 산별교섭이 아니더라도 사회적 협의 과정을 통해 지원해야 한다. 이는 또한 양질의 시간제 일자리가 기업을 넘어 지속적으로 살아남고 상호 인정받고 호환되는 지속 가능한 바탕을 제공할 수 있다. 즉, 양질의 시간제 일자리는 근본적으로 직무 중심의 일자리로 초기업단위의 노사정 공동 작업이 있어야 활성화될 수 있다.

최근 노동시장의 임금근로 계층이 양극화되면서 저임금 근로자들이 최저임금 인상에 그 어느 때보다 몰입하고 있다. 그러나 그들의 사용자인 영세 중소기업 사용자의 지불 능력은 여전히 약하다. 결국 최저임금 인상만이 아니라 노동시장 안에서의 적정 임금 내지 공정 임금에 대한 포괄적 수준의 새로운 규율이 마련되어야 한다.

이제 노사정공이 임금위원회나 임금직무위원회를 상설위원회로 두고 노조와 비노조 부문, 대기업과 중소기업 부문, 정규직과 비정규직 부문을 관통하고 연계하는 임금 직무 질서를 만드는 중장기 목표를 세워 수평적 노동시장 혁신을 위해 노력해야 한다. 최근 고용률 제고를 위한 핵심 정책인 양질의 시간제 일자리도 그래야 자생 기반을 확충할 수 있다. 한 기업 안에서 노사의 선의에 의존하는 시간제 일자리가 아니라 노동시장 안에서 표준화되고 전문화된 노동으로서의 시간제 일자리를 만들어야 일자리의 질이 보장될 수 있을 것이다.

공정한 노동시장을 위한 임금체계를 연공급이 아닌 데서 대안을 찾아야 한다는 데는 노사정이 상당수 공감하지만, 대안을 찾으려는 진지한 노력이 아직 부족한 현실에서 근로자의 이런 기대와 희망을 다시 환기할 필요가 있다. 시대는 노동자의 연대와 기업의 효율성이 서로 모순되지 않는다고 요청하고 있지만, 시장의 강자들은 논리가 아니라 이해관계에 따라 이런 시대적 요청을 묵살하고 있는 형국이다.

앞으로 한국의 노동시장을 개방적이고 유연하며 공정하고 활력 있게 변화시키는 데 임금직무체계는 가장 중요한 원동력이 될 것이다. 한국 노동시장에서 안정적인 연공급과 경쟁적인 직무급 시장 간 간극은 단지 제도의 차이를 넘어 1차 노동시장과 2차 노동시장 간에 신분적 질서를 형성하는 요인으로 작동하고 있다. 즉, 아무리 부인해도 연공급은 기득권적 요소가 점점 강해지고 직무급은 별 분석도 없이 대충 중소기업이나 무기계약직 근로자에게 숙명으로 던져진 신분제적 요인이 되고 있는 것이다. 중소기업의 직무급에는 직종별 숙련급적 요소를 강화해야 하며, 고임금 연공급에는 성과급적 요소를 강화할 필요도 있다. 궁극적으로 중소기업에서 대기업으로, 나이가 들면 다시 대기업에서 중소기업으로 원활한 노동이동이 이루어지는 선진국형 평생고용 모델을 실현하는 데에 임금직무체계의 전체적 개편은 매우 중요한 과제이다.

아울러 임금 격차를 줄이는 가장 직접적인 정책으로는 연대임금 정책을 상정해볼 수 있다. 이는 정부만이 아니라 노사가 다 참여하거나 추동할 수 있는 정책이다. 노동시장의 많은 차별과 불공정성이 하나의 산출물로 도출되는 것이 바로 임금 격차라고 할 수 있다. 모든 근로자들이 중시하는 임금으로 말하고 임금으로 해결의 실마리를 찾아들어 가 노동시장 개선정책을 수립하는 것이 중요하다.

이런 연대임금정책은 물론 노사정이 같이 참여해야 이런 효과가 극대화될 것이다. 스웨덴은 과거 이런 경험을 한 대표적인 국가이다. 스웨덴의 연대임금정책은 두 가지 원칙 위에 서 있었다. 하나는 '동일 가치 노동에 대한 동일 임금'의 원칙이고, 다른 하나는 고임금층과 저임금층 간의 임금 격차를 줄이는 것이다. 이는 생산성이 떨어지는 기업의 구조조정을 통한 거시경제적 효과까지 낳는다.

특히 이는 노조 입장에서 볼 때 공정성 추구라는 기본 원칙을 지키는 것이고, 임금 격차를 줄여 좀 더 평등한 구조를 만들려는 전략과도 통한다. 그러나 유럽 전체적으로는 연대임금정책이 자본과 노동 간의 분배와 노동자 간의 분배라는 두 가지 차원에서 진행된다. 전자는 생산성 증가분만큼 임금으로 보상해달라는 요구로 통하는데, 최근에는 국제적 경쟁 격화로 생산성 논리 대신 경쟁력 있는 임금이라는 논리로 대체되었다(Schulten, 2002).

스웨덴에서 연대임금정책은 제2차 세계대전 이전에 근로자 임금 인상, 저임금 근로자 임금수준 개선, 남녀 임금 격차 개선을 위한 노조의 다양한 요구 사항 중 하나로서 제기되었다. 연대임금정책은 내용상으로 '동일 노동, 동일 임금'을 요구하는 것이지만, 구체적으로 보면 직능별 동일 임금을 주장하는 것이 아니라 기업 규모와 산업에 따라 발생하는 저임금 근로자 문제를 해결하기 위한 것이었다. 연대임금정책에서는 직무평가를 적극 추진했으며 직무급 제도를 받아들였다. 하지만 직무평가 체계화의 어려움, 즉 동일 노동에 대한 객관적 평가의 어려움으로 스웨덴 노총(LO)은 사실상 중위임금(mean wage)을 기반으로 하는 연대임금정책을 통해 임금 격차를 해소하고자 했다(구용희, 1995).

연대임금정책을 추진하는 쪽에서는 연대임금정책을 통해 근로자 간 임금 격차가 감소하게 되면 산별 노조들의 임금 인상 요구 역시 줄어들면서 임금 인상이 억제되고, 거시적으로 인플레이션 역시 억제될 것이라고 주장했다. 또한 개별 기업의 경영 합리화를 압박하여 스웨덴 산업 전체의 효율성을 높이는 효과가 있을 것으로 보았다(신정완, 2010). 연대임금정책이 본격적으로 시행되면서 스웨덴에서는 1960년대 이후 임금 격차를 해소하는 데 상당 부분 성공을 거두었다. 특히 저임금 일자리와 산업 부문에서 일하는 여성이 연대임금정책의 최대 수혜자였다. 하지만 1960년대 중반부터 1980년대 초반까지 스웨덴의 임금구조는 급격한 변화를 경험하게 된다(Edin and Holmlund, 1993).

스웨덴의 연대임금제도는 근로자의 균등한 임금수준과 평등한 분배를 목표로 스웨덴 사민당과 LO의 적극적인 협력을 통해 '동일 노동, 동일 임금'을 추구한 연대의 사례로서 중요한 의미를 지닌다(김애경, 2006). 연대임금제도 도입 이후 노조의 지나친 임금 인상이 자제되었으며, 임금수준이 낮은 부문의 임금수준 상승을 촉진했기 때문에 산업 내, 산업 간 임금 격차가 축소되었다. 연대임금정책은 실질적으로 정부의 소득정책과 비슷한 효과를 가져왔는데, 노사 간 분배의 문제를 국가 복지제도에 포함시켜 스웨덴 사회의 재분배 문제로 전환하는 효과를 불러일으켰다(한국경영자총협회, 2011). 신정완(2000)은 연대임금정책 도입에 따른 성과를 다음과 같이 정리했다. 첫째, 합리적이지 않은 임금 격차를 줄임으로써 임금 인상 경쟁을 벌어지지 않는 사회적 분위기를 조성했다. 둘째, 기업 수익성의 높고 낮음과 상관없이 근로자의 과도한 임금 인상을 제한해 물가 안정을 가져왔다. 셋째, 저임금 문제를 해결함으로써 임금수준이 낮은 부문에서 일하는 근로자의 임금조건을 개선할 수 있었다.

다른 한편으로 연대임금정책의 긍정적인 성과와 관련해 당시 연대임금정책을 실시하지 않았던 국가들도 산업 간 임금 격차가 감소하는 추세였다는 점, 그리고 당시 임금연대정책의 대상이 아니었던 스웨덴 사무직 근로자의 임금 격차가 감소한 점 등으로 미루어볼 때 생산직 근로자의 임금 격차 완화를 단지 연대임금정책의 결과로만 보기는 어렵다. 또한 연대임금정책의 실시 원형으로 여겨지는 스웨덴 모델과 유사한 협약들이 1950년대와 1960년대의 북유럽은 물론 거의 모든 서유럽 국가에 존재했다. 즉, 연대임금정책이 스웨덴에서만 논의되고 실행된 연대의 현실화가 아니라는 것이다(Schulten, 2002). 이런 점은 스웨덴만이 아니라 다른 나라에서도 연대임금정책이 가능하다는 점을 더욱더 강하게 시사한다.

스웨덴 금속노조는 연대임금정책을 따를 수 없는 수준의 기업의 도산과 이에 따른 해당 기업 근로자의 실업이 증가할 수 있는데도 일정 수준 이상의 연대임금을 요구한 반면, 독일 금속노조는 근로자의 고용 유지를 중요하게 고려하여 전반적으로 낮은 수준의 인금 인상에 합의하는 모습을 보였다(임상훈, 2012.6.18).

특히 독일의 산별 중심 노조운동은 과거 숙련근로자 중심의 특권적인 노조에서 벗어나 모든 근로자들을 대상으로 하는 근로자 정치운동의 과정 속에서 나타났다. 이를 통해 독일 노조는 수익성과 생산성이 높은 대기업 중심의 노조운동이 아니라 중소기업과 여성 등 취약 계층 근로자를 포함한 전체 근로자를 대표할 수 있는 조직으로 발전해 왔다. 독일 노사는 연대임금에 대한 논의를 산별교섭을 통해 진행한다. 연대임금정책은 임금 지불 여력이 없는 기업을 시장에서 퇴출시키는 효과를 유발하기 때문에 양질의 일자리를 창출하는 데 기여할 수 있는데, 이때 많은 기업이 도산하는 과정에서 발생하는 실업 문제를 해결할 수 있는 사회보장체계가 구축되어 있어야 한다. 독일 산별노조는 연대를 바탕으로 이러한 문제를 어느 정도 해결해나가고 있는 것이다(이승협, 2012.7.2).

한편 미국의 중산층 해체와 노동시장 약화 문제를 해소하기 위한 하나의 방안으로 미국 노동부 장관을 지낸 로버트 라이시는 실업자에게 단지 실업 대책이 아니라 재고용 대책을 세울 것을 주문하면서, 그중 하나로 임금보험제도를 강조했다. 새로운 직장의 급여가 이전 직장보다 적을 경우, 최대 2년 동안 기존 급여의 90%를 보장하면서 취업을 촉진하자는 것이었다(라이시, 2010). 이는 연대임금의 정신을 직장이 있는 근로자만이 아니라 직장을 잃은 근로자에게까지 확장할 필요가 있다는 인식에 따른 것이라 할 수 있다.

만약 한국에서 연대임금정책을 시행하고자 한다면 먼저 낮은 단체협약 적용률 문제를 보완하려는 노력이 필요하다. 한국은 노조 조직률이 낮을 뿐만 아니라 단체협약 적용률도 낮아 연대임금의 인프라가 취약한 상태이다(그림 4-7 참조). 따라서 연대임금정책을 노사가 아니라 정부가 주도하는 것을 고려할 필요가 있다. 한편으로 최저임금제를 통해 저임금 근로자를 줄여나가야 하지만, 한국의 노동시장이 수직적으로 분절화되어 있고 수평적으로는 기업별로 작동하는 원자화된 성격인 것을 고려할 때 기업 규모와 업종 특성, 직무가치를 반영해 표준화한 공정 임금 기준을 노사정이 전문가 집단과 함께 만들 필요성도 있다. 이미 직업훈련이나 교육을 담당하는 분야에서는 인재 육성의 기준

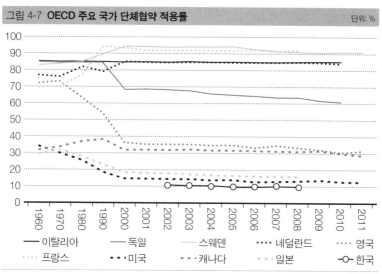

그림 4-7 **OECD 주요 국가 단체협약 적용률**   단위: %

범례:
— 이탈리아   — 독일   스웨덴   ···· 네덜란드   ···· 영국
···· 프랑스   ••• 미국   ••• 캐나다   일본   ─○─ 한국

자료: OECD Database on Trade Unions; Visser, J. (2013), "Database on Institutional Characteristics of Trade Unions,
Wage Setting, State Intervention and Social Pacts", 1960-2011(ICTWSS), Version 4.0, www.uva-aias.net/208.

을 세웠다. 850여 개 국가직무능력표준(NCS)이 그것이다. 이에 따라
업종별·직무가치별로 시장에서 합당한 보상을 제공할 수 있게 하려면
850여 개 모델에 대해 각각 표준적인 시장임금 정보와 합리적인 임금
격차를 사회적으로 설정해야 한다.

다른 한편으로 정부는 취업을 위해 보통 10년 동안 공부하는 청년
들에게 공부를 마친 뒤 자신이 일하고자 하는 직무와 직업에서 임금이
어떻게 형성되어 있는지 객관적인 정보를 제공할 필요가 있다. 예컨대
공정임금위원회와 같은 기관을 세워 임금 격차 축소와 임금 표준 마련
을 위한 정책을 전담하게 하는 방안도 고려해볼 수 있다. 이러한 기관
에서 직무와 그 등급의 평가, 임금수준 가이드라인 설정 등을 주도하
게 함으로써, 영국에서 공공부문 근로자의 임금 결정에 관여하는 '리
뷰 바디(Review Body)'와 같은 역할을 공공부문이 맡고 그 경험을 민간
으로도 확대하는 방안을 강구할 필요가 있다.

물론 임금 격차를 축소하려면 이러한 임금정책이 주축을 이루어야 하지만, 노동시장에서 임금 문제는 전체 노동시장 체계와 맞물려 있기 때문에 임금제도를 개선하기 위해서는 노동시장 구조개혁이 병행되어야 한다.

노동시장 구조개혁이 왜 필요한가? 다 같이 희생하더라도 노동시장 구조개혁을 해야 하는 이유는 무엇인가? 우선 정부 정책에서, 고용환경이 변화해 과거의 관행과 제도를 바꾸어야 한다는 일반론을 넘어 현재 노동시장이 지속 가능하지 않다는 판단이 필요하다. 이제는 청년과 비정규직이 죽어 나가는 노동시장 현실을 바로잡자는 결기가 필요한 때이다. 일자리나 임금에서의 엄청난 격차를 이렇게 두고는 한국 사회가 제대로 돌아갈 수 없다는 위기감이 정책에서 묻어나야 한다.

한편 사용자는 노동시장의 유연성과 생산성이 떨어진다고 문제를 제기하는 것은 타당하지만, 그 원인을 제공해온 원·하청 관계의 파행성, 채용에서 보상까지의 인사관리제도의 낙후성, 고용 책임 회피 등을 개선하겠다는 자기성찰도 필요하다. 전체적인 노동시장 구조를 개선하기 위한 사업주단체나 사용자단체의 적극적인 역할과 기업의 공동 협력 방안도 새롭게 제시할 필요가 있다. 기업은 노동시장 구조개혁에 무임승차를 할 것이 아니라 개혁의 주체로 나서야 한다.

노조는 단순 비판을 넘어 공정한 노동시장을 만들기 위한 대안을 제시해야 한다. 적어도 호봉급 대신에 직무와 능력, 성과 위주로 임금체계를 개편하는 것이 왜 개악인지를 노동시장 구조개혁 차원에서 설명할 수 있어야 한다. 중소기업 근로자나 비정규직 근로자가 노동의 가치를 원청이나 정규직과 대비해 공정하게 평가받을 임금체계 자체가 부재한 현실에서 노조도 기업별 호봉급을 옹호할 것이 아니라 독일의 노조처럼 업종별로 직무 중심 임금체계를 만들자고 주장하는 것이 당당할 것이다.

재정과
소득분배

성명재

한국의 소득분배 구조는 1980년대 이후 1990년대 초까지 소득불균등도가 축소되다가 1990년대 중반 이후 지속적으로 확대되는 추세를 보이고 있다. 최근의 소득불균등도 확대는 저출산과 인구 고령화가 큰 요인으로 대두되고 있다. 인구구조가 고령화될수록 자연발생적으로 소득불균등도가 확대된다는 점에 주목할 필요가 있다. 따라서 향후 소득분배정책 및 소득재분배정책에서 올바른 경제정책을 통해 소득분배 구조를 안정화시키는 것은 물론이고, 인구 고령화 등과 같은 인구학적 환경 변화에 대응한 소득재분배정책을 전개하는 데 힘을 기울일 필요가 있다.

방법론적으로는 소득세 등의 세수 비중을 확대하는 한편 부가가치세 등 넓은 세원을 지녔으면서도 세부담의 역진성이 크지 않은 세목을 중심으로 재원을 추가 확보하는 것이 바람직하다. 특히 한국의 소득세는 물가연동제가 도입되어 있지 않기 때문에, 별도의 제도 개편이 없더라도 시간이 흐르면 자생적으로 누진과세 효과(tax creeping effect)를 통해 세원(세수 비중)이 확보(증가)되는 체계가 내장되어 있다. 그러므로 당분간 세제 개편을 자제하는 것이 정부의 재원 확보 및 소득재분배 기능 확충에도 바람직할 것으로 판단된다.

상당수 서구 선진국에서는 부가가치세의 면세 축소 및 세율 인상 등을 통해 확보한 세수를 재정 건전성 회복 및 복지제도의 재원으로 활용하고 있다는 점에도 주목할 필요가 있다. 특히 부가가치세는 세원이 넓고 왜곡이 적어 경제에 부담이 적을 뿐만 아니라 지속 가능성 측면에서도 우월하다.

한국의 재정지출은 선진국에 비해 소

득재분배 효과가 작은 편이다. 가장 큰 이유로는 경제발전 단계의 차이, 인구구조(즉, 노인 인구 비중)의 차이, 복지제도의 범위 및 성숙도 차이 등을 들 수 있다. 특히 인구 고령화의 효과가 크다. 만약 인구구조 차이를 무시하고 현재 수준에서 소득재분배 효과를 현재의 선진국 수준과 일치시키려는 시도는 자칫 과도한 복지를 초래할 수 있다. 과도하지 않은 범위 내에서 순차적으로 복지제도를 점진적으로 확대하는 것이 바람직할 것으로 판단된다. 제도의 미성숙으로 현재 재분배 효과가 작게 나타나는 부분에 대해 확장적 방향으로 제도를 개편하는 것은 제도 자체의 문제가 없는 한 불요불급한 경우에 최대한 자제하는 것이 바람직하다.

한편에서는 소득분배 문제와 관련해 근로소득과 사업소득 등 소득세가 과세되는 시장소득만을 대상으로 논의하면서 소득불균등도가 과도하게 확대되어 있다고 주장한다. 그런데 일반 가구에서는 시장소득 외에도 이전소득과 자본이득 등 국민소득(GNI)에 포함되지 않는 종류의 소득이 다수 존재하고 그 비중도 매우 크다. 그러므로 시장소득만을 대상으로 소득불균등이 매우 크다고 하는 주장에는 신중할 필요가 있다. 즉, 시장소득은 가구소득 중 일부에 국한되는 만큼 시장소득불균등도만으로 소득분배 구조를 이해하는 것은 현실과 동떨어진 결과를 가져올 수 있으므로 유의해야 한다.

진정한 의미에서의 소득불균등도는 생애소득 기준의 소득불균등도이다. 다만 현실적으로는 정보 및 자료가 부족한 탓에 생애소득불균등도의 측정이 매우 어려워 차선적으로 연간소득을 기준으로 소득불균등도를 측정하여 정책 기초자료로 사용한다. 그렇지만 엄밀한 의미에서, 연령 차이 등으로 인한 소득 격차는 본질적인 소득 격차를 나타내는 부분이 아니라 오히려 판단의 장애 요소가 될 수 있다는 것을 고려할 필요가 있다.

1. 연구 배경과 연구 목적

IMF 외환위기 이후 소득불균등도가 지속적으로 확대되면서 분배 및 재분배에 대한 국민적 관심이 급상승하고 있다. 저출산과 인구 고령화 추세가 급진전되고 있는 가운데 최근 경제 저성장 기조까지 관측되면서 소득분배 문제가 정책 현안으로 급부상하고 있다. 향후 저출산과 인구 고령화 현상이 지속적으로 소득불균등도를 확대시킬 개연성이 상당히 높은 것으로 전망된다.

IMF 외환위기 이후 소득분배와 관련해 매우 많은 연구가 진행되었다. 소득불균등도를 연구한 연구 결과를 모아보면, 1990년대 중반 또는 1990년대 말의 경제위기 이후 한국 가계의 소득분배 격차가 지속적으로 확대되고 있다는 것으로 집약된다. 소득불균등도가 지속적으로 확대되고 있는 배경에는 저출산과 인구 고령화 등으로 대변되는 인구구조의 급격한 변화, 경제위기 극복 과정에서 나타난 기업 및 금융의 구조조정과 그에 따른 명예퇴직 증가, 산업 및 업종 간 임금 격차, 베이비붐 세대의 은퇴 증가 등 원인이 매우 다양하다.

확대일로에 있는 소득불균등도의 상승세를 완화 또는 반전시키기 위한 정책 요구 또한 빠르게 증대되고 있다. 소득분배 격차 확대에 대응하기 위한 공공부문의 소득재분배 기능 확대에 대한 요구가 점증하면서 상기 문제가 정책 현안으로 부상하고 있다.

이 장에서는 이에 대한 이해를 돕기 위해 일차적으로 소득불균등도의 급격한 변화와 정부 정책의 소득재분배 효과에 관해 살펴본다. 현재 상황에서는 소득분배 구조의 실태 파악 및 전망, 그리고 공공부문의 재정 활동(조세·재정지출)을 통한 소득재분배 영향에 대한 평가와 향후 정책 대안 모색이 매우 중요한 과제이다. 이런 배경을 바탕으로 여기서는 통계청 '가계동향조사' 자료를 분석한 내용을 토대로 소득분배 구조의 변화와 각종 정부 정책의 소득재분배 효과를 조망해보면서 정책 시사점을 논의한다.

이 장의 구성은 다음과 같다. 2절에서는 이 장에서 다루는 주제를 분석하기 위해 사용하는 분석 자료와 분석 방법, 그리고 소득의 종류 등을 간략히 살펴본다. 3절에서는 한국 일반 가계의 소득분배 구조의 변화를 지니계수 등을 중심으로 살펴본다. 4절에서는 공공부문의 조세 및 재정지출의 소득계층별 귀착 및 소득분배 구조에 미치는 소득재분배 효과를 분석한다. 5절에서는 앞선 두 절의 분석 결과를 바탕으로 정책 시사점을 논한다.

2. 분석 방법과 분석 자료

이 절에서는 이번 연구의 핵심 분석 결과를 도출하기 위해 채택한 연구 방법론과 분석 자료를 간략히 소개한다.

분석 방법

이 장에서는 조세·재정지출의 소득계층별 귀착(incidence) 및 소득재분배 영향과 속성을 분석한다. 특히 인구 고령화와 무직 가구(실업 가구 포함) 비율 등의 변화가 소득불균등도(income inequality)[1]에 미치는 영향 등을 추정·분석하고 정책 시사점을 논의한다. 아울러 조세 및 재정

1　'상대 소득 격차'는 흔히 '소득불평등도'로 불린다. 그러나 이는 'income inequality'를 오역한 것으로 판단된다. 'income inequality'는 소득의 균등한 정도 또는 불균등한 정도를 의미하는 것일 뿐, 평등이나 불평등을 의미하지 않는다. 이런 의미에서 이 장에서는 원어에 좀 더 충실하고자 '소득불평등도' 대신 '소득불균등도'를 사용한다.

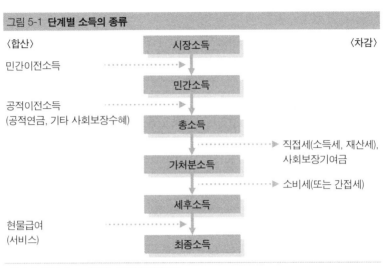

그림 5-1 단계별 소득의 종류

〈합산〉　　　　　　　　　　**시장소득**　　　　　　　　　　〈차감〉

민간이전소득　⋯⋯⋯⋯▶

민간소득

공적이전소득　⋯⋯⋯⋯▶
(공적연금, 기타 사회보장수혜)

총소득

⋯⋯⋯⋯▶ 직접세(소득세, 재산세),
　　　　　사회보장기여금

가처분소득

⋯⋯⋯⋯▶ 소비세(또는 간접세)

세후소득

현물급여　⋯⋯⋯⋯▶
(서비스)

최종소득

자료: Lakin(2004), Barnard(2010), 성명재·박기백(2008).

지출 귀착의 국제 비교를 시도한다.

소득불균등도를 측정하는 지수는 매우 많다. 여기서는 그중 지니계수를 기준으로 소득불균등도를 추정·분석한다.

소득불균등도에 영향을 미치는 요인 역시 매우 다양하다. 그중 인구 고령화로 대표되는 인구구조의 변화와 더불어 무직 가구 비중의 변화가 소득불균등도에 미치는 영향을 살펴본다. 요인별 효과 분석에서 무직 가구의 효과 분석을 위해서는 표본분할(sample partition) 방법을 사용하고, 무직 가구 비중의 변화 효과를 분석하는 데는 표본가중치를 기준으로 노인 가구의 비중을 가상적으로 조정해 지니계수의 변화를 관찰하는 미시모의실험(micro-simulation) 방법을 사용한다. 특히 후자와 관련해서는 성명재(2001)의 연구 방법론을 인용하여 사용한다.

소득분배 구조를 이해하는 것과 관련해 먼저 소득이 분배·재분배되는 과정에서 크게 여섯 단계로 구분되는 소득의 종류에 대해 정리할 필요가 있다(그림 5-1 참조). 구체적으로, 개념상 시장에서 노동과 자본을 공급하고 그 대가로서 수취하는 시장소득(market income 또는 original income: MY), 순차적으로 민간이전소득을 합산한 민간소득(private income: PY), 현금 형태의 공적이전소득(public cash transfers 또는 cash benefits)을 합산한 총소득(gross income: GY), 직접세를 차감한 가처분소득(disposable income: DY), 간접세를 차감한 세후소득(post-tax income: PTY), 현물급여(benefits-in-kind)를 합산한 최종소득(final income: FY)으로 구분할 수 있다.

분석 자료

이 장에서는 지난 30여 년간 한국의 소득분배 구조의 변화를 추정·분석한다. 이를 위해서는 기본적으로 미시 서베이 자료가 필수적이다. 본 연구에서는 1982~2013년 기간을 대상으로 통계청의 '가계동향조사' 원시자료를 연간화한 자료를 이용해 소득분배 구조의 변화를 추정한다.

'가계동향조사' 자료는 기간별로 자료의 포괄 대상 범위가 상이하다. '가계동향조사' 자료는 농어가를 제외한 나머지 가구를 대상으로 조사한다. 1982~2002년은 2인 이상 도시 지역 거주 가구, 2003~2005년은 2인 이상 전국 단위 가구, 2006년부터는 1인 가구를 포함하여 조사했다. 분석 기간별로 포괄 대상이 다르기 때문에 분석하고자 하는 용도에 따라 분석 포괄 범위를 조정하여 사용한다.

아울러 2002년까지는 근로자 가구만을 대상으로 소득 정보를 제공하고, 2003년부터는 모든 가구를 대상으로 소득 정보를 제공하고 있다. 이 장에서는 2002년까지의 근로자 외 가구에 대해 소득을 추정하고 추정 소득을 기준으로 분석했다.[2]

분기별 '가계동향조사' 자료를 기준으로 4개 분기 모두 자료가 존재하는 가구만을 대상으로 분기 평균 자료를 합산해 연간 자료를 생성한다. 분기 자료 중 한 개 이상의 분기 자료가 누락된 가구를 연간화 표본 자료에서 제외하는 이유는 '가계동향조사' 자료가 통계학적 관점에서 계절성(seasonality)으로 인한 치유 불가능한 편의(bias)를 지니기 때문이다. 계절성으로 인한 편의를 제거하는 과정에서 연간 표본에서 제외되는 가구 역시 무작위성이 보장되지 않기 때문에 연간화 과정에서 선택편의(selection bias)가 발생한다. 다행히 선택편의의 문제는 성명재(Sung, 2002)의 연구에서 수행한 방법을 인용해 해결했다.[3]

다음에서는 상기의 방법으로 구축한 '가계동향조사' 연간화 자료를 기준으로 분석한다.

3. 한국 소득분배 구조의 변화

이 절에서는 한국 가계의 소득불균등도의 변화 추이와 주요 요인별 소득불균등 기여도를 분석한다.

소득분배 구조 변화 추이

'가계동향조사' 자료를 이용해 여섯 가지 소득 기준의 지니계수를 추정한 결과는 그림 5-2와 같다. 1982~2013년 기간의 자료 포괄 범위를 통일하기 위해 2인 이상 도시 가구를 기준으로 했다.

그림 5-2에서 보듯이, 1997~1998년의 외환·경제위기 기간을 제외

---

2   소득 추정은 성명재·전영준(1999)을 참조하기 바란다.
3   기타 연간화 자료 구축과 관련해 상세한 사항은 Sung(2002)을 참조하기 바란다.

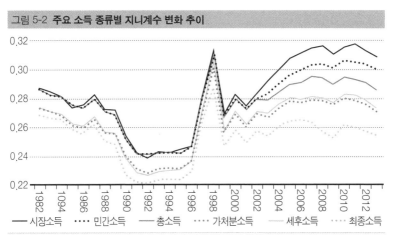

그림 5-2 **주요 소득 종류별 지니계수 변화 추이**

— 시장소득　•••• 민간소득　— 총소득　••••• 가처분소득　— 세후소득　•••• 최종소득

주: 가계동향조사 2인 이상 도시 가구 기준.

하면, 지난 30여 년 동안 소득불균등도는 완만한 U자 형태의 모습을 보인다. 1980년대 이래 1990년대 초반까지 소득불균등도가 축소되었다가 경제위기 직전인 1994년부터 확대 추세로 반전되었다. 흔히 1997~1998년의 경제위기가 소득불균등도를 확대시키기 시작한 기원으로 인식되고 있으나, 자료 분석 결과에 따르면 실제로 소득불균등도가 확대 반전된 시기는 그보다 빠른 1990년대 중반이었음을 알 수 있다. 경제위기는 소득불균등도를 일시적으로 크게 확대시켰을 뿐, 그 효과는 잠정적이었으며, 구조적인 변화는 그보다 다소 이른 기간에 이루어졌다고 할 수 있다.

　그림 5-2에서 볼 수 있는 또 다른 특징적인 점은 시간이 경과할수록 소득 종류별 지니계수 추정치 간의 거리가 조금씩 확대되는 추세를 보인다는 점이다. 각종 소득의 지니계수 차이는 해당 소득의 구성 항목(또는 차감 항목)이 나타내는 소득재분배 효과를 의미한다. 그러므로 각 소득 종류별 지니계수의 거리가 확대되고 있다는 것은 시간이 지날수록 각종 조세 및 재정지출의 소득재분배 효과가 점진적으로 확대되

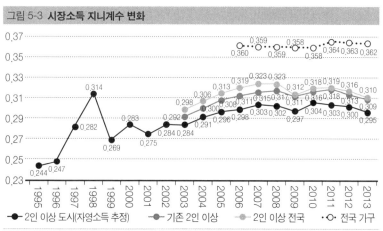

그림 5-3 **시장소득 지니계수 변화**

주: 가계동향조사 기준.

고 있음을 시사한다.

또 다른 특징 중 하나는 2000년대 말부터 지니계수가 소폭 하락하고 있다는 점이다. 이는 2인 이상 도시 가구의 소득불균등도가 최근 수년간 소폭 축소되고 있음을 시사한다.

그림 5-3은 1995년부터 최근까지 가구 규모별 시장소득 기준 지니계수 변화 추이를 추정한 것이다. 이에 따르면, 2인 이상 가구의 경우 최근 수년간 시장소득 지니계수가 하락해 상대 소득 격차가 축소되었음을 짐작해볼 수 있다. 그러나 1인 가구까지 포함한 전 가구를 대상으로 하면 시장소득 지니계수가 하락하지 않고 수평적인 모습을 보인다.

아직 본격적인 분석이 이루어지지는 않았지만, 대부분 노인 가구 및 청년 단독 가구로 구성되는 1인 가구와 2인 이상 가구 간의 소득 격차가 확대되면서 전 가구를 기준으로 한 시장소득불균등도가 개선되지 못한 것으로 볼 수 있다. 그러나 이는 가구 규모별로 상호간에 이동성(mobility)이 없다는 전제하에서만 타당한 결론이다. 현재 1인 가구의 증가율이 매우 높은 상황인데, 그 원인으로는 고령화와 핵가족화, 이혼 증가 등이 지목된다. 그리고 이러한 요인 중 일부는 2인 이상 가구의 해체를 통해 발생하고 있다.

2인 이상 가구 중 상대적으로 소득 여건이 열악한 한계 가구가 해체되면서 1인 가구로 편입되는 속도가 매우 빠르게 나타난다면, 그 결과로 2인 이상 가구 중 상당수 한계 가구가 탈락하여 잔존 2인 이상 가구의 상대 소득불균등도는 오히려 축소된다. 반면에 2인 이상 가구의 해체로 늘어난 1인 가구는 매우 빠른 속도로 소득 여건이 열악해짐으로써 상기와 같은 결과가 나타날 수도 있는 것으로 추측된다. 이 부분은 추후 보완 연구를 통해 좀 더 명확히 밝혀지기를 기대한다.

무직 가구와 소득분배 구조의 상관관계 분석

실업률이 증가하면 소득불균등도 역시 증가할 것으로 여겨진다. '가계동향조사' 자료에는 실업 가구에 관한 정보가 부재하다. 그 대신에 무직 가구에 관한 정보를 반영하고 있다. 무직 가구 중 상당수가 실업 가구로 분류되는 만큼 무직 가구를 실업 가구에 대한 대리변수(proxy variable)로 사용하면 간접적으로 실업률의 변화가 소득불균등도에 미치는 영향을 일부 가늠할 수 있다.

여기서는 성명재(2001)의 연구 방법론을 차용해 무직 가구 비율을 가상적으로 0~30% 사이에서 1%p씩 조정하여 모의실험을 수행했다. 그 결과는 그림 5-4에서 보는 바와 같다. 이와 더불어 1982~2013년 자료를 모두 반복하여 모의실험을 수행하고 연도별로 30개의 모의실험치를 기준으로 회귀분석을 통해 평균기울기를 산출했다. 그 결과는 그림 5-5와 같다.

그림 5-4에서 보듯이 무직 가구 비율을 가상적으로 조정하면 지니

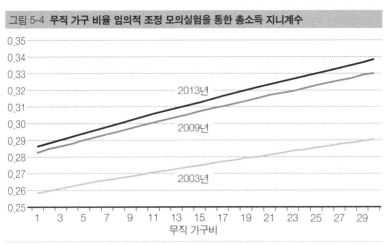

그림 5-4 **무직 가구 비율 임의적 조정 모의실험을 통한 총소득 지니계수**

주: 가계동향조사 기준.

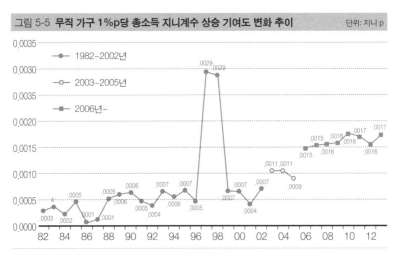

그림 5-5 **무직 가구 1%p당 총소득 지니계수 상승 기여도 변화 추이**   단위: 지니 p

주: 가계동향조사 기준, 소수점 아래 다섯째 자리에서 반올림한 수치임.

계수는 거의 선형적으로 변화하는 것을 볼 수 있다. 그림 5-4는 2003
년, 2009년, 2013년의 3개 연도 추정 결과를 보여주지만, 나머지 연도
에도 거의 선형적으로 변하는 모습을 보이고 있다.

그림 5-5에서 각 연도의 평균기울기에 대한 추정 결과를 보면, 다소간 등락이 있지만 시간이 흐를수록 기울기가 대체로 상승하는 것을 볼 수 있다. 이는 시간이 경과하면서 무직 가구 비율이 상승하는 것은 물론이고 무직 가구 1%p당 소득불균등도(즉, 지니계수)를 증가시키는 한계 기여도도 증가 추세를 보이는 것을 의미한다. 그리고 이는 시간이 흐를수록 암묵적으로 무직 가구 1단위당 소득불균등 확대 기여도가 점진적으로 증가하는 한편, 빈곤갭(poverty gap) 역시 증가하고 있음을 간접적으로 시사한다. 이를 검증하기 위해서는 좀 더 심층적인 연구가 필요하겠지만, 이는 인구 고령화가 급진전되면서 은퇴 가구가 빠르게 증가하는 것과 더불어, 은퇴·퇴직 등으로 시장소득이 급감한 가구가 빠르게 증가하는 것과도 관련성이 큰 것으로 추정된다.

인구 고령화의 소득분배 구조 영향

여기서는 인구 고령화가 소득분배 구조에 미친 영향을 분석한다. 먼저 그림 5-6은 한국의 가구주 연령별 2인 이상 도시 가구의 총소득 분포의 특징적 패턴을 추정한 결과를 보여준다. 그림에서 보듯이 연령별 가구소득 분포는 생애소득 가설(life-cycle hypothesis)에서 보는 바와 유사하게 연령대별로 역U자 형태의 소득 분포 모습을 나타낸다. 즉, 노동시장 진입기인 청년 연령대와 은퇴 시기인 노인 연령층에서 평균 소득수준이 낮으며 40~50대 초반의 중·장년층에서 평균 소득수준이 가장 높은 패턴을 보이고 있다.

그림 5-7은 '가계동향조사' 자료에 나타난 가구주 연령을 기준으로 60세 이상인 가구의 비율 변화를 시계열적으로 추정한 결과를 보여준다. 이에 따르면, 가구 포괄 범위에 따라 다소 차이가 있지만, 저출산과 인구 고령화의 영향으로 가구주 연령이 60세 이상인 가구 비율이

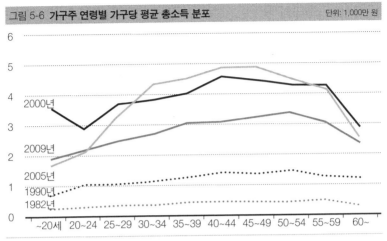

그림 5-6 가구주 연령별 가구당 평균 총소득 분포 단위: 1,000만 원

2000년

2009년

2005년
1990년
1982년

~20세 20~24 25~29 30~34 35~39 40~44 45~49 50~54 55~59 60~

주: 2인 이상 도시 가구 기준.

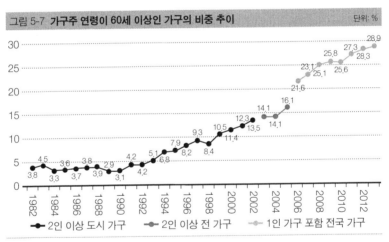

그림 5-7 가구주 연령이 60세 이상인 가구의 비중 추이 단위: %

28.9
27.3
25.8 28.3
23.1 25.1 25.6
21.6

16.1
14.1
14.1
12.3
13.5
10.5
9.3 11.4
7.9 8.2 8.4
5.1 6.8
4.5 3.6 3.8 2.9 4.2
3.8 3.3 3.7 3.9 3.1 4.2

1982 1984 1986 1988 1990 1992 1994 1996 1998 2000 2002 2004 2006 2008 2010 2012

── 2인 이상 도시 가구   ── 2인 이상 전 가구   ── 1인 가구 포함 전국 가구

주: 가계동향조사 추정치.

빠르게 상승하고 있음을 알 수 있다.

특히 그림 5-8과 그림 5-9에서 보듯이 저소득층 분위에서는 노인 가구 비중이 절대적으로 높을 뿐만 아니라 노인 가구 비중의 증가소득

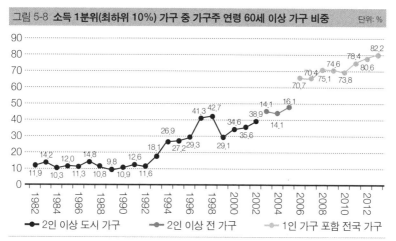

그림 5-8 **소득 1분위(최하위 10%) 가구 중 가구주 연령 60세 이상 가구 비중** 단위: %

◆━ 2인 이상 도시 가구 ◆━ 2인 이상 전 가구 ◆━ 1인 가구 포함 전국 가구

주: 가계동향조사 추정치.

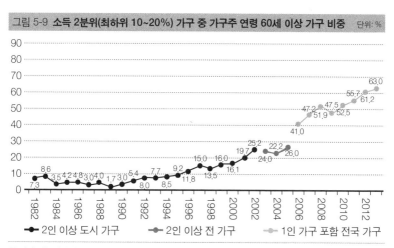

그림 5-9 **소득 2분위(최하위 10~20%) 가구 중 가구주 연령 60세 이상 가구 비중** 단위: %

◆━ 2인 이상 도시 가구 ◆━ 2인 이상 전 가구 ◆━ 1인 가구 포함 전국 가구

주: 가계동향조사 추정치.

도 매우 빠른 것을 관찰할 수 있다. 특히 최하위 10%의 소득층을 나타
내는 소득 1분위에서는 가구주 연령이 60세 이상인 가구의 비율이
1980년대에 약 10% 수준이었으나, 1990년대 이후 그 비율이 빠르게

증가하고 있다. 최근에는 소득 1분위 가구(1인 가구 포함) 중 80% 이상이 가구주 연령이 60세 이상인 노인 가구이다. 이런 현상은 소득 2분위에서도 대동소이하게 나타난다. 2013년 현재 소득 2분위의 60세 이상 노인 가구의 비율은 63.0%로, 세 가구 중 두 가구가 노인 가구임을 알 수 있다.

이상과 같이 저소득층은 대부분이 노인 가구로 변화하고 있음을 알 수 있다. 이는 은퇴 연령기의 노인 인구가 빠르게 증가하면서 은퇴 가구의 특징이라고 할 수 있는 은퇴 후 시장소득의 급감 현상이 노인 가구에서 두드러지게 나타남으로써 저소득층의 저변을 급속히 확장해가고 있는 것으로 유추해볼 수 있다. 종전 기간, 즉 인구 고령화가 크게 진전되지 않았던 2000년대 이전에는 경제활동연령인구로 구성된 소위 젊은 가구가 저소득층의 대부분을 차지했으나, 최근에는 은퇴 후 노인 인구가 저소득층의 주류를 형성하고 있다는 것이다. 이는 소득분배 관점에서 시사하는 바가 매우 크다.

종전에는 경기 사이클의 변화에 따라 경제가 불황 국면에서 벗어나면 저소득층의 소득도 증가하는 것이 가시적으로 쉽게 관찰되었다. 그러나 저소득층 대부분이 은퇴 가구로 구성된 최근에는 저소득층의 소득에서 이전소득 등과 같이 시장소득 등에 비해 경기 사이클과 관련성이 비교적 적은 종류의 소득 비중이 확대되어, 경기 불황 국면을 탈피한 이후에도 저소득층의 소득 증가 추이가 가시화되지 않는다는 새로운 특징이 나타나고 있다.

이처럼 경기 사이클과 저소득층 소득 사이의 상관관계가 줄어드는 현상을 두고 한편에서는 '소득분배 메커니즘의 실패'에 기인한 것으로 해석하기도 한다. 그러나 이는 다분히 과도한 해석인 것으로 판단된다. 급격한 인구 고령화로 인해 나타나는 노화 현상의 하나로 해석하는 것이 좀 더 적절하다고 판단된다.

그림 5-10 **가구주 연령별 총소득 지니계수 추이**

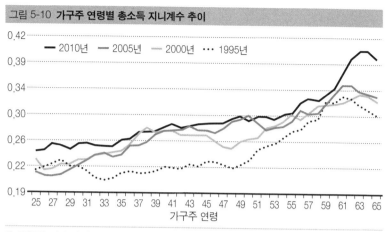

주: 가계동향조사자료 추정치.

이를 통해 볼 때 향후 저소득층 대상의 소득정책에서 청년 취업 장려 위주의 정책은 적절하지 않으며, 노인정책적 관점에서 접근하는 것이 적절한 것으로 판단된다. 저소득층의 소득 증감률 변화는 청년층과의 관련성이 점차 낮아지고 있기 때문에, 저소득층 소득 증가율 둔화 현상에 대해 청년 취업 정책으로 접근한다면 실패할 가능성이 크다. 왜냐하면 실제의 청년 취업 지표와 관계없이 저소득층의 소득 증감률이 별다른 반응을 보이지 않을 가능성이 크기 때문이다. 따라서 이러한 상황에서는 저소득층의 소득 지원 정책으로서 청년 취업 장려 정책에 대한 실행 여부의 판단과 정책 성과를 평가하는 것 자체가 적절하지 않을 수 있다.

그림 5-10은 가구주 연령을 기준으로 '가계동향조사' 자료의 가구를 25~65세의 41개 연령대별로 분할(partition)하고 각각의 총소득 지니계수를 각 연도별로 추정한 다음 몇몇 연도에 대해 보고한 것이다. 이에 따르면, 가구주 연령이 증가할수록 지니계수가 지속적으로 상승하여 상대 소득 격차가 커지고 있다.

앞서 그림 5-6에서 확인할 수 있었듯이, 일반적으로 절대 소득 격차는 가구주 연령이 상승할수록 확대되다가 평균 소득수준이 정점에 도달하는 중·장년기에 가장 커지며, 다시 노년층에 접어들면서 축소되는 경향을 보인다. 그런데 노년층의 상대 소득 격차, 즉 지니계수가 가구주 연령과 함께 계속 커진다는 점은 상당히 이례적이다. 결국 인구 고령화는 소득불균등도가 낮은 젊은 연령층의 인구 비중이 감소하고, 소득불균등도가 큰 노년층 인구 비중이 증가한다는 것을 의미한다. 그러므로 최소한 가중평균적 관점에서 볼 때, 인구 고령화가 잠재적으로 소득불균등도 확대에 크게 기여할 개연성이 높다고 추정할 수 있다.

이와 관련해 성명재·박기백(2009)의 연구 결과가 주목할 만하다. 그들의 연구에서는 다른 조건이 불변일 경우 오로지 인구 고령화 효과로 인해 (변이제곱계수로 측정한) 2050년의 소득불균등도가 2008년 수준보다 27.5% 확대될 것으로 전망했다. 이는 앞서 그림 5-10을 바탕으로 인구 고령화가 진전될수록 소득불균등도가 확대될 것이라고 분석한 바와 일맥상통한다.

4. 조세·재정지출의 소득재분배 효과

이 절에서는 한국의 조세 및 재정지출이 소득분배 구조에 미친 소득재분배 효과를 분석한다. 조세부담 및 재정 수혜의 소득계층별 귀착분석은 성명재·박기백(2008), Sung·Park(2011), 성명재(2011)에서 채택한 연구 방법론을 기초로 추정한다. 특히 소비세부담은 성명재(2013)의 연구에서 부가가치세 실효세부담을 기준으로 가구세부담을 추정한 방법을 원용해 추정한다.[4]

부담·수혜 분포의 분석 대상과 범위

이 절에서 분석하는 조세부담과 재정지출 수혜의 범위는 기본적으로 '가계동향조사' 자료를 이용하여 추정할 수 있는 범위로 한정한다. 구체적으로 부담은 개인이 부담하는 소득세, 소비세, 재산세, 각종 사회보장기여금을 대상으로 한다. 수혜 범위는 현금급여(정부이전소득), 현물급여 중 사회분야 지출과 교육지출로 한다.

현금급여(= 공적연금 + 기타 사회보장수혜)는 '가계동향조사' 자료에서 보고된 정보를 이용한다. 이 중 공적연금은 국민연금, 공무원연금, 군인연금, 사학연금 등을 포함하며, 기타 사회보장수혜는 기초생보(현금), 실업급여 등을 포함한다.

현물급여의 주된 분석 대상은 사회지출과 교육지출이다. 국민기초생보 중 의료·교육급여, 국민건강보험수혜, 교육수혜, 보육수혜, 주택(구매, 전세, 임대, 국민주택 등) 수혜 등을 대상으로 분석한다. 현물급여는 '가계동향조사' 자료에서 제공하는 정보를 이용해, 수혜 기준 충족 가구 추정 및 집계 자료 등으로부터 수혜 인원당 수혜액을 추정하여 가구별로 배분해 추정했다. 기타 일반공공행정, 국방 등은 분석에서 제외했다.

조세부담의 경우에 소득세(근로소득세, 사업소득세, 이자소득세·배당소득세)와 각종 소비세(부가가치세, 특별소비세, 주세, 교통세, 담배소비세, 교육세, 주행세 등)는 가계조사자료에서 세부담을 추정해 사용한다. 다만 재산세, 사회보장기여금 등은 정보가 부족하여 추정이 곤란하므로 자료에 보고된 수치를 사용한다. 법인세 등 역시 정보가 부족한 탓에 추정 시 가

4　소득계층별 소비세부담에 대해서는 성명재(2014a, 2014b)의 추정 결과와 이 절의 추정 결과가 서로 다르다. 이는 소비세부담을 추정할 때 상기와 같이 가구 간접부담분을 포함했는지 여부에 따라 분석 결과가 다르게 나타나기 때문이다.

구별 배분이 곤란하여 분석에서 제외했다.

소득계층별 부담·수혜 귀착분석

소득계층별 부담·수혜 분포는 각각 그림 5-11, 5-12와 같다. 먼저 부담 구조의 특징을 보면, 고소득층으로 갈수록 절대 부담액과 소득 대비 부담 비율 모두 빠르게 상승하는 것을 알 수 있다. 가구 세부담 분포가 소득에 대해 누진적인 부담 구조를 지니고 있기 때문이다. 특히 부표 1(부표와 부그림은 이 장 맨 끝에 첨부)의 소득계층별 부담·수혜의 항목별 상세 추정 결과를 보면, 소득세, 공적연금, 교통·에너지·환경세 등의 누진 부담 구조가 두드러진다. 반대로 주세, 담배소비세의 역진성이 두드러지나, 나머지 소비세는 대체로 비례적 또는 미약하게 누진적인 모습을 보인다.

수혜 구조의 특징을 보면, 고소득층으로 갈수록 절대 수혜액은 커지지만, 소득 대비 비율은 하락하는 구조를 보이고 있다. 이는 수혜 분포 구조가 소득에 대해 역진적인 분포를 보이고 있음을 시사한다. 부표 1에 의하면 공적연금, 건강보험급여 등은 고소득층일수록 수혜액은 커지나 실효수혜율은 하락하는 모습을 유추할 수 있다. 특히 기타 사회보장수혜(기초생보 등), 의료급여 등은 저소득 빈곤층에게 수혜가 집중되어 있음을 알 수 있다.

교육급여 등은 소득보다는 학생 수에 크게 의존한다. 따라서 절대 수혜 분포가 소득에 대해 균등한 편이다. 다만 소득 1~3분위의 가구는 상당수가 취학 자녀가 없는 노인 가구이다. 따라서 교육급여는 인구구조학적 측면에서 근본적으로 저소득층의 수혜가 매우 적은 재정지출 항목이라는 점에 유의해야 한다. 그림 5-13에서 보듯이 전체 수혜 분포 중에서 교육급여를 제외하면 나머지 수혜 분포는 절대 수혜액이 고

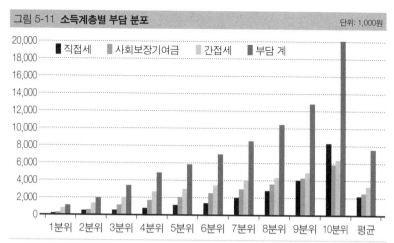

그림 5-11 **소득계층별 부담 분포**　　　　　　　　　　　　　단위: 1,000원

주: 2013년 가계동향조사 추정치.

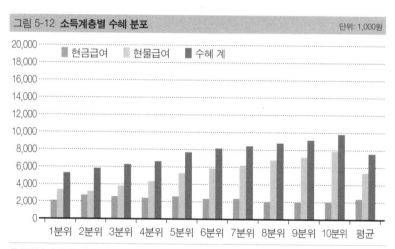

그림 5-12 **소득계층별 수혜 분포**　　　　　　　　　　　　　단위: 1,000원

주: 2013년 가계동향조사 추정치.

소득층으로 갈수록 미소하게 감소하는 구조를 보인다. 즉, 소득수준에 관계없이 수혜액의 절대 수준이 사실상 거의 균등한 분포를 나타낸다.

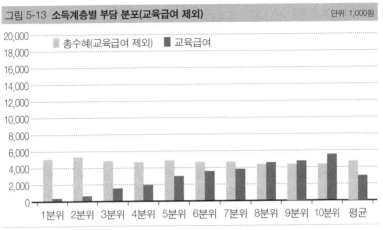

그림 5-13 **소득계층별 부담 분포(교육급여 제외)**　단위: 1,000원

주: 2013년 가계동향조사 추정치.

모든 조세부담과 사회보장기여금을 합산한 총부담의 10분위 배율, 즉 10분위 대 1분위의 부담 상대비는 2013년 현재 21.3배(= 2007만 8000원 / 94만 2000원)에 이른다. 특히 앞서 그림 5-11을 보면 소득계층별 부담 분포가 고소득층으로 갈수록 급격히 증가하는 것을 알 수 있다.

이 장에서 분석 대상으로 하는 모든 재정지출 수혜를 합산한 총수혜의 10분위 배율은 2013년 현재 1.87배(= 975만 6000원 / 521만 5000원)이다. 이 가운데 교육수혜를 제외하면 10분위 배율은 0.88배(= 434만 7000원 / 496만 8000원)로, 소득에 대해 절대적으로 역진적인 모습을 보이는 것으로 추정되었다.

소득계층별 부담·수혜 귀착 결합

일반 가계의 부담·수혜 분포를 결합한 결합분포는 그림 5-14와 같다. 2013년 기준 가구당 부담액과 수혜액의 평균은 각각 754만 2000원과 750만 2000원으로 사실상 거의 균형을 이룬다. 2013년 현재

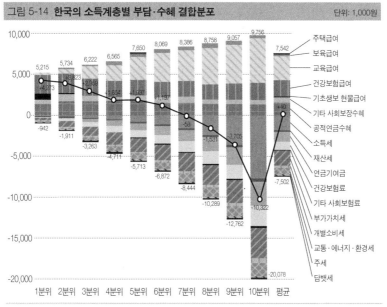

그림 5-14 **한국의 소득계층별 부담·수혜 결합분포**　　　　　　　단위: 1,000원

주: 부가가치세는 간접부담분, 개별소비세제는 세수 실적을 기준으로 계수조정(grossed-up)을 한 수치임.

추계 가구 수가 1820만 6328가구이므로 대략 전체 조세 또는 재정지
출 규모 중 각각 약 150조 원 정도를 포괄하는 것으로 볼 수 있다.

　소득계층별로 보면, 최저 소득층인 소득 1분위는 2013년 한 해 동
안 가구당 평균 94만 2000원 정도를 조세로 부담하고 521만 5000원을
수혜해 수혜액이 부담액보다 427만 3000원 많은 것으로 추정되었다.
한편 최고 소득층인 소득 10분위는 각종 조세부담으로 가구당 평균
2007만 8000원을 부담하고 975만 6000원을 수혜해 부담액이 수혜액
의 2배를 조금 넘는 것으로 추정되었다. 이에 따르면 소득 10분위의
가구당 평균 순부담액은 1032만 2000원이다.

　소득계층별로는 대체로 하위 60%(1~6분위)의 가구가 수혜가 부담
보다 큰 순수혜 가구이고, 상위 40%(7~10분위)의 가구가 부담이 수혜보
다 큰 순부담 가구로 추정되었다. 다만 소득 7분위는 가구당 평균 순

수혜액이 -5만 8000원 수준으로, 사실상 부담액과 수혜액이 거의 균형을 이루는 균형 가구로 볼 수 있다. 이에 따르면 '순수혜 가구 : 중립 가구 : 순부담 가구'의 비율은 '6 : 1 : 3'이다.

좀 더 자세한 비교를 위해 이전 연도(2006년, 2009년)에 대한 부담·수혜 결합분포의 추정 결과를 부그림 1과 부그림 2를 통해 제시했다.

국제 비교

시장소득에서 최종소득에 이르기까지 각종 소득 종류별로 소득계층별 조세·재정지출 귀착을 분석한 국가로는 영국이 대표적이다.[5] 가장 최근의 연구로는 리처드 턴킨(Tonkin, 2014)을 들 수 있다. 그의 연구 결과를 토대로 소득계층별 부담·수혜 분포를 재구성한 것이 각각 그림 5-15, 부표 2이다.

영국의 소득계층별 부담·수혜 결합분포 특징을 보면 '순수혜 가구 : 중립 가구 : 순부담 가구'의 비율이 '6 : 1 : 3'으로 한국과 유사한 것으로 나타난다.[6]

'순수혜 가구 : 순부담 가구'의 비율을 놓고 볼 때 한국과 영국 사이에 큰 차이를 발견하기는 어렵다. 다만 두 국가 사이에는 순수혜(또

---

5   필자가 지금까지 찾아본 바로는 정부 차원에서 공식적인 통계로 시장소득부터 최종소득에 이르는 범위에서 귀착분석 결과를 공표하고 있는 국가는 영국이 유일하다. 이런 연유로 여기서는 영국과의 국제 비교를 시도한다.

6   2012/2013 회계연도에 7분위는 평균적으로 순수혜 가구인 것으로 추정되었으나, 턴킨 외(Tonkin et al., 2013)를 비롯해 매년 영국 통계청에서 부담·수혜 결합분포를 추정하여 발표하는 통계자료에 따르면, 전통적으로 순수혜 가구와 순부담 가구의 비율은 6 : 4이다. 물론 영국에서 7분위는 소폭 순수혜를 나타내는 경우도 있지만, 순수혜액 또는 순부담액이 거의 0에 가깝기 때문에 중립 가구로 분류하는 것이 적절하다고 판단된다.

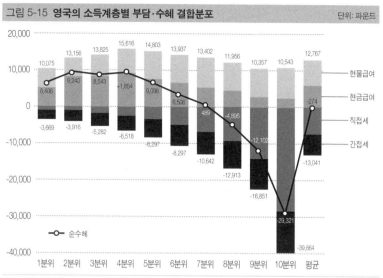

그림 5-15 **영국의 소득계층별 부담·수혜 결합분포**   단위: 파운드

주: Tonkin(2014)의 연구 결과를 토대로 필자가 분포를 그린 것임.

는 순부담) 곡선의 기울기 차이가 존재한다. 즉, 영국이 한국보다 순수
혜 곡선의 기울기의 절댓값이 조금 더 큰 것을 볼 수 있다. 이런 차이
는 첫째, 경제발전 단계 또는 소득수준의 차이(이는 복지를 위한 경제적 능
력의 차이를 나타낸다), 둘째, 양국 간 복지제도 등의 포괄 범위 차이(영국
이 조금 더 넓다), 셋째, 복지제도의 성숙도 차이(영국이 조금 더 높다), 넷째,
인구구조의 차이 등에 기인한다.

첫째와 둘째는 경제발전 단계상 지속적으로 경제가 발전할수록
복지제도가 더욱 확충되면서 양국 간의 차이가 줄어들 것으로 기대할
수 있다. 셋째는 한국이 이미 복지제도를 도입했으나 복지제도 시행
연한이 짧고 일반 국민이 국민연금 등에 가입한 기간이 짧거나 노인
인구 중 상당수가 젊었을 때 연금제도 등이 도입되지 않아 연금제도에
포함되지 않는 등 짧은 복지제도의 연한 때문에 과도기적으로 재분배
효과가 작게 나타나는 현상에도 일부 기인한다. 넷째 요인인 인구구조

와 관련해서는 다른 조건이 동일하다면 노인 인구가 많을수록 소득재분배 효과가 커진다는 점을 고려할 수 있다. 한국도 인구 고령화 속도가 매우 빠르지만, 아직 영국에 비해 노인 인구 비중이 낮다. 이는 한국이 영국보다 소득재분배정책의 크기가 작을 수밖에 없다는 점을 시사한다. 물론 한국 역시 다른 조건이 불변하더라도 인구 고령화가 더욱 진전되어 노인 인구 비중이 확대되면 자연스럽게 소득재분배정책의 규모 또한 빠른 속도로 증가할 것으로 판단된다.

다음으로는 부표 1과 부표 2를 통해 추정한 결과를 바탕으로 한국과 영국의 각 소득 단계별 10분위 배수의 변화 추이를 비교분석한다. 먼저, 영국의 시장소득 10분위 배수는 39.3으로, 한국의 시장소득 10분위 배수 15.8보다 2배 이상 큰 것으로 나타났다. 영국이 한국보다 노인 인구가 압도적으로 많고 따라서 은퇴자의 인구 비중도 매우 높다는 점에서 이러한 차이의 원인을 유추할 수 있다.

한편 연금이나 실업급여 등 현금이전을 통해 실현된 총소득의 10분위 배수는 영국과 한국이 각각 14.3과 11.0으로 나타나 여전히 한국의 상대 소득 격차가 영국보다 다소 작은 것으로 나타났다. 영국은 현금급여를 통해 소득재분배가 상당히 크게 나타남을 알 수 있다. 그 이면에는 노인 인구 비중의 차이, 복지제도의 차이, 복지제도의 성숙도 차이가 복합적으로 얽혀 있다고 볼 수 있다.

직접세를 통한 소득재분배 효과는 영국이 한국보다 훨씬 크다. 다만 한국도 소득과세 비중이 점차 증가하는 추세를 보이고 있으므로 직접세를 통한 정(+)의 소득재분배 효과는 앞으로 더 확대될 것으로 예상된다.

그러나 간접세를 통한 부(-)의 소득재분배 효과는 영국이 한국과 비교할 수 없을 정도로 뚜렷하게 크다. 이러한 차이는 다분히 두 나라 간 인구구조의 차이에 기인하는 것으로 추정된다. 다만 한국도 인구

표 5-1 한국과 영국의 주요 소득 종류별 10분위 배수 비교		단위: 배
구분	영국(2012/2013회계연도)	한국(2013년)
시장소득	39.3	15.78
민간소득	-	13.43
총소득	14.3	10.96
가처분소득	12.3	9.87
세후소득	17.3	9.87
최종소득	8.9	7.87

주: Tonkin(2014)(영국) 및 필자 추정치(한국)를 가공하여 재구성한 필자 추정치.

고령화가 진행될수록 간접세에 의한 부(-)의 소득재분배 효과가 점진적으로 확대될 개연성이 있는 것으로 판단된다.

한편 현물급여를 포함한 최종소득 단계에서 영국과 한국의 10분위 배수는 각각 8.9와 7.9로, 한국의 상대 격차가 좀 더 작은 것으로 추정되었다.

조세·재정지출의 소득재분배 효과

여기서는 조세·재정지출의 소득재분배 효과를 본격적으로 살펴본다. 소득재분배 효과는 세전·세후소득의 지니계수 감소율을 기준으로 측정할 수 있다. 정(+)의 소득재분배 효과는 지니계수가 감소하는 것을 의미하고, 부(-)의 재분배 효과는 지니계수가 증가하는 것을 의미한다. 따라서 지니계수가 하락하는 경우에는 그 변화율을 양(+)의 값으로 표시하고, 지니계수가 상승하는 경우에는 그 변화율을 부(-)의 값으로 표시한다.

2013년 현재 조세·재정지출을 통한 소득재분배 효과(지니계수 변화율)는 13.9%이다. 소득재분배 효과가 큰 항목은 현물급여(5.24%p), 소득세(3.21%p), 공적연금(3.68%p), 기타 사회보장수혜(1.45%p)이다. 소비

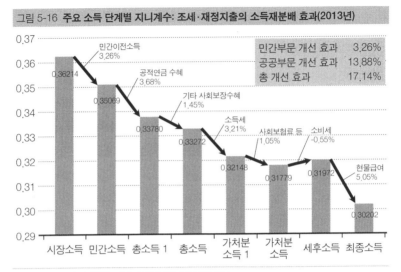

그림 5-16 주요 소득 단계별 지니계수: 조세·재정지출의 소득재분배 효과(2013년)

주 1: 2013년 통계청 '가계동향조사' 원시자료를 이용하여 추정한 것임.
　 2: 소득재분배 효과는 민간이전소득 지니계수 대비 단계별 지니계수 하락률(%)로 계산함.

세는 부(-)의 소득재분배 효과를 나타내지만 절대 크기는 -0.55%p 정
도로 매우 미미한 편이다.

5. 정책 시사점 및 결론

앞서 한국의 소득불균등도 변화 추이를 분석해본 결과, 1990년대
중반 이후 소득불균등도가 지속적으로 확대되는 추세를 보이고 있음
을 알 수 있었다. 여기에는 저출산과 인구 고령화가 큰 요인으로 대두
되고 있다. 더욱이 인구구조가 고령화될수록 자연발생적으로 소득불
균등도가 확대된다는 점에 주목할 필요가 있다. 따라서 향후 소득분배
정책 및 소득재분배정책에서 올바른 경제정책을 통해 소득분배 구조
를 안정화시키는 것은 물론이고, 인구 고령화 등과 같은 인구학적 환

경 변화에 대응한 소득재분배정책을 전개하는 데 힘을 기울일 필요가 있다.

방법론적으로는 소득세 등의 세수 비중을 확대하는 한편 부가가치세 등 넓은 세원을 지녔으면서도 세부담의 역진성이 크지 않은 세목을 중심으로 재원을 추가 확보하는 것이 바람직하다. 특히 한국의 소득세는 물가연동제가 도입되어 있지 않기 때문에, 별도의 제도 개편이 없더라도 시간이 흐르면 자생적으로 누진과세 효과(tax creeping effect)를 통해 세원(세수 비중)이 확보(증가)되는 체계가 내장되어 있다. 그러므로 당분간 세제 개편을 자제하는 것이 정부의 재원 확보 및 소득재분배 기능 확충에도 바람직할 것으로 판단된다.

서구의 주요 복지 선진국에서는 부가가치세의 면세 축소 및 세율 인상 등을 통해 확보한 세수를 재정 건전성 회복 및 복지제도의 재원으로 활용하고 있다는 점에도 주목할 필요가 있다. 특히 부가가치세는 세원이 넓고 왜곡이 적어 경제에 부담이 적을 뿐만 아니라 지속 가능성 측면에서도 우월하다.

한편 한국의 재정지출은 선진국에 비해 소득재분배 효과가 작은 편이다. 그 가장 큰 이유 중 하나가 인구구조의 차이인 만큼 이를 고려해 인구 고령화 단계별로 적정 수준의 소득재분배 효과를 조정할 필요가 있다. 만약 인구구조 차이를 무시하고 현재 수준에서 소득재분배 효과를 현재의 선진국 수준과 일치시키려 한다면, 이는 현실적으로 가능하지 않을 뿐만 아니라 바람직하지도 않을 수 있음에 주의해야 한다. 그러므로 과도하지 않은 범위 내에서 순차적으로 복지제도를 점진적으로 확대하는 것이 바람직할 것으로 판단된다.

그 밖에 제도의 미성숙으로 현재 재분배 효과가 작게 나타나는 부분에 대해 확장적 방향으로 제도를 개편하는 것은 제도 자체의 문제가 없는 한 불요불급한 경우에 최대한 자제하는 것이 바람직하다. 한국이

처한 환경을 고려할 때 별다른 제도 개편 없이도 시간이 지남에 따라 자연스럽게 재분배 효과가 증가해 선진국 수준에 도달할 수 있는 요인이 내재해 있기 때문이다. 이러한 상황에서 소득재분배 효과를 급격히 높이고자 제도를 지나치게 확대·개편하면 오히려 재정 지속 가능성 등의 측면에서 심각한 위기를 초래할 수 있다.

소득분배 문제를 이해할 때 한 가지 유의할 점이 있다. 한편에서는 시장소득만을 놓고 한국의 소득분배 구조가 과도하게 악화되고 있다는 주장이 제기되고 있다. 하지만 이전소득이나 자본이득 등과 같이 국내총생산(GDP) 또는 국민소득(GNI) 추계 시에 포함되지 않는 종류의 소득이 다수 존재하며 그 비중도 매우 크다. 그런데도 마치 시장소득이 가구소득의 거의 전부인 것처럼 전제하고 소득분배 문제를 해석한다면, 그에 따른 대응이 현실과 매우 동떨어진 결과를 가져올 수 있다는 점을 유의해야 한다.

진정한 의미에서의 소득불균등도는 생애소득 기준의 소득불균등도라고 할 수 있다. 그런 점에서 볼 때, 이 장에서처럼 연간소득만을 기준으로 삼아 소득불균등도를 고찰하는 것에는 상당한 위험요소도 존재한다. 이를테면 실제 소득 획득 능력과 관계없이 생애주기상 단순한 연령 차이에 따라 소득수준에 차이가 나타나는 경우도 비일비재하다. 엄밀한 의미에서 보자면, 이를 소득불균등으로 해석하는 것은 적절하지 않은 측면이 있다고 할 수 있다.

다만 현실적으로는 정보 및 자료가 부족한 탓에 생애소득불균등도의 측정이 매우 어려워 차선적으로 연간소득을 기준으로 소득불균등도를 측정하여 정책 기초자료로 사용한다. 그렇지만 엄밀한 의미에서, 연령 차이 등으로 인한 소득 격차는 본질적인 소득 격차를 나타내는 부분이 아니라 오히려 판단의 장애 요소가 될 수 있다는 것을 고려할 필요가 있다. 현실에서는 어렵겠지만, 생애주기상의 연령 차이 효과를 배제한 상태에서 생애소득불균등도를 비교분석하는 것이 이상적이며, 횡단면소득의 불균등도는 보조적 지표로 사용하는 것이 바람직할 것으로 판단된다.

부록: 참고 표와 그림

부그림 1 소득계층별 부담·수혜 결합분포(2009년)

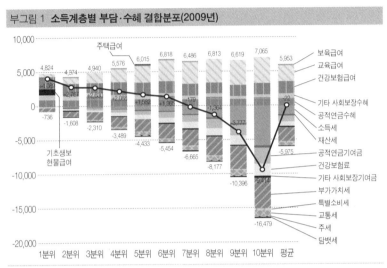

주: 2009년 가계동향조사 추정치.

부그림 2 소득계층별 부담·수혜 결합분포(2006년)

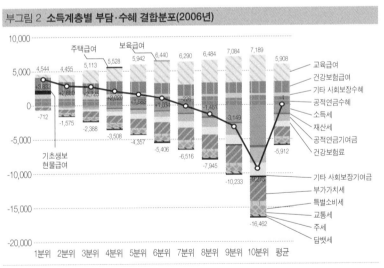

주: 2006년 가계동향조사 추정치.

부표 1 한국의 국민부담·사회지출수혜의 소득계층별 금액 분포표(2013년, 가계조사자료 추정치 기준)

단위: 1,000원, 배

		1분위	2분위	3분위	4분위	5분위	6분위	7분위	8분위	9분위	10분위	평균	상대비(10/1분위)
시장소득		6,466	13,256	20,837	28,887	34,611	40,771	48,396	58,105	70,010	102,011	42,340	15.78
	민간이전소득	1,434	2,055	2,079	1,635	2,293	2,782	2,547	2,563	3,293	4,075	2,476	2.84
민간소득		7,900	15,311	22,916	30,522	36,904	43,553	50,943	60,668	73,303	106,086	44,816	13.43
	공적연금수혜	1,453	1,768	1,724	1,747	1,739	1,556	1,553	1,462	1,456	1,352	1,581	0.93
	기타 사회보장수혜	508	868	750	545	700	726	667	516	503	639	642	1.26
	공적이전소득 소계	1,962	2,637	2,473	2,292	2,439	2,281	2,220	1,978	1,959	1,990	2,223	1.01
	이전소득 계	3,396	4,692	4,553	3,927	4,732	5,064	4,767	4,541	5,252	6,065	4,699	1.79
총소득		9,862	17,948	25,390	32,814	39,343	45,834	53,163	62,646	75,262	108,076	47,039	10.96
	소득세	21	106	257	450	756	1,089	1,584	2,392	3,585	7,710	1,796	367.14
	재산세	68	132	142	120	186	170	220	230	298	406	197	5.97
	직접세 소계	89	238	399	570	943	1,259	1,804	2,622	3,884	8,116	1,993	91.19
	연금기여금	43	158	409	725	885	1,135	1,417	1,776	2,108	2,890	1,155	67.21
	건강보험료	172	301	522	739	888	1,086	1,252	1,513	1,798	2,524	1,080	14.67
	기타 사회보험료	4	13	34	66	79	97	121	149	178	238	98	59.5
	사회보험료 계	219	472	965	1,530	1,852	2,319	2,790	3,438	4,083	5,652	2,332	25.81
	직접세 계	308	710	1,364	2,100	2,795	3,578	4,594	6,060	7,967	13,768	4,325	44.7
가처분소득		9,554	17,238	24,026	30,714	36,548	42,256	48,568	56,587	67,294	94,309	42,714	9.87
	부가가치세	410	712	1,100	1,443	1,689	1,909	2,184	2,413	2,739	3,674	1,827	8.95
	개별소비세	54	129	174	265	254	272	340	387	464	677	301	12.46
	교통·에너지·환경세	44	153	351	532	614	759	970	1,073	1,202	1,577	728	35.48
	주세	58	81	135	180	166	171	180	193	207	225	162	3.85
	담배세	66	127	139	191	196	185	177	161	184	157	158	2.36
	소비세 계	634	1,201	1,899	2,611	2,919	3,295	3,850	4,229	4,795	6,310	3,176	9.95
세후소득		8,920	16,037	22,127	28,103	33,629	38,961	44,718	52,358	62,499	87,999	39,538	9.87
	기초생보 현물급여	704	137	0	0	0	0	0	0	0	0	84	0.00

	1분위	2분위	3분위	4분위	5분위	6분위	7분위	8분위	9분위	10분위	평균	상대비
건강보험급여	2,280	2,349	2,093	1,963	1,928	1,910	1,995	1,892	2,048	2,072	2,053	0.91
교육급여	247	562	1,458	1,872	2,845	3,510	3,746	4,451	4,704	5,409	2,881	21.90
보육급여	5	28	146	411	391	363	419	436	346	284	283	56.80
주택급여	18	22	51	27	47	4	6	1	0	0	18	0.00
현물급여 계	3,255	3,099	3,750	4,273	5,212	5,787	6,166	6,780	7,098	7,765	5,319	2.39
최종소득	12,175	19,136	25,877	32,376	38,841	44,748	50,884	59,138	69,597	95,764	44,857	7.87

주 1: 누적효과(cascading effect): 명목세부담의 약 20%를 비례적으로 배분한 추정 결과임.
2: 개별 소비세제는 실제 세수를 총추계가구수로 나눈 가구당 평균값을 기준으로 계수 조정한 값 기준임.

부표 2 영국의 부담 및 수혜의 소득계층별 분포(2012/2013회계연도)

단위: 파운드 / 상대비(10/1분위)

	1분위	2분위	3분위	4분위	5분위	6분위	7분위	8분위	9분위	10분위	평균	상대비(10/1분위)
분위경계소득												
모집단 가구 수(1,000가구)	2,649	2,656	2,658	2,653	2,654	2,654	2,653	2,651	2,659	2,656	26,544	
시장소득(Original income)												
Wages and salaries	1,339	2,403	5,185	7,603	12,340	18,150	25,165	35,122	50,471	83,953	24,173	62.7
Imputed income from benefits in kind	2	6	15	28	8	111	192	292	658	1,288	260	644
Self-employment income	405	429	650	836	1,476	1,685	2,537	2,728	3,412	15,175	2,933	37.5
Private pensions, annuities	780	1,471	2,435	3,120	3,592	4,205	4,389	4,084	4,053	4,937	3,307	6.3
Investment income	180	230	338	375	534	623	707	830	1,487	5,791	1,110	32.2
Other income	140	133	135	309	439	261	386	385	333	729	325	5.2
Total	2,846	4,672	8,759	12,270	18,390	25,035	33,376	43,441	60,414	111,874	32,108	39.3
Direct benefits in cash												
Contributory	3,065	4,522	3,983	4,516	3,614	3,366	2,542	2,335	1,599	1,683	3,121	0.5
Non-contributory	2,075	3,686	4,156	4,373	3,989	3,331	2,737	2,112	1,318	902	2,869	0.4
Other non-contributory benefits	142	157	139	121	140	127	63	72	76	34	107	0.2
Total cash benefits	5,138	8,209	8,138	8,890	7,602	6,696	5,279	4,449	2,915	2,586	5,990	0.5

총소득(Gross income)	7,984	12,881	16,897	21,161	25,992	31,731	38,655	47,890	63,329	114,460	38,098	14,3
Direct taxes and Employees' NIC												
Income tax	286	389	895	1,345	2,068	3,000	4,111	5,703	8,905	21,275	4,798	74,4
less: Tax credits	9	16	39	135	206	241	326	176	61	41	125	4,6
Employees' NI contributions	54	124	325	473	824	1,293	1,865	2,683	3,958	5,446	1,704	100,9
Council tax and Northern Ireland rates	958	944	990	1,067	1,144	1,197	1,286	1,323	1,429	1,671	1,201	1,7
less: Council tax benefit/Rates rebates	287	376	282	220	154	120	79	66	14	2	160	0
Total	1,002	1,065	1,888	2,530	3,676	5,128	6,858	9,467	14,216	28,350	7,418	28,3
가처분소득(Disposable income)	6,982	11,816	15,009	18,630	22,316	26,603	31,798	38,423	49,112	86,110	30,680	12,3
Indirect taxes												
Total indirect taxes	2,667	2,851	3,394	3,988	4,621	5,514	6,055	7,384	8,243	11,514	5,623	4,3
VAT	1,086	1,141	1,339	1,629	1,939	2,394	2,645	3,230	3,774	5,595	2,477	5,2
Duty on tobacco	228	294	343	341	364	372	361	456	353	211	332	0,9
Duty on beer and cider	61	47	74	87	91	122	155	192	192	231	125	3,8
Duty on wines & spirits	98	92	131	121	154	183	191	285	318	500	207	5,1
Duty on hydrocarbon oils	148	190	258	347	414	532	628	771	733	856	488	5,8
세후소득(Post-tax income)	4,315	8,965	11,615	14,642	17,695	21,089	25,742	31,038	40,869	74,596	25,057	17,3
Benefits in kind												
Education	1,651	967	1,586	2,054	2,742	2,894	3,845	3,021	3,173	3,346	2,528	2
National health service	3,163	3,813	3,828	4,407	4,180	4,122	4,049	4,207	3,992	4,235	4,000	1,3
Housing subsidy	5	9	9	9	6	5	3	3	2	1	5	0,2
Rail travel subsidy	31	27	36	33	44	54	67	123	156	232	80	7,5
Bus travel subsidy	81	98	128	128	147	112	126	123	112	136	119	1,7
School meals and Healthy Start Vouchers	7	33	99	95	81	55	33	29	8	7	45	1
Total	4,937	4,947	5,687	6,726	7,201	7,241	8,123	7,507	7,442	7,957	6,777	1,6
최종소득(Final income)	9,252	13,912	17,302	21,369	24,896	28,330	33,865	38,546	48,311	82,553	31,834	8,9

자료: Tonkin et al.(2013: Table 24).

거시경제와
소득분배

박종규

한국 경제가 활력을 잃어버린 요인은 두 가지로 정리된다. 첫째, 노동생산성이 꾸준히 증가했는데도 2008년 이후 현재까지 실질임금은 계속 정체되어 있고, 둘째, 인건비를 절약한 기업이 투자와 고용 대신 이익금을 차기 이월해가며 천문학적인 금액을 사내유보로 누적해왔기 때문이다. 이른바 '임금 없는 성장'과 '기업 저축의 역설' 현상이 그것이다. 이는 결국 한국 경제가 창출한 부가가치가 가계보다는 기업에 편향적으로 분배되고 있음을 말해준다. 그 결과 한국에서는 가계가 저축한 돈을 기업이 빌려 투자와 고용을 하는 것이 아니라 기업이 저축한 돈을 가계가 빌려 아파트를 사고 전세금을 내고 있다. 경제가 거꾸로 돌아가고 있는 것이다. 이렇게 되어서는 한국 경제가 가지고 있는 잠재력이 충분히 발휘될 수 없으며, 경제 활력 회복도

요원할 수밖에 없다. 한국 경제가 저성장의 함정에서 탈출하려면 결국 가계가 빚을 내고 기업이 저축을 하는 현재의 구조를 타파하여, 가계가 저축을 하고 기업이 그 돈을 빌려 쓰는 경제로 탈바꿈해야 한다. 그러려면 '임금 없는 성장'과 '기업 저축의 역설' 현상을 조장한 인센티브를 없애야 한다.

작년에 정부는 '기업소득환류세제'를 비롯한 '가계소득 증대 3대 패키지'를 도입해, 과도한 기업 저축의 인센티브를 줄이는 한편, 임금·고용·배당 등 가계소득을 증대하기 위한 획기적인 시도를 한 바 있다. 이러한 정책적 노력은 앞으로도 계속 모색되어야 한다. 예를 들어 비금융기업의 금융소득을 영업이익과 분리해 그에 대한 한계세율을 개인의 종합소득세율만큼 인상함으로써 기업의 현금 보유 인센티브를 줄이는 것도 한

방법일 수 있다.

현 정부의 경제 활성화 의지는 누가 보아도 간절하며, 경제 활성화를 위한 정책도 다양하게 펼쳐지고 있다. 그러나 정책의 이름이 무엇이고 그 내용이 무엇이든 정책이 소기의 성과를 거두려면, 근로자가 생산에 기여한 만큼 소득을 분배받도록 기업 편향적인 소득분배 구조를 교정하는 동시에 기업의 과도한 저축 인센티브를 없애는 것이어야 한다. 그러한 방향으로 정책이 이루어져야 비로소 한국 경제는 왕년의 경제 활력을 되찾을 수 있고 경제 선순환구조도 재가동시킬 수 있다.

1. 서론

한국 경제는 최근 들어 눈에 띄게 활력을 잃어가고 있다. 최근 몇 년간 한국의 국내총생산(GDP) 성장률만 보더라도 2012년 2.3%, 2013년 3.0%, 2014년 3.3%, 2015년 2.6%라는 저조한 기록을 이어가고 있다. 경기 회복세가 이처럼 부진하다는 점 말고도, 세계경제의 침체 지속에 따른 불투명한 수출 전망, 미국의 금리 인상 예정에 따른 국제금융시장의 불안 및 유가 폭락에 따른 디플레이션 우려, 가계부채의 누적 등등 한국은 국내외에 걸쳐 수많은 난제와 마주하고 있다.

이 장에서는 한국 경제가 활력을 잃어버린 요인을 두 가지로 정리한다. 2008년 이후부터 나타난 '임금 없는 성장'과 '기업 저축의 역설' 현상이 그것이다. 한국에서는 2008년 이후 노동생산성이 꾸준히 증가했는데도 실질임금이 정체되어 오늘날까지 이어지고 있다. '고용 없는 성장'을 피하려고 애쓰는 사이에 '임금 없는 성장'이 소리 없이 찾아온 것이다. 한편, 실질임금의 정체로 인건비를 절약한 기업은 그 돈으로 투자와 고용에 나서는 것이 아니라 이익금을 차기 이월하면서 천문학적인 금액을 사내유보로 누적해왔다. 이는 개별 기업에는 유리한 전략일지 모르나 경제 전체적으로 보면 경제 활력을 잃게 하는 요인이 된다. 가계가 부(富)를 쌓기 위해 저축을 늘리는 것이 개별 가계로서는 바람직하지만 너무 많은 가계가 너무 많은 저축을 하면 경제 전체가 불황에 빠지는 '저축의 역설'과 같은 맥락이다. 한국 경제는 지금 가계가 아니라 기업이 저축을 너무 많이 하여 경제 전체의 활력이 상실되고 있다. '기업 저축의 역설' 현상이 벌어지고 있는 것이다.

이러한 현상은 결국 경제가 창출한 부가가치가 가계보다는 기업에 편향적으로 분배되고 있음을 말해준다. 경제가 창출한 부가가치가 가계와 기업에 고르게 배분되려면 실질임금이 실질노동생산성 증가분

만큼 증가해야 할 것이다. 그러나 2008년 이후 지금까지 이어지고 있는 '임금 없는 성장' 현상은 가계가 경제성장에 기여한 만큼의 몫을 받지 못하고 있음을 의미한다. 그 결과 한국에서는 가계가 저축한 돈을 기업이 빌려 투자와 고용을 하는 것이 아니라, 기업이 저축한 돈을 가계가 빌려 아파트를 사고 전세금을 내고 있다. 경제가 거꾸로 돌아가고 있는 것이다. 이렇게 되어서는 한국 경제가 잠재력을 충분히 발휘할 수 없으며, 활력을 잃을 수밖에 없다.

이 장에서는 '임금 없는 성장'과 '기업 저축의 역설' 현상을 소개하고 이 두 현상이 왜 한국 경제가 활력을 잃어버리게 된 두 가지 구조적 원인인지를 설명한다. 아울러 이 두 가지 현상을 해소해 한국 경제가 왕년의 활력을 되찾으려면 어떻게 해야 하는지에 관해 논의한다.

2. 저성장의 현황: 매우 미약한 경기 회복세

2016년 6월 말에 나온 통계청의 잠정 발표에 따르면, 지난번 경기 저점은 2013년 3월이었다. 2013년 4월 이후 국내 경기는 확장 국면에 진입했다는 의미다. 이 확장 국면은 통계청 경기 순환 발표가 시작된 1972년 이후 11번째 확장 국면이다. 통계청은 이 확장 국면이 아직도 계속되고 있는지에 대해서는 판단을 유보해놓은 상태다.

이번 경기 확장 국면의 가장 커다란 특징은 경기 회복세가 1972년 이후 11번의 역대 회복기 가운데 가장 미약하다는 점이다. 이러한 최약(最弱)의 회복세는 극심한 내수 부진에 따른 것이다(그림 6-1 참조). 그림 6-1은 2012년 4/4분기를 포함해 1972년 이후 지금까지 43년 동안 있었던 11차례의 경기 저점의 시점에서 실질 GDP, 민간소비, 설비투자, 순수출의 네 가지 계절 조정 지표를 각각 100으로 놓은 뒤, 이

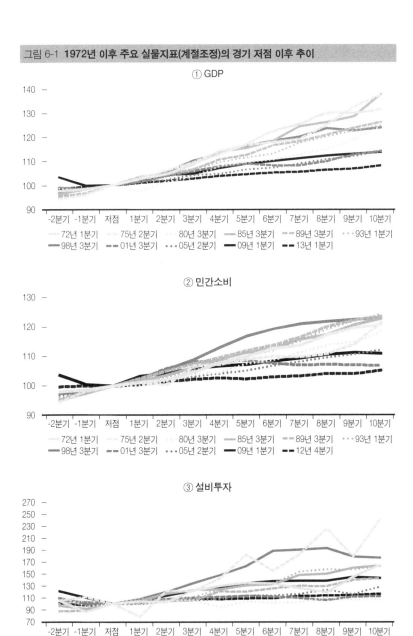

그림 6-1 **1972년 이후 주요 실물지표(계절조정)의 경기 저점 이후 추이**

① GDP

② 민간소비

③ 설비투자

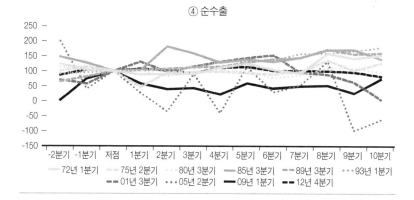

④ 순수출

-2분기	-1분기	저점	1분기	2분기	3분기	4분기	5분기	6분기	7분기	8분기	9분기	10분기

72년 1분기 75년 2분기 80년 3분기 85년 3분기 89년 3분기 93년 1분기
01년 3분기 05년 2분기 09년 1분기 12년 4분기

지표들이 저점 이후 경기 확장 국면에서 어떻게 움직였는지를 보여준
다. 이에 따르면, 최근 원화 기준 실질 순수출이 역대 회복기에 비해
특별히 부진하다고 보기는 어렵다. 이번 확장기에 순수출이 경기 확장
에 미친 영향은 역대 회복기와 비교해 활발한 편은 아니었지만, 가장
저조한 편도 아니었고, 단지 중간 정도였을 뿐이다. 이에 비해 최근의
설비투자는 1980년 3/4분기 이후의 회복 기간을 제외하면 역대 11차
례의 회복기 가운데 가장 부진했던 것으로 나타난다. 특히 민간소비
회복세는 과거 어느 경기 확장 국면 때보다도 부진하여 전체 경기의
회복세를 제한하고 있다.

역대 경기 확장기 가운데 지금이 가장 미약한 회복세

이처럼 미약한 회복세를 나타내는 가운데 2013년의 실질 경제성
장률은 2012년의 2.3%에 이어 3.0%의 저조한 수준에 그쳤다. 한국의
경제성장률이 3% 이하를 기록한 것은 매우 드문 경우였다. 1950년대
중반 이후 지금까지 약 60년의 세월이 흐르는 동안 실질 경제성장률이

3.0% 이하였던 적은 2012년과 2013년을 제외하고 단 네 차례밖에 없었다. 제2차 오일쇼크 직후이던 1980년, IMF 외환위기 기간이던 1998년, 카드사태 와중이던 2003년, 세계금융위기 및 세계경제위기 기간이던 2009년이 그러했다. 이때는 모두 경제위기를 겪고 있었거나 경제위기에 준할 만큼 경제가 어려운 시기였다.

그런데 2012년에는 남유럽의 이른바 PIIGS(포르투갈, 아일랜드, 이탈리아, 그리스, 스페인) 국가들의 재정위기로 유로화가 존폐 기로에 설 만큼 국제금융 환경이 불안하긴 했지만, 오일쇼크나 외환위기, 카드사태에 비견할 정도로 국내 경제가 위기 또는 그에 준할 만큼의 비상 상황에 빠졌다고 보기는 어려웠다. 게다가 이듬해인 2013년의 성장률은 경기 회복에도 불구하고 3.0%밖에 되지 않아 한국 경제의 회복 탄력성(resilience)에 의문이 제기되었다.[1] 과거 한국의 경제성장률이 3.0% 이하로 내려가는 경우도 극히 드물었지만, 비교적 낮은 성장률을 기록한 뒤에는 얼마 지나지 않아 급반등하는 탄력성을 보여주곤 했다. 그런데 2012년(2.3%)과 2013년(3.0%)에는 뚜렷한 위기 상황이 없었는데도 성장률이 매우 낮은 수준까지 내려갔을 뿐 아니라 사상 처음으로 3.0% 이하의 저성장을 2년 연속 기록했던 것이다. 2014년에 3.3%로 소폭 상승했던 경제성장률은 2015년에 다시 2.6%로 떨어졌고 2016년에도 2%대 중반을 넘기 어려울 전망이다. 결국, 경제위기 때나 볼 수 있었던 저조한 성장률을 기록한 2012년 이후 아직까지 이렇다 할 반등을 보이지 못하는 초유의 현상이 나타나고 있는 것이다.

물론 3%대 중반의 성장률은 어찌 보면 현재의 구조가 달라지지 않는 한 한국 경제가 기대할 수 있는 최적의 성장률일지도 모른다. 과

---

1 2013년 3.0%의 성장률은 GDP의 편제 방식을 개편함에 따라 GDP에 포함되지 않던 항목들이 새로이 GDP에 포함된 결과로서, 만약 편제 방식이 바뀌지 않았다면 3.0%가 아니라 2.8% 수준에 그쳤을 것이라는 것이 관련 전문가들의 대체적인 의견이었다.

거와 같은 고도성장을 더 이상 이루기 어렵다는 점을 인정하는 것도 매우 중요하다. 하지만 이 장에서는 현재 한국 경제의 성장률이 너무 낮다는 이야기를 하려는 것이 아니라, 경기 회복세가 미약해진 것, 다시 말해 경기 사이클이 미약해진 것을 문제 삼고 있는 것이다.

경기 사이클이 미약해진 것이 왜 문제인가

경기 사이클이 미약해진 사실은 가볍게 넘길 일이 아니다. 일본의 사례에서 알 수 있듯이 '잃어버린 10년'이란 미약한 경기 사이클이 두세 번 반복되는 것이나 다름없다. 내려갈 때 크게 내려가고 올라갈 때 제대로 못 올라가는 미약한 경기 사이클이 두세 번 반복된 결과가 일본의 '잃어버린 10년'이다. 일본에서 1991년 부동산 버블 붕괴와 더불어 미약한 경기 사이클이 반복해 나타났지만, 그것이 장기 침체를 의미한다는 사실을 일본 사회가 알아차린 것은 대략 1997년, 즉 '잃어버린 10년'의 4분의 3이 지나간 시점에서였다. 일본은 자국 경제가 장기 침체에 빠졌음을 인식하지 못한 채 정부에서 대규모 감세와 재정지출 확대, 금리 인하 등 손쉬운 경기 대책으로 일관하며 세월을 보내다가 재정과 경제 펀더멘털이 크게 악화되었다. 경기 사이클이 미약해진 것을 가볍게 보아서는 안 된다는 것이 바로 일본 장기 침체의 사례가 현재의 한국 경제에 주는 교훈이다.

경기 탄력성이 실종되는 불길한 현상이 나타나면서 지금의 한국 경제도 '일본형 장기 침체'의 길에 접어들지 않았나 하는 우려가 팽배해 있다. 한국 경제가 장기 침체에 빠졌는지 아닌지는 앞으로 상당한 시간이 지나고 나서야 좀 더 분명히 판별할 수 있을 것이다. 그러나 그때까지 그저 기다리기만 한다는 것은 정책 당국으로서는 무책임한 자세이다. 정책 당국이 현재의 상황을 정확히 판단하기 어렵다면 이른바

'미니맥스 원리(mini-max principle)', 즉 위험을 가급적 극대화하여 상정한 다음에 그것을 최소화한다는 원칙에 입각해서 볼 필요가 있다. 다시 말해, 한국이 이미 '한국형 장기 불황'에 진입했다고 간주한 뒤 거기서 탈출하기 위한 방법을 모색하는 것이 바람직하고 현명한 자세라는 것이다.

한국 경제가 한국형 장기 불황에 빠진 이유, 역동성을 상실한 이유는 무엇일까? 분명해 보이는 것은, 금리가 높아서 장기 불황에 빠진 것이 아니라는 점이다. 따라서 금리 인하가 저성장 탈출의 직접적인 방법이 될 수는 없다. 재정지출의 총량도 부족하다고 볼 이유가 없다. 오히려 세입에 비추어볼 때 지금의 재정지출 총량은 과다하다. 그 결과 매년 막대한 규모의 재정 적자가 발생해 매우 빠른 속도로 국가부채가 누적되고 있다.

금리 인하는 부채의 증가를 통해 기업과 가계가 투자나 소비를 확대해주기를 기대하는 정책이다. 그러나 현실적으로 한국 경제는 금리 인하에 따른 내수 부양 효과가 나타나기 어려운 여건이다. 왜냐하면 기업이 투자에 나서지 않는 이유가 현재의 금리가 너무 비싸기 때문은 아니기 때문이다. 기업이 투자할 여력이 충분한데도 투자에 매우 소극적으로 임하고 있음이 알려진 것은 대략 2005년부터였다. 카드사태에 따른 소비 감소도 끝나고, 금리도 기록적으로 낮은 수준까지 내려갔으며, 수출 여건도 매우 양호했을 뿐 아니라, 기업이 동원 가능한 현금성 자산의 규모도 기록을 갱신해가며 빠르게 증가했는데도 기업의 투자는 예상보다 훨씬 부진했었다. 기업의 이러한 행동 방식은 지금까지도 이어져, 매년 쏟아져 나오다시피 했던 수많은 투자촉진책에도 불구하고 기업은 마치 물을 마시려 하지 않는 말[馬]처럼 투자에 나서지 않고 있다.

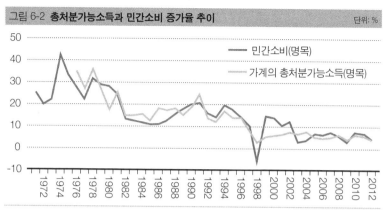

그림 6-2 **총처분가능소득과 민간소비 증가율 추이**　　　단위: %

── 민간소비(명목)

── 가계의 총처분가능소득(명목)

자료: 한국은행.

금리 인하는 문제 해결의 방법이 될 수 없다

　　민간소비도 마찬가지다. 과거에는, 다시 말해 2003년 무렵까지는, 금리를 인하하면 소비가 크게 늘어나기도 했다. 그러나 그 이후, 좀 더 정확히 말하자면 대략 2008년 이후부터는, 금리 인하로 소비가 증가하는 패턴이 전혀 나타나지 않고 있다. 그림 6-2는 가계의 명목 총처분가능소득과 명목 민간소비의 연도별 증가율을 보여준다. 이를 보면 외환위기 이전까지 이 두 항목의 증가율은 앞서거니 뒤서거니 하면서 서로 일치하지 않았었다. 소비 증가율이 처분가능소득 증가율보다 높을 때도 있었다. 소비 증가율이 처분가능소득 증가율보다 높았을 때는 저축을 줄이거나 부채[2]를 늘려 소비에 충당할 수 있었을 것이다.

　　그러다가 외환위기가 휩쓴 1999년부터 2002년까지 4년 동안에 그림에서 보듯이 민간소비 증가율이 처분가능소득 증가율을 연속해서

---

[2]　외환위기 이전까지는 소비자금융이 거의 활성화되어 있지 않았기 때문에 가계가 소비를 위해 금융권으로부터 부채를 일으키기가 쉽지 않았을 것이다.

큰 폭으로 웃돌았다. 이런 일이 가능했던 것은 1999년부터 대폭 하락한 가계저축률과 2000년 이후부터 은행권을 필두로 폭증하기 시작한 가계대출 때문이었다고 본다.

2008년 이후 금리 인하는 더 이상 민간소비를 증가시키지 못한다

그림 6-2를 살펴보면, 가계의 처분가능소득은 외환위기를 계기로 위기 이전의 평균치에 비해 증가율이 3분의 1 수준으로 줄어든 반면에 민간소비 증가율은 외환위기라는 충격에도 1999년부터 2002년까지 4년 동안 위기 이전의 평균 증가율과 별로 달라지지 않았음을 알 수 있다. 즉, 한국 소비자는 외환위기로 소득이 대폭 하락했는데도 소비를 거의 줄이지 않았으며, 저축을 크게 줄이고 부채를 빠르게 늘려 모자라는 소득을 충당했던 것이다.

그러나 대략 2008년에 이르자 저축 감소나 부채 증가를 통해 소비에 충당할 수 있는 여력이 거의 사라지는 것을 볼 수 있다. 즉, 2008년부터 민간소비와 처분가능소득 증가율이 거의 똑같이 움직이고 있는데,[3] 이는 이 시기부터 한국 소비자들이 부채를 증가시키거나 저축을 줄여 소비에 충당할 수 있는 여력이 다 소진되었으며 소비 증가의 재원으로 처분가능소득이 유일하게 남았을 뿐임을 시사한다.

무엇보다 2002년 거의 제로에 근접했던 한국의 가계순저축률이 2003년부터 조금씩 증가하다가 2007년부터는 다시 2~3%대의 낮은 수준에 머무르기 시작했다(그림 6-8 참조). 따라서 한국 소비자들이 저축을 줄여 소비에 충당하는 전략은 2007년 이후 한계에 도달했다고 보

---

3 민간소비와 처분가능소득 증가율의 상관계수는 2008년 이후 0.95에 이르러 거의 1:1로 움직임을 나타내고 있다.

표 6-1 동적패널모형 소비 함수 추정 결과

연간 소비	Coef.	P〉|z|
전년도 소비	0.48678	0.000
연간 소득	0.15109	0.000
주택가격	0.03632	0.074
원리금 상환액	-0.01208	0.002
연령	0.05059	0.000
연령 제곱	-0.00055	0.000
상수항	-1.29794	0.000

자료: 김영식·최성호(2014).

표 6-2 재정패널(3~5차: 2009~2011년) 소비 함수 추정 결과

	전체 가구		부채 보유 가구	
전년도 소비	0.3028***(34.92)	0.3019***(34.84)	0.2350*** (16.97)	0.2331*** (16.86)
연간 소득	0.5214***(66.81)	0.5173***(64.99)	0.5147*** (39.27)	0.4949*** (37.49)
총자산	0.0057***(3.68)		0.0000 (0.02)	
금융자산		0.0075***(4.94)		0.0065*** (2.88)
부동산자산		-0.0011(-1.19)		-0.0033*(-2.38)
부채	0.0109***(8.81)	0.0120***(9.48)	0.0405*** (7.09)	0.0434*** (7.54)
원리금 상환액	-0.0070***(-3.30)	-0.0077***(-3.64)	-0.0062***(-3.03)	-0.0070***(-3.39)
연도 더미	0.0562***(7.57)	0.0562***(7.57)	0.0831*** (7.75)	0.0821*** (7.67)
상수항	0.9845***(20.62)	1.0265***(20.89)	1.4267*** (15.30)	1.4811*** (15.58)
R-sq	0.7796	0.7797	0.6659	0.6668

주: 괄호 안은 z-value이며 *, **, ***는 각각 10%, 5%, 1%에서 유의함을 의미함.

아야 할 것이다.

그뿐 아니라 대략 2008년부터는 가계부채를 증가시키는 데에도 한계를 맞았다. 즉, 부채를 늘려 재원을 마련하는 것까지는 좋았지만, 부채가 너무 늘어나 원리금 상환 부담이 커져 급기야 그 때문에 소비가 줄어들게 된 것(이른바 'debt overhang')이다. 다시 말해, 한국은 대략 2008년부터 소비자의 부채 증가로는 더 이상 소비를 증가시킬 수 없

는 상황, 즉 처분가능소득 이외에 저축 감소 또는 부채 증가를 통한 소비 증가 효과가 사라진 상황에 직면했다.

이와 같은 거시 데이터로부터의 추론이 과연 정확한 것인지를 가늠하기 위해 미시 데이터를 분석한 결과를 참고할 필요가 있다. 김영식·최성호(2014)는 코리아크레딧뷰로(KCB)가 보유한 2008년 8월에서 2014년 8월까지의 데이터베이스를 분석한 결과를 제시했다. 그들의 연구에 따르면, 2008년 이후의 데이터를 사용해 추계한 가계의 소비함수에서 원리금 상환액은 2008년 이후 소비 감소 요인의 역할을 하는 것으로 나타났다(표 6-1 참조). 이 분석에서 가계부채 잔액 자체가 소비에 미치는 영향은 따로 보고되지 않았지만, 가계부채가 많아질수록 원리금 상환액이 많아지는 것을 고려할 때, 가계부채가 늘어난다고 해서 무조건 소비가 증가할 것으로 기대할 수는 없다는 정도의 함의는 얻을 수 있다.

다음으로, 재정패널(2009~2011년)의 데이터를 분석해보아도 김영식·최성호(2014)의 연구 결과와 유사한 결과를 얻을 수 있다. 즉, 재정패널의 데이터를 이용해 소비 함수를 추정해본 결과(표 6-2 참조)에서도 원리금 상환액이 유의한 소비 감소 요인으로 추정된 것이다.

전체 가구를 대상으로 보면, 자산의 증가와 부채의 증가 모두 소비의 증가 요인으로 나타나지만, 자산을 금융자산과 부동산자산으로 구분했을 때 부동산자산의 증가는 유의하지 않은 소비 감소 요인으로 나타난다. 전체 가구 가운데 부채 보유 가구를 따로 모아 동일한 분석을 해보면, 부채의 증가와 금융자산의 증가는 여전히 소비 증가 요인이지만, 부동산자산의 증가는 유의한 소비 감소 요인으로 추정된다.

따라서 2009년 이후의 재정패널 분석 결과에서도 원리금 상환액은 가계소비를 감소시키는 요인임을 알 수 있을 뿐 아니라, 적어도 부채 보유 가구에서는 금리를 인하하면 가계부채가 늘어나고 부동산자산이 증가하며 그러한 자산 효과가 민간소비를 증가시켰던 과거의 패턴은 더 이상 찾아볼 수 없다고 할 수 있다.

3. 저성장의 원인: '임금 없는 성장'과 '기업 저축의 역설'

그렇다면 한국 경제가 '한국형 장기 불황'에 빠지게 된 원인은 무엇인가? 무엇 때문에 2012년 이후 경기 사이클이 역대로 가장 미약한 모습을 보이게 되었나? 금리 인하나 재정 확대로는 치유되지 못하는 어떤 요인 때문에 한국 경제가 활력을 잃게 되었나? 결론부터 말하자면, 한국 경제의 발목을 잡고 있는 구조적 원인은 앞서 말한 '임금 없는 성장'과 '기업 저축의 역설'이라는 두 가지 현상으로 요약된다.

'임금 없는 성장'이란 무엇인가

'임금 없는 성장'이란 실질노동생산성이 꾸준히 증가함에도 2008년 이후 실질임금이 8년째 정체되고 있는 현상을 지칭한다. 그림 6-3은 한국의 비농림 전 산업 상용근로자의 월평균 실질임금 추이를 보여준다. 이를 보면 2008년 이후 실질임금이 마치 볏단을 낫으로 잘라버린 단면처럼 갑자기 증가를 멈추어버렸음을 알 수 있다. 이는 거시 데이터로서는 매우 특이한 형태로, 경기 변동 요인 외에 어떤 특별한 구조적 요인이 내포되어 있음을 강하게 시사하는 것이다.

실질임금이 이처럼 오랜 기간 정체된 적은 임금 통계 작성 이래 지금까지 한 번도 없었다. IMF 외환위기 당시에는 실질임금이 하락한 적도 있었다. 그러나 위기 발생 이후 얼마 되지 않아 강한 반등이 시작되었고, 2년 반이 지난 시점부터는 위기 이전 수준을 돌파해 그 뒤로

그림 6-3 **비농림 전 산업 상용근로자 실질임금 분기별 추이**　　　단위: 100만 원

자료: 고용노동부.

는 거침없이 활발하게 증가세를 이어갔다.

그러나 이번의 '임금 없는 성장'은 이미 햇수로 8년째에 접어들고 있다. 실질임금이 정체된 것은 상용근로자였다. 그러므로 '임금 없는 성장'은 비정규직 근로자들의 문제가 아니다. 한국의 평균적인 상용근로자들도 지난 2008년 이후 실질임금이 오르지 않았던 것이다. 실질임금이 오르지 않았다는 것은 근로자들의 입장에서는 자신의 살림살이가 8년의 오랜 세월동안 조금도 나아지지 않았음을 의미한다. 본인으로서는 최선을 다하여 노력을 할 만큼 했다고 생각한다면 실질임금이 이렇게 오르지 않았다는 것을 부당하게 느낄 것이다. 한국의 근로자들은 지난 세계금융위기 이후 지금까지 나아지지 않는 자신의 살림살이를 보며 매우 답답한 세월을 보내고 있었던 것이다.

어떤 경우에라도 실질임금이 무조건 활발하게 증가해야 한다는 이야기는 물론 아니다. 실질임금은 실질노동생산성에 맞게 증가해야 한다. 노동생산성을 초과하는 임금 상승은 기업의 입장에서나 국가경

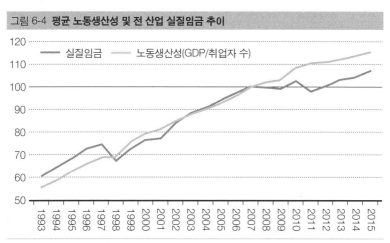

그림 6-4 **평균 노동생산성 및 전 산업 실질임금 추이**

실질임금   노동생산성(GDP/취업자 수)

주: 2007년을 100으로 하여 계산함.
자료: 고용노동부, 한국은행.

제 전체의 경쟁력 차원에서나 전혀 바람직한 일이 아니다. 자기가 기여한 만큼을 정확하게 배분받는 것이 효율을 위해서나 분배의 정의를 위해서나 바람직하다.

'임금 없는 성장' 기간 동안 실질노동생산성은 꾸준하게 증가

그림 6-4는 실질 GDP를 전체 취업자 수로 나누어 실질노동생산성을 계산한 것이다. 노동생산성의 여러 가지 측정 방법 가운데 이 방법은 가장 단순하고 간단한 방법이라고 할 수 있다. 그림 6-4를 보면, 평균 노동생산성은 세계금융위기가 발생한 2008년 이후 증가세가 다소 둔화되고 있기는 하지만 상당히 꾸준하게 증가해온 것을 확인할 수 있다. 이처럼 2008년 이후에도 꾸준히 증가를 지속하다 보니 2008년 이후 정체를 시작한 실질임금과 괴리가 발생했고, 이러한 괴리는 최근에 이르기까지도 거의 좁혀지지 못하고 있다.

이처럼 실질노동생산성이 늘어나는 가운데 실질임금이 정체되었

기 때문에 '임금 없는 성장'이라고 부르는 것이다. 마치 미국에서 1990년대 초 경기 회복기에 노동생산성이 증가하는데도 고용이 늘어나지 않자 '고용 없는 성장(jobless growth)'이라는 말이 만들어진 것처럼, 한국에서 2008년 이후 노동생산성이 꾸준히 증가했는데도 실질임금이 증가하지 않은 것을 '임금 없는 성장(wageless growth)'이라고 부를 만한 것이다.

'임금 없는 성장'은 근로자들이 기여한 몫을 제대로 받지 못했음을 의미

만약 2008년 이후 실질노동생산성도 정체되었다면 실질임금의 정체는 당연한 일이었을 것이다. 거기에는 아무 문제 제기가 필요 없었을 것이다. 그러나 앞서 보았듯이 임금 없는 성장 기간에도 노동생산성은 꾸준히 증가했다. 이는 결국 한국의 근로자들이 생산에 기여한 만큼의 대가를 충분히 받지 못했음을 의미한다.

실질임금의 정체는 명목임금 증가율이 대폭 둔화되었기 때문

이처럼 실질임금이 정체된 것은 물가가 크게 올랐기 때문이 아니라 명목임금 증가가 갑자기 둔화되었기 때문이다. 표 6-3은 1997년 이후부터 2012년까지의 실질임금과 명목임금, 소비자물가의 상승률을 5년 단위로 계산한 것이다. 이를 보면, 지난 15년 동안 소바자물가 상승률은 별로 달라지지 않았음을 알 수 있다. 그러나 명목임금은 2007년 4/4분기 이후 갑자기 상승률이 둔화되었는데, 둔화의 정도가 매우 심하여 2002년 4/4분기부터 2007년 4/4분기까지의 상승률 36.1%의 3분의 1 수준인 12.4%로 폭락하다시피 했던 것이다.

세계금융위기를 계기로 근로자의 임금 상승률이 둔화된 것은 비단 한국만이 아니었다. 세계금융위기가 세계경제위기로 비화하면서 각국에서 기업 파산과 대량 해고로 수많은 실업자가 발생하면서 근로

표 6-3 **실질임금과 명목임금, 소비자물가의 5년 단위 상승률 추이**			단위: %
	1997년 4분기~ 2002년 4분기	2002년 4분기~ 2007년 4분기	2007년 4분기~ 2012년 4분기
명목임금 상승률	40.2	36.1	12.4
소비자물가 상승률	17.5	15.8	16.8
실질임금 상승률	19.4	17.6	△2.3

자료: 고용노동부, 한국은행.

자 입장에서 볼 때 노동시장 여건은 크게 악화되었다. 그 결과 실질임
금 증가세가 많은 나라에서 눈에 띄게 둔화되었다. 그러나 OECD의
통계를 비교해보면 한국의 '임금 없는 성장'이 그 어떤 나라보다도 더
심각하다는 사실을 알 수 있다. 한국은 세계금융위기를 별로 심각하게
겪지 않았는데도 실질임금과 실질노동생산성의 괴리가 그 어떤 나라
보다도 더 심각하게 벌어지고 있는 것이다.

　　그림 6-5는 OECD 회원국의 실질임금[4] 추이와 각 회원국 실질
GDP를 취업자 수로 나눈 실질노동생산성 추이를 지수화한 값(2007년
=100)을 보여준다. 이에 따르면, 한국의 2008년 이후 평균노동생산성
증가세는 OECD 국가 중 최상위급인 데에 비해 실질임금의 증가세는
중·하위 정도였음을 알 수 있다. 좀 더 구체적으로 실질노동생산성과
실질임금의 괴리의 정도를 살펴보기 위해 전자에서 후자를 차감한 것
을 나타낸 것이 그림 6-6이다. 이 그림은 한국의 실질노동생산성과 실
질임금의 괴리가 2008년부터 2012년까지를 종합해보았을 때 다른 어
떤 OECD 회원국보다 가장 크게 벌어지고 있음을 보여준다.[5]

4　여기서 사용한 OECD 임금통계에는 사회보장기여금도 포함된다.
5　2011년과 2012년에 한국보다 그 괴리가 큰 나라는 그리스와 아일랜드 정도밖에 없는
　　것으로 나타나는데, 이 국가 모두 당시 심각한 재정위기를 겪고 있었다.

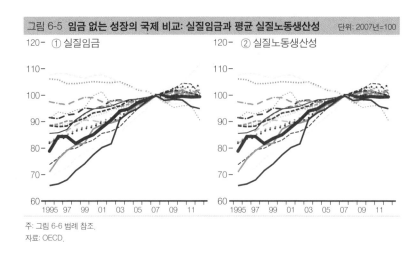

그림 6-5 **임금 없는 성장의 국제 비교: 실질임금과 평균 실질노동생산성** 단위: 2007년=100

① 실질임금

② 실질노동생산성

주: 그림 6-6 범례 참조.
자료: OECD.

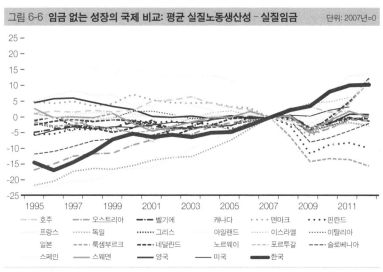

그림 6-6 **임금 없는 성장의 국제 비교: 평균 실질노동생산성 − 실질임금** 단위: 2007년=0

호주	오스트리아	벨기에	캐나다	덴마크	핀란드
프랑스	독일	그리스	아일랜드	이스라엘	이탈리아
일본	룩셈부르크	네덜란드	노르웨이	포르투갈	슬로베니아
스페인	스웨덴	영국	미국	한국	

자료: OECD.

실질임금 정체뿐 아니라 이자소득 및 배당소득도 2008년 이후 감소

가계소득의 75% 이상을 차지하는 임금소득이 이처럼 실질가치로
정체되어 있다는 것은 이 기간에 가계소득이 제대로 늘어나기 어려웠

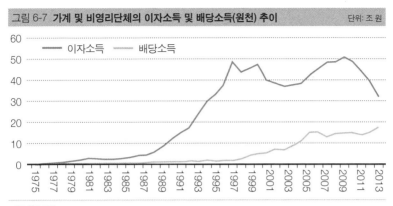

그림 6-7 **가계 및 비영리단체의 이자소득 및 배당소득(원천) 추이**　단위: 조 원

자료: 한국은행.

다는 이야기가 된다. 그런데 그림 6-7에 따르면, 가계소득 가운데 이자소득은 2007년 이후 완만한 상승세를 나타내다가 2012년 들어 갑자기 감소하고 있으며, 배당소득은 2008년부터 완만한 감소세가 이어지다가 2015년 들어 배당소득 증대세제의 영향으로 소폭 증가하는 모습을 보였다.

즉, 임금과 배당소득, 이자소득이 모두 2008년 이후 실질가치로 정체, 또는 명목가치로 하락하고 있어 기업소득이 가계소득으로 이어지는 경로가 모두 막혀버린 것이다. 이른바 낙수효과[6]가 실종된 원인이 바로 여기에 있다. 기업과 가계가 서로 단절되어 기업의 성과가 가계의 소득 증대로 이어지고 가계의 늘어난 소득이 수요 창출을 통해 다시 기업의 성과로 이어지는 상생의 시너지가 더 이상 나타나지 못하는 것이다. 이것이 최근 한국의 기업 성과가 상당 부분 개선되었는데도 국민경제는 거의 나아지지 못한 근본 원인이기도 하다.

6　보통 낙수효과라 함은 고소득층 내지 부유층에서 저소득층 내지 빈곤층으로 소득이 흘러들어 가는 것을 지칭하지만, 이 글에서는 기업 부문에서 가계로 소득이 흘러들어 가는 것을 지칭한다.

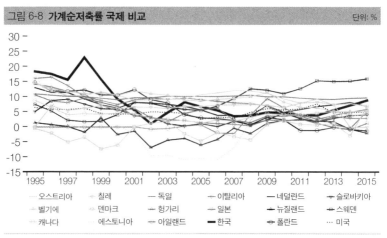

그림 6-8 **가계순저축률 국제 비교** 단위: %

오스트리아 칠레 독일 이탈리아 네덜란드 슬로바키아
벨기에 덴마크 헝가리 일본 뉴질랜드 스웨덴
캐나다 에스토니아 아일랜드 한국 폴란드 … 미국

자료: OECD.

가계부채는 위험수준을 넘어 악화일로에 있고 가계저축률도 취약한 수준

그 결과 저축을 해야 할 가계가 빚을 지고, 투자를 해야 할 기업이 저축을 하고 있어 경제가 거꾸로 돌아가고 있다. 가계는 소득이 부진하다 보니 가계부채가 자꾸 늘어나 지금은 위험 수준을 넘어 악화일로에 있다. 그리고 가계저축률은 최근까지도 OECD 바닥 수준에 머물러 경제 펀더멘털이 아직 취약한 상태다(그림 6-8 참조).

'기업 저축의 역설'이란 무엇인가

한국 경제의 발목을 잡고 있는 두 번째 구조적 원인은 '기업 저축의 역설'이라는 현상이다. 경제원론 교과서에서는 '저축의 역설'에 관해 간략하게 소개하고 있다. 가계가 부를 쌓기 위해 저축을 늘린다면 이는 개별 가계 입장에서 당연히 바람직한 일이다. 그러나 지나치게 많은 가계가 너무 많은 저축을 하면 경제 전체가 불황에 빠져 가계가 저축을 늘리는 데에 오히려 방해가 된다는 것이 요지이다. 개별 가계로서는 당연하게 효율적(micro-efficient)인 행동이 지나치게 확산되면 전체 거시경제로서는 비효율적(macro-inefficient)인 것이 된다는 역설적인 이야기이다.

그런데 '기업 저축의 역설'은 '저축의 역설'과 어떻게 다른가? '저축의 역설'은 가계가 저축을 너무 많이 해서 문제가 발생하는 것을 말하지만, 한국의 '기업 저축의 역설'은 가계가 아니라 기업이 저축을 너무 많이 해서 경제가 말라 죽는 현상을 가리킨다. 저축이 지나치게 늘어나면 경제가 활력을 잃는다는 점에서는, 그리고 개별적으로는 효율적(micro-efficient)인 행동이 모여 거시적으로 비효율적(macro-inefficient)인 결과를 초래할 수 있다는 점에서는 '저축의 역설'과 '기업 저축의 역설'이 서로 다른 점이 없다. 그러나 저축의 주체가 '저축의 역설'에서는 가계였던 반면에 '기업 저축의 역설'에서는 기업이라는 점이 다른 부분이다. 한국 경제는 지금 가계가 아니라 기업이 저축을 너무 많이 해서 경제 전체의 활력이 상실되고 있다. '기업 저축의 역설' 현상이라고 할 만하다.

임금 없는 성장의 결과 기업의 인건비 부담은 크게 감소

2008년 이후 실질임금이 정체되자 한국의 기업 부문은 인건비를 크게 줄일 수 있었다. 그림 6-9는 한국 상장기업의 인건비, 금융비용 및 순외환손익 등 세 가지 비용항목의 매출액 대비 비중을 연도별로 나타낸 것이다. 이를 통해 알 수 있듯이, 2008년부터 통계가 가용한 2011년까지를 보았을 때, 기업 부문의 매출액 대비 인건비 비중이 큰 폭으로 하락하고 있음을 알 수 있다. 이 기간 중 매출액 대비 인건비 비중이 감소한 크기는 2001년부터 시작된 저금리정책으로 기업의 매출액 대비 금융비용 비중이 2000년 대비로 2003년까지 감소한 크기에 맞먹는다.

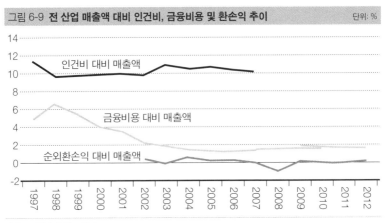

그림 6-9 **전 산업 매출액 대비 인건비, 금융비용 및 환손익 추이**   단위: %

인건비 대비 매출액

금융비용 대비 매출액

순외환손익 대비 매출액

14
12
10
8
6
4
2
0
-2

1997 1998 1999 2000 2001 2002 2003 2004 2005 2006 2007 2008 2009 2010 2011 2012

자료: 《기업경영분석》 각 호.

이렇게 절약한 인건비는 기업의 수익으로 이어졌지만, 기업은 그 돈으로 투자와 고용에 나선 것이 아니라 이익금을 차기 이월(그림 6-10 참조)하면서 천문학적인 금액을 사내유보로 누적해왔다. 이러한 기업의 행동은 개별 기업의 입장에서는 단기적으로 유리한 전략이었겠지만, 경제 전체적으로 보면 경제 활력을 잃게 만드는 요인이 되고 있다. 인건비를 절약했음에도 투자와 고용을 확대하지 않다 보니 기업의 저축률은 대폭 상승했다(그림 6-11 참조).

기업의 저축률은 기업의 처분가능소득에 해당한다. 그러므로 기업 저축률의 상승에는 2008년 말에 단행된 법인세 감세[7]도 기업 저축률 상승에 일조했던 것이다. 법인세 감세를 결정할 당시 한국의 재정여건은 세계금융위기 발생으로 크게 악화되어 있었다. 경기 침체에 따른 세입 감소뿐 아니라 위기 대응을 위한 재정지출 확대로 말미암아

---

7 2009년 이후 2013년까지 5년 동안 법인세 감세에 따른 세수 감소 규모는 총 28조 원이며, 그 규모는 매년 증가해 2013년에는 7조 원에 달했다.

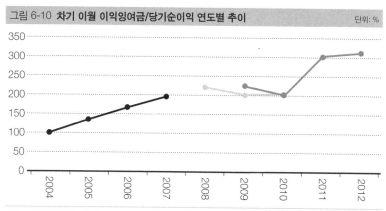

자료: ≪기업경영분석≫ 각 호.

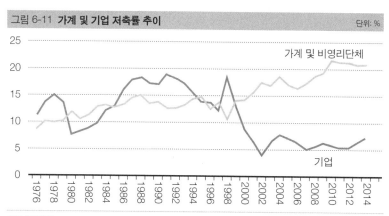

그림 6-11 **가계 및 기업 저축률 추이**　　　　단위: %

가계 및 비영리단체

기업

자료: 한국은행.

2009년의 관리 대상 재정수지는 GDP의 5%에 달하는 규모로 늘어났다. 1998년 외환위기 당시에도 관리 대상 재정수지 적자 규모는 GDP의 5%였다. 결국 GDP와 대비한 2009년의 재정 적자 규모는 1998년의 그것과 맞먹는 정도였다.

임금 없는 성장은 기업 저축의 증가로 이어진다

이처럼 재정 여건이 크게 악화되었는데도 법인세 감세를 단행한 이유는 기업이 세금을 절약한 돈으로 투자와 고용을 늘려 한국 경제를 위기에서 구해내 한국 경제를 이끌어주기를 기대했기 때문이었다. 그러나 계속된 법인세 감세에도 기대했던 투자 및 고용 확대의 효과는 거의 체감할 수 없었고, 엉뚱하게도 사내유보 규모가 천문학적으로 늘어나는 한편 대기업 계열사 숫자만 기록적으로 증가했다.

투자, 고용, 임금, 배당 증가 부진으로 경제 전체가 기력을 상실하는 동안 기업 저축률은 특히 2008~2010년에 큰 폭으로 증가했다. 이 기간에 국내외적으로 경제 여건이 매우 좋지 않았었음은 주지의 사실이다. 세계금융위기의 여파로 세계경제는 위기에 빠졌을 뿐 아니라 국내경제도 2009년에 마이너스 성장을 겨우 피한 수준이었다. 이처럼 거시경제 환경이 매우 열악했는데도 기업 저축이 크게 확대된 것은 특기할 만하다. 경제 전체적인 노동생산성이 꾸준하게 상승하는 가운데 실질임금의 정체로 기업의 인건비 부담이 크게 줄어들었던 것이 기업 저축률 증가에 결정적으로 기여했던 것이다.

기업 저축률이 한국보다 높은 일본

표 6-4는 OECD 국가들 가운데 자료가 가용한 국가들의 기업 저축률을 정리한 것이다. 이에 따르면, 한국의 기업 저축률은 2006년에 15.1%로 OECD 중간 수준에 그쳤지만, 이후 꾸준히 상승해 2010년에는 OECD 국가 중 일본에 이어 두 번째로 높은 수치를 기록했다. 이렇게 기업 저축률이 높은 것은 별로 좋은 일이 아니다. OECD 국가 중 기업 저축률에서 독보적인 1위를 고수하고 있는 일본의 사례만 봐도 그 이유를 알 수 있다. 물론 기업 저축률이 너무 낮아도 기업 부문의 건전성이 저하되어 경제가 위험에 빠질 수 있음은 한국이 이미 외환위

표 6-4 OECD 국가의 기업 저축률 추이

단위: %, %p

연도	2006	2007(A)	2008	2009	2010(B)	2010 순위	B-A(%p)
네덜란드	18.8	18.5	15.3	16.5	18.9	4	0.4
노르웨이	16.2	15.2	14.9	13.3	15.0	14	-0.2
덴마크	16.3	16.3	17.2	17.3	18.8	5	2.5
독일	12.5	12.9	11.4	10.7	12.0	21	-1.0
멕시코	14.0	14.9	14.2	14.0	14.0	17	-0.9
미국	10.2	9.0	8.4	11.0	11.7	22	2.7
벨기에	14.3	15.0	13.8	11.9	15.7	11	0.7
스웨덴	16.9	16.5	16.9	12.7	15.6	12	-0.8
스위스	20.9	15.4	8.2	15.0	19.3	3	3.9
스페인	8.9	7.8	10.3	12.1	14.2	16	6.4
슬로바키아	17.3	17.9	17.5	15.5	17.7	7	-0.2
슬로베니아	12.7	13.0	12.3	12.2	12.4	20	-0.6
아일랜드	16.2	15.8	11.7	11.2	15.1	13	-0.8
에스토니아	20.6	17.4	17.4	14.2	16.9	9	-0.5
영국	12.4	14.2	14.9	13.7	13.5	19	-0.7
오스트리아	15.1	14.8	15.2	14.5	17.3	8	2.5
이탈리아	7.9	8.0	7.5	9.5	10.0	24	1.9
일본	20.3	21.2	20.5	21.3	22.0	1	0.9
체코	16.7	16.0	18.7	16.8	16.8	10	0.8
포르투갈	8.8	8.6	7.0	8.7	9.5	25	0.9
폴란드	10.7	11.5	15.6	13.4	14.7	15	3.3
프랑스	9.0	9.4	9.2	9.5	10.0	23	0.6
핀란드	15.9	15.6	14.4	13.0	13.9	18	-1.7
한국	15.1	15.8	16.8	18.1	19.7	2	3.8
헝가리	14.3	11.3	13.1	14.0	18.1	6	6.8
한국 순위	12	8	7	2	2		
대상 국가 수	25	25	25	25	25		

자료: 기획재정부(2012).

기와 경제위기를 거치면서 값비싼 수업료를 치르며 뼈저리게 경험한
사실이다. 한국은 과거 기업 건전성이 취약한 탓에 기업 부실이 만연

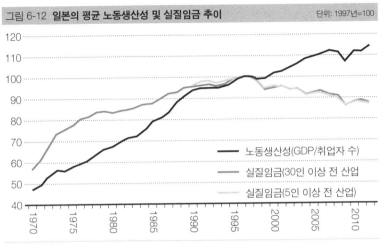

그림 6-12 일본의 평균 노동생산성 및 실질임금 추이 　　　　단위: 1997년=100

노동생산성(GDP/취업자 수)
실질임금(30인 이상 전 산업)
실질임금(5인 이상 전 산업)

자료: 일본 내각부, 후생노동성.

했고, 이것이 금융 부실로 이어져 1998년 금융위기를 겪어야 했다. 그 과정에서 엄청난 실업과 막대한 규모의 공적자금이 투입되었음은 주지의 사실이다. 반면에 지나치게 높은 기업 저축률이 경제 전체적으로는 경제의 활력을 떨어뜨린다는 것은 일본의 사례를 통해 한국이 배워야 할 점이라고 하겠다.

그림 6-12는 앞서 살펴본 그림 6-4와 같은 방식으로 일본의 평균 노동생산성과 실질임금을 지수화하여 비교해본 것이다. 이에 따르면, 일본의 실질임금은 1997년 이후 최근까지 매년 감소하고 있음을 알 수 있다. 한국은 2008년부터 정체되어 있는 정도인데 일본은 디플레이션에도 불구하고 1997년부터 지속적으로 감소하고 있다. 이는 일본의 임금 없는 성장이 한국보다 훨씬 고질적이며 악성임을 말해준다.

그동안 일본이 제로금리 및 양적완화, 아베 정부 이후에는 양적·질적 완화(QQE)라는 이름으로 일본 열도 전체를 유동성으로 덮어버릴 만큼 무모하게 유동성을 확대했는데도 일본 내수가 살아나지 못하는

표 6-5 **가계·기업 소득 증가율 비교**			단위: %
기간	국민총소득	가계	기업
1975~1997년	8.9	8.2	8.1
2000~2010년	3.4	2.3	16.5
2005~2010년	2.8	1.6	19.1
2010년	5.5	2.5	26.8

자료: 금융위원회(2011).

근본 이유가 바로 실질임금이 하락하는 구조를 깨지 못한 데에 있었던 것이다.

한국 경제의 현 상황을 '기업 저축의 역설'이라고 볼 수밖에 없는 이유

한국 경제의 현황을 한마디로 말하자면, 기업소득은 엄청나게 증가하는 가운데 가계소득은 말라죽다시피 하는 상황으로 요약할 수 있다. 즉, 경제가 창출한 부가가치가 가계보다 기업에 훨씬 더 유리한 방향으로 편향적으로 배분되고 있다는 것이다. 앞서 표 6-5에서도 보았듯이, 1975년부터 외환위기 이전까지의 기간에, 즉 한국 경제가 역동성을 자랑하던 시기에 가계소득과 기업소득은 거의 같은 빠르기로 증가했었다. 그러다가 외환위기 이후 2000년부터 이러한 관계는 근본적으로 변화했으며, 특히 2005~2010년에는 기업소득이 무려 연평균 19.1%씩 늘어나는 동안 가계소득은 불과 연평균 1.6%의 증가에 그쳐, 가계소득이 거의 말라죽다시피 하고 있다는 말이 전혀 과장되지 않은 표현임을 알 수 있다.

이처럼 경제성장에 비해 가계소득이 훨씬 부진한 현상은 불가피하게 소비 및 내수 부진과 저축률 하락, 가계부채 급증을 동시에 불러 일으킴으로써 한국 경제가 지금 겪고 있는 저성장의 함정을 구성한다. '기업 저축의 역설'이라는 말이 나오지 않을 수 없는 배경이다.

기업이 투자를 기피하는 이유는 무엇인가

앞서 이미 언급했던 바와 같이, 처분가능소득이 증가하더라도 투자나 고용을 기피하는 전략은 개별 기업에는 단기적으로 유리한 선택일 수도 있다. 그러나 지금은 이것이 너무 과도하여 경제 전체의 활력을 떨어뜨리는 단계에 와 있다. 미시적으로는 효율적인 전략이 거시적으로는 비효율적인 결과를 초래하고 있는 것이다.

기업들이 이러한 전략을 채택하는 데에는 분명한 이유가 있을 것이다. 인건비를 절약하는 동시에 투자와 고용 및 임금 증가를 기피하는 이유에 대해 기업들은 사실상 구체적인 설명을 하지 않고 있다. '미래가 불확실하기 때문에' 또는 '투자할 곳이 더 이상 없기 때문에'라든지 '규제가 너무 많아서'와 같이 그럴 듯하게 들리지만 알고 보면 굉장히 모호한 말로 일관하고 있는 것이다. 이를테면 규제가 너무 많아서 투자를 하지 않고 있다는 주장을 하면서도 구체적으로 어떤 규제를 어떻게 풀어주기를 원하는지, 그렇게 하면 언제, 얼마의 투자를 할 수 있다는 것인지 분명히 말하지 않는 식이다.

미래가 불확실하다는 것은 투자 기피의 이유가 될 수 없다. 미래는 원래 불확실할 수밖에 없으며, 투자는 불확실한 미래를 뚫고 수익을 찾아 혁신을 이루기 위한 것이기 때문이다. 그리고 투자할 곳이 더이상 없다는 말도 그다지 설득력이 없어 보인다. 투자는 기업 본연의 기능인데도 기업이 투자할 곳을 찾지 못한다는 것은 운동선수가 더 이상 새로운 기술을 익힐 필요가 없다고 말하는 것과 같고, 학자가 더 이상 연구할 주제를 찾지 못하겠다고 말하는 것과 다를 바가 없다. 새로운 기술을 연마할 필요를 느끼지 못하는 운동선수나 새로운 연구 주제를 찾지 못하는 학자에게 발전을 기대하기는 어렵다. 기업도 마찬가지다 투자할 곳이 없다고 말하는 것은 더 이상 발전 가능성이 없는 사양 단계에 들어갔음을 스스로 고백하는 것과 다를 바 없다.

정부는 무엇을 어떻게 해야 하나

미시적으로 효율적인 전략이 거시적으로 비효율을 초래하는 상황에서 정부가 인센티브 조정을 위해 개입하는 것은 당연하다. '저축의 역설' 현상이 나타나 소비자가 저축을 너무 많이 한 결과로 소비가 너무 부진하면 정부는 금리를 내려 저축의 인센티브를 줄이고 가계소비 증가를 유도한다. 이는 경제 전체를 살펴야 하는 정부로서는 당연한 역할이다. 지금 한국 경제는 '저축의 역설'이 아니라 '기업 저축의 역설'을 겪고 있다. 그러므로 정부가 나서서 기업 저축의 인센티브를 줄여 기업이 저축보다 투자와 고용 및 임금을 늘리도록 유도할 때이다.

이 장에서는 내수 부진의 원인을 소비 부진에 초점을 맞추고 있는 것이 사실이지만, 투자 부진 역시 저성장의 원인 중 하나임은 당연한 진단이다. 만약 투자 부진이 저성장의 진정한 원인이라면, 저성장에서 벗어나기 위해서는 투자를 활성화하는 것이 해답이다. 투자 활성화로 경제 선순환이 조성되는 것이 가장 바람직하고 자연스러운 저성장 탈피 시나리오임은 두말할 필요가 없다. 그렇기 때문에 투자 활성화를 위한 환경 조성, 투자 방해 요인 제거 등이 김대중 정부 이후 지금까지 약 20년 가까운 세월이 흐르는 동안 역대 정부의 내수 활성화 정책의 핵심이었다. 그러나 투자 활성화에는 결국 '백약이 무효'했음을 이제는 인정할 때가 되었다고 본다. 수많은 투자 활성화 정책이 시행되었는데도 원하는 만큼의 투자 활성화는 이루어지지 않았다. "정신이상이라는 말의 정의는 다른 결과가 나오기를 기대하며 같은 일을 자꾸자꾸 반복하는 것이다"[8]라는, 아인슈타인이 친구에게 했다고 알려진 말도

---

8 원문은 다음과 같다. "The definition of insanity is doing the same thing over and over again and expecting a different result."

있듯이, 그동안 반복해서 시도해보았으나 성과가 없었던 투자 활성화 정책에는 이제 그만 매달리고 그와는 다른 방법을 모색할 때가 되었다고 생각한다.

4. '임금 없는 성장'과 인구 고령화

기업이 투자나 고용에 적극적으로 나설 의사가 없는 상황에서 2008년 이후의 '임금 없는 성장'은 경제가 창출한 부가가치를 가계소득보다는 기업소득에 편향적으로 배분하여 궁극적으로 내수 부진이 불가피하게 만들었던 핵심 요인이었다. 그림 6-4에서 보았듯이 2007년 이전까지는 특히 2003년부터 2007년까지 실질노동생산성과 실질임금이 거의 완벽하게 일치했다. 그런데 왜 2008년 들어 갑자기 실질노동생산성과 실질임금의 괴리가 발생한 것일까? 왜 갑자기 기업 편향적인 소득배분 구조가 만들어진 것일까?

'임금 없는 성장'이 발생한 이유 가운데 절반 정도는 인구 고령화에 기인한 것으로 분석된다. 즉, '임금 없는 성장'은 인구 연령구조의 변화에 따른 구조적 현상인 것이다. 나머지 절반은 지금으로서는 알수 없는, 경제학자들이 추후 연구를 통해 밝혀내야 할 미제이다.

그림 6-13은 20~24세의 소득을 100으로 놓았을 때의 연령별 상대 임금소득을 1992년에서 2011년까지 19년 동안에 대해 연도별로 그린 것이다. 이 그림에서 굵은 선은 지난 1992~2011년의 상대 임금 소득의 연령별 평균값이다. 이에 따르면 한국의 지난 20년간의 연령별 상대 임금소득은 나이가 들수록 많아지다가 40대에 이르면 정점을 이룬 뒤 50대가 되면 점차 낮아지다가 50대 후반과 60대에는 급격하게 낮아지는, 낙타 등 모양(humped shape)을 하고 있다.[9] 물론 한국 사회에서

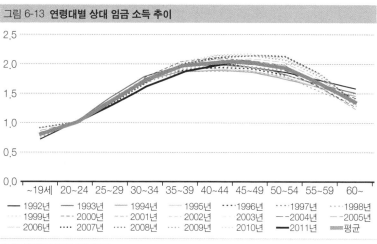

그림 6-13 **연령대별 상대 임금 소득 추이**

주: 20~24세를 1.0으로 하여 계산함.
자료: 통계청.

　는 나이를 먹어도 한 직장을 은퇴하지 않고 계속 다닌다면 연봉이 계속해서 오르는 경우가 많은 것도 사실이다. 그러나 취업자 전체를 놓고 보았을 때, 나이가 들어 연봉이 가장 높은 연령층에 도달한 뒤 은퇴하게 되면 상당수가 다른 직장으로 재취업하게 될 것인데, 이때 들어가는 새로운 직장의 급여수준은 은퇴 이전의 직장에서 받던 것보다 훨씬 낮은 것이 일반적이다. 바로 이러한 이유로 50대 후반 및 60대의 평균 연봉이 나이가 많아질수록 크게 줄어드는 것이다.

　한편 그림 6-14는 연령별 취업자 분포를 나타낸 것이다. 그림 6-14의 위 그림은 한국 취업자의 연령별 분포를 연도별로 모아놓은 것인데, 해가 갈수록 분포선의 정점이 고연령층으로 이동하고 있다. 이런 추세를 좀 더 알기 좋도록 1992년, 2002년, 2012년의 자료만 뽑아

9　한국뿐 아니라 다른 나라의 연령별 상대 소득도 이런 형태를 보인다. 일본은 연령별 소득의 정점이 50대 전반으로, 한국보다는 늦은 나이에 나타난다.

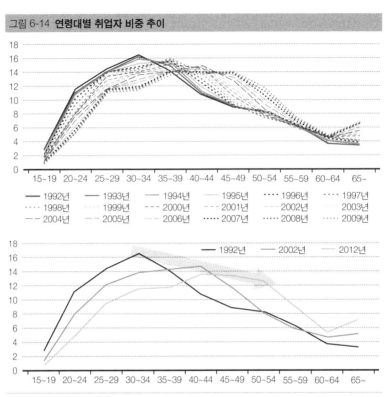

그림 6-14 **연령대별 취업자 비중 추이**

주: 20~24세를 1.0으로 하여 계산함.
자료: 통계청.

그린 것이 그림 6-14의 아래 그림이다. 즉, 이는 10년마다 연령별 취업자 분포를 나타낸 것인데, 이를 보면 1992년에 가장 취업자 비중이 높았던 연령대는 30대 전반, 즉 30세에서 34세까지였다가, 10년 뒤인 2002년에는 이것이 40~44세로 옮겨갔고, 다시 10년 뒤인 2012년에는 40~44세의 취업자 비중이 여전히 가장 높기는 하지만 45~49세와 특히 50~54세 연령층의 취업자 비중이 2002년에 비해 큰 폭으로 증가한 것으로 나타난다. 그뿐 아니라 2012년에는 50대 후반과 60대 전반 및 60대 후반의 취업자 비중도 20년 전이던 2002년에 비해 크게 늘었다.

고령화가 심해질수록 평균 임금은 하향 압력을 받는다

상대 소득 구조가 낙타 등 모양을 하고 있을 경우에 취업자들이 나이가 들어 고연령층으로 이동하면 초기의 인건비 부담은 아무런 제도적·인위적 개입 없이도 저절로 늘어나게 된다. 이를테면 한 직장에 취직한 20대들은 세월이 지나면 저절로 연봉이 올라가게 되는데, 이에 따라 경제 전체적인 인건비 부담도 자동적으로 상승하는 것이다. 고령화가 심각해질 경우에, 이를테면 한국의 베이비붐 세대들이 대거 은퇴하게 되는 경우에, 다른 조건이 같다면 평균 임금 내지 기업의 인건비 부담은 베이비부머의 대량 은퇴와 더불어 상당 부분 줄어들게 된다. 베이비부머들이 은퇴 이후 재취업하더라도 보통 이들은 은퇴 이전보다 훨씬 낮은 연봉을 받기 때문에 기업 부문의 인건비 내지 경제 전체적인 평균 임금 부담은 고령화와 더불어 낮아질 수밖에 없는 것이다.

'임금 없는 성장'의 절반 정도는 인구 고령화 때문이다

그림 6-15는 취업자의 연령 분포가 1992년의 분포에서 고정되었다고 가정했을 때의 총급여와 실제 총급여가 어떻게 차이가 나는지를 실제 총급여 대비 비중으로 계산해 제시한 결과이다. 그러므로 이는 총급여의 변화 가운데 근로자의 연령 분포 변화에 의한 부분만을 추출한 것으로 해석할 수 있다. 이를 보면, 한국 근로자의 급여수준은 세월이 지남에 따라, 즉 1992년에 30대이던 근로자가 40대가 되고 50대가 되면서 저절로 늘어나다가 공교롭게도 2008년을 기점으로 그러한 자동적 임금 상승이 멈추었고 2011년부터는 오히려 연령구조의 변화가 근로자의 평균 급여를 낮추는 역할을 하기 시작했음을 알 수 있다.

한국의 인구 고령화는 앞으로 더욱 빠른 속도로 진행될 것이기 때

그림 6-15 **연령구조 변화에 의한 1992년 대비 합산 소득 자동 상승분** 단위: %

문에 한국 근로자의 연령별 소득 분포가 그림 6-13에서 보여준 것과 질적으로 크게 달라지지 않는 한, 다시 말해 50대 후반 이후의 평균 임금이 나이가 많을수록 크게 낮아지는 패턴이 지속되는 한, 앞으로도 한국의 평균 임금에 대한 하향 압력을 가하게 될 것이고, 앞으로는 세월이 지날수록 그러한 하향 압력이 더욱더 커질 것이다.

이처럼 한국 근로자의 연령구조와 평균 임금 간의 관계를 계량분석해보면, 2008년 이후의 '임금 없는 성장'의 약 절반 정도, 다시 말해 한국의 소득분배 메커니즘이 2008년 이후 갑자기 기업 편향적으로 바뀐 요인의 절반 정도는 인구 고령화에서 찾을 수 있게 된다. 인구 고령화에 따라 생산연령의 인구가 감소하기 시작하는 것은 2016년부터로 예고되어 있지만, 한국 근로자의 임금구조는 이미 2008년부터 인구 고령화의 그늘 속에 들어와 있던 것이다.

임금 없는 성장을 해소하려면 인위적인 제도적 노력이 필요하다

임금 없는 성장의 요인 중 나머지 절반은 앞으로 경제학자들이 찾아내야 할 부분이다. 그러나 그 절반을 찾아내기 전이라 하더라도 이상의 분석만으로도 임금 없는 성장 현상은 경기가 회복된다고 해서 사라지는 것이 아니라, 인구 연령구조라는 경제의 가장 근본적인 구조적 원인에 기인하는 현상임을 알 수 있다. 즉, 임금 없는 성장은 한국 경제가 과거처럼 8~9%의 고도성장을 달성하는 기적 같은 일이 벌어진다면 모를까, 3~4% 또는 4~5%의 성장으로는 저절로 해소될 수 없는 구조적 현상인 것이다. 다시 말해, 앞으로 경기 회복이 순탄하여 3~4% 내지 4~5%의 경기 호황이 찾아온다 하더라도 임금 없는 성장은 계속될 것이며, 그에 따라 가계소득 증가 부진과 내수 부진, 가계부채 증가 및 저축률 하락, 청년 실업 증가와 양질의 일자리 부족 현상, 거센 복지 요구 등은 해소되기 어렵다.

이처럼 임금 없는 성장이 시간이 지난다고 해서 저절로 해소되기 어려운 구조적 현상이라는 것을 고려할 때, 임금 없는 성장에서 벗어나 경제 활력을 되찾으려면 인위적으로라도 이를 해소하고자 하는 제도적 노력이 필요하다는 점을 인식해야 한다.

5. 결론: 가계와 기업 간 소득분배의 정상화

경기 사이클이 전례 없이 미약해지고 한국형 장기 불황에 빠졌을지 모른다는 우려를 해야 할 만큼 경기가 활력을 잃어버린 지금, 한국은 저성장의 함정에서 탈출하려면 어떻게 해야 하는가? 금리를 내리고 재정을 확대하며 기업이 원하는 만큼 규제를 완화해주는 것도 중요할 수 있겠지만, 궁극적으로는 가계가 빚을 내고 기업이 저축을 하는 현재의 구조를 타파해, 가계가 저축을 하고 기업이 그 돈을 빌려 쓰는 경제로 탈바꿈시켜야만 한다. 그렇게 하는 것이 곧 경제 선순환구조를 재가동시키는 것이며, 그렇게 해야 한국 경제 특유의 역동성을 회복할 수 있다. 또한 그렇게 하면 한국 경제의 성장 잠재력이 지금보다 훨씬 향상되어, 3% 정도인 현재의 성장률 수준도 만족하고 받아들여야 한다는 일각의 무기력한 사고도 바로잡을 수 있게 된다.

임금 없는 성장과 기업 저축의 역설을 초래한 인센티브를 없애야 한다

그렇게 하려면 과거 한국 경제가 역동적으로 움직였을 때의 선순환을 정지시켜버린 요인을 찾아내어 그렇게 만든 인센티브를 없애는 데에 초점을 맞추어야 할 것이다. 결국 '임금 없는 성장'과 '기업 저축의 역설' 현상을 만들어낸 인센티브를 찾아 해소해야 한다. 즉, 평균 노동생산성과 실질임금이 일치하도록 노동시장과 관련한 인센티브 구조를 조정하는 한편, 기업의 지나친 저축 인센티브도 없애야 한다. 이는 결국 가계보다는 기업에 편향적으로 소득을 분배하는 현행 구조를 정상화하는 것이라고 볼 수 있다.

최근 도입된 '기업소득환류세제'를 비롯한 '가계소득 증대 3대 패키지'는 경제의 가장 중요한 인센티브 체계인 세제를 조정함으로써 경제 활성화를 도모하려는 혁신적인 제도 개편이라고 평가할 수 있다. 그런데 이러한 세법 개정의 취지는 훌륭하지만 세법과 관련 시행령의 구체적인 내용을 보면 정책의 실효성을 기대하기가 어려워 보여 아쉬움을 남긴다. 그러므로 한시법에 따라 '기업소득환류세제' 등 '가계소득 증대 3대 패키지' 시행이 끝나기 전이라도, 과도한 기업 저축의 인센티브를 줄이기 위한 추가적인 방안은 계속 모색되어야 할 것이다.

비금융기업의 금융소득에 대한 분리과세 방안

그러한 방안 중 하나로, 비금융기업의 금융소득을 영업이익과 분리하여 기업이 보유한 금융자산으로부터의 운용 수입에 대한 과세를 강화하는 방안을 검토할 필요가 있다. 기업은 처분가능소득 중 일부를 금융자산으로 운용하는데, 이로부터 금융소득이 발생하고 있다. 그런데 이러한 금융소득에 대해 현행 세법은 여타의 영업이익을 합산하여 법인세를 부과하고 있다. 즉, 투자와 이노베이션으로부터의 수익과 돈을 굴려 얻는 수익에 대해 동일한 세율을 적용해 과세하고 있는 것이다. 그렇게 하다 보니 기업의 금융소득에 대한 최고세율은 법인세 최고 세율인 22%로, 금융소득종합과세 최고세율인 38%보다 현격하게 낮다. 불확실성을 넘어 미래를 내다보며 이노베이션과 투자로 벌어들인 소득에나 돈을 굴려 벌어들인 소득에나 똑같은 세율이 메겨지고 있는 것이다. 이러한 현행 세법은 기업으로 하여금 기업 본연의 활동인 투자보다 여유 자금 운용에 더 관심을 갖게 하는 인센티브를 제공할 우려가 있다.

기업은 경제를 이끌어가는 주체이므로 기업 운용에 필요한 보유 자금(기업 저축)으로부터 발생한 금융소득에 대해 개인보다 상당한 혜택을 허용하는 것은 어찌 보면 자연스러운 사회적 선택이라고 할 수 있다. 그러나 지금은 기업 저축이 너무 많아 경제 활력을 저해하는 단계에 이르렀다. 그렇기 때문에 기업의 금융자산 운용수익을 영업이익과 분리하여 전자에 대한 세율을 지금보다 대폭 인상할 필요가 있다. 예를 들어 기업의 금융소득에 대한 세율체계를 개인에 대한 금융소득 종합과세의 세율체계와 동일하게 맞추는 것이다.

그렇게 하면 기업에 대한 세부담은 당연히 커질 것이며, 이에 대해 기업은 크게 반발할 것으로 예상된다. 그러나 이러한 세율 조정은 세입을 늘리려는 것이 아니라 단지 돈을 굴려 벌어들이는 소득에 대한 세율을 높이자는 것이기 때문에 기업의 최종적인 세부담이 커지지 않도록 세율 조정을 얼마든지 할 수 있을 것이다. 이를테면 이노베이션과 투자의 결과로 증가한 상품 및 서비스 판매 수익에 대해서는 적절하게 세율을 인하해줄 수도 있을 것이다.

그리고 이러한 세율 조정은 한국 경제가 활력을 되찾을 때까지, 다시 말해 가계가 저축을 하고 기업이 그 돈을 빌려 쓰는 날이 올 때까지 한시적으로 운용하면 된다. 물론 지금의 이자율 수준이 워낙 낮은 상태이므로 기업이 자금을 운용하여 벌어들이는 수익 자체가 그다지 크지 않을 가능성이 높으므로 이러한 세율 조정에도 기업이 부담해야 할 세부담은 별로 증가하지 않을 수 있다. 그러나 이러한 세율 조정을 통해 기업에 '기업 본연의 활동이란 자금 운용이 아니라 이노베이션을 통한 수익 창출'이라는 메시지는 전달할 수 있을 것이다.

지금의 한국 경제는 단순히 순환적인 요인 때문에 활력을 잃어버린 것이 아니다. 그러므로 순환적 정책 대응인 금리 인하나 재정 확대가 경기 활성화의 전부가 될 수는 없다. 또한 그러한 정책으로는 경기 활성화에 성공할 수도 없다. 경제 활성화를 위해 현 정부는 다양한 정책적 노력을 기울이고 있으며 경제 활성화를 이루겠다는 의지 또한 누가 보아도 역대 어느 정부보다 간절한 것 같다. 그러나 정책의 이름이 무엇이고 그 내용이 무엇이든 간에 궁극적인 결과는 근로자가 생산에 기여한 만큼의 소득을 분배받을 수 있게 함으로써 기업에 편향적으로 소득을 분배하는 현행의 소득분배 구조를 교정하는 한편 기업의 과도한 저축 인센티브를 없애는 것이어야 한다. 그와 같은 성과를 거둘 수 있어야 비로소 한국 경제는 왕년의 경제 활력을 되찾을 수 있고 경제 선순환구조도 재가동시킬 수 있다. 또한 그렇게 해야만 고령사회에 진입하게 될 한국 경제가 활력을 유지하며 국민의 생활수준을 높이고 국가경제도 중흥을 이룰 수 있을 것이다. 정책 당국자들의 행운을 빈다.

참고문헌

제1장 한국의 소득분배, 무엇이 문제인가

기획재정부. 2013. 「서비스산업 정책 추진방향 및 1단계 대책」.

_____. 2014. 「최근경제동향: 서비스업 생산성 현황 및 시사점」.

김낙년. 2013. 「한국의 소득분배」. 낙성대경제연구소, Working Paper 2013-06.

김낙년·김종일. 2013. 「한국 소득분배 지표의 재검토」. 낙성대경제연구소, Working Paper 2013-08.

김대일. 2007. 「외환위기 이후 노동시장의 변화와 시사점」. ≪경제학연구≫, 제55집 4호.

김세종. 2015. 「대·중소기업 간 임금 격차 현황 및 과제」. 국민경제자문회의 소득분배 간담회 발제자료.

박영철 외. 2008. 「한국의 외환위기 10년: 전개과정과 추후과제」. 한국경제연구원.

박종규. 2013. 「한국 경제의 구조적 과제: 임금(賃金) 없는 성장과 기업저축의 역설」. 한국금융연구원.

성명재·박기백. 2008. 「조세재정지출의 소득재분배 효과」. ≪재정학연구≫, 제1권 1호.

유경준. 2007. 「소득불평등도와 양극화: 오해와 실태」. 한국개발연구원.

윤희숙. 2014. 「한국경제 구조변화 속에서의 노동시장 구조개혁: 왜 무엇을 어떻게?」. KDI 정책토론회.

조윤제. 2009. 『한국의 권력구조와 경제정책』. 도서출판 한울.

조윤제·박창귀·강종구. 2012. 「한국의 경제성장과 사회지표의 변화」. 한국은행 경제연구원.

조윤제·송의영·고영우. 2014. 「한국사회 보수체계의 변화 및 시사점」. SBS 연구용역 보고서.

Lipton, David. 2015. "Income Inequality: The Role of Fiscal Policy." Paper for SNU Seminar '소득불평등과 재정정책의 역할'(2015.2.4).

Cho, Dongchul. 2015. "Income Inequality and Fiscal Policy: The Case of Korea." Paper for SNU Seminar '소득불평등과 재정정책의 역할'(2015.2.4).

Cho, JangOk. 2015. "Income Inequality: the Role of Fiscal Policy: Comment." Paper for

SNU Seminar '소득불평등과 재정정책의 역할'(2015.2.4).

Ostry, Jonathan D. et al. 2014. "Redistribution, Inequality, and Growth." IMF Staff Discussion Note.

Piketty, Thomas. 2014. *Capital in the Twenty-First Century.* Cambridge, MA.: The Belknap Press of Harvard University Press.

Sanjeev Gupta et al. 2014. "Fiscal policy and Income Inequality." IMF Policy Paper.

제2장 경제·사회 구조와 소득분배

강두용·이상호. 2013. 「부유한 기업, 가난한 가계: 외환위기 이후 한국경제의 가계,기업간 소득성장 불균형 현상과 원인 및 함의」. ≪국제경제연구≫, 제19권 2호.

김낙년. 2013. 「한국의 소득분배」. 낙성대경제연구소, Working Paper 2013-06.

김진욱·정의철. 2010. 「도시가구의 소득원천별 분해를 통한 소득불평등 변화 요인 분석: 가구주 연령을 중심으로」. ≪사회보장연구≫, 제26권 1호.

성명재·박기백. 2009. 「인구구조변화가 소득분배에 미치는 영향」. ≪경제학연구≫, 제57집 4호.

신동균·전병유. 2005. 「소득분포의 양극화 추이」. ≪노동경제논집≫, 제28권 2호.

안국신. 1995. 「한국의 경제발전과 소득분배」. ≪경제발전연구≫, 제1권.

유경준. 2007. 「소득불평등도와 양극화: 오해와 실태」. 한국개발연구원.

윤희숙. 2012. 「1990년대 이후 한국경제 구조변화가 빈곤구조에 미친 영향과 정책적 함의」. 한국개발연구원.

이철희. 2008. 「1996~2000년 한국의 가구소득불평등 확대」. ≪노동경제논집≫, 제31권 2호.

주학중. 1979. 「한국의 소득분배와 결정요인」. 한국개발연구원.

최경수. 2010. 「저소득층 소득 증가 부진의 원인 분석」. 한국개발연구원.

_____. 2013. 「소득불평등 확대에 대한 기능적 분배 및 제도부문별 소득구조 변화의 영향」. 한국개발연구원.

최바울. 2013. 「부부의 노동소득과 취업상태가 소득불평등 변화에 미친 영향」. ≪노동경제논집≫, 제36권 3호.

Acemoglu, Daron and David H. Autor. 2011. "Skills, Tasks and Technologies: Implications for Employment and Earnings." in David Card and Orley Ashenfelter(eds.). *Hankbook of Labor Economics*, Vol. 4, Part. B. Amsterdam: Elsevier.

Autor, David H. 2014. "Polanyi's Paradox and the Shape of Employment Growth." NBER Working Paper, No. 20485.

Bertola, Giuseppe. 2000. "Policy Choices and Interactions with Existing Instruments." *OECD Economic Studies*, Vol. 31, No. 2.

Dustmann, Christian, Bernd Fitzenberger, Uta Schönberg, and Alexandra Spitz-Oener.

2008. "From Sick Man of Europe to Economic Superstar: Germany's Resurgent Economy." *Journal of Economic Perspectives*, Vol. 28, No. 1.

Freeman, Richard B. 2008. "The New Global Labor Market." *Focus*, Vol. 26, No. 1.

Katz, Lawrence F. and Kevin M. Murphy. 1991. "Changes in Relative Wages, 1963~1987: Supply and Demand Factors." *The Quarterly Journal of Economics*, Vol. 107, No. 1.

OECD. 2011. *Divided We Stand: Why Inequality Keeps Rising.* OECD Publishing, OECD.

_____. 2012. "Employment Outlook 2012." OECD.

Ravallion, Martin and Shaohua Chen. 1997. "What Can New Survey Data Tell Us about Recent Changes in Distribution and Poverty?" *World Bank Economic Review*, Vol. 11, No. 2.

제3장 산업구조와 소득분배

고용노동부. 2014. "고용동향(2014년 10월)".

김낙년. 2012. 「한국의 소득집중도 추이와 국제비교, 1936~2010: 소득세 자료에 의한 접근」. ≪경제분석≫, 제18권 3호, 75~114쪽.

_____. 2013. 「한국의 소득불평등, 1963~2010: 근로소득을 중심으로」. ≪경제발전연구≫, 제18권 2호, 125~158쪽.

김종일. 2009. 「구조변화 측면에서 본 한국의 고용문제와 정책대응 방향」. 김승택 외. 『고용과 성장』. 박영사.

최경수. 2010. 「저소득층 소득증가 부진의 원인분석」. KDI 정책포럼 227호.

Goldin, Claudia and Lawrence F. Katz. 2005. "The Race Between Education and Technology: The Evolution of U.S. Educaitonal Wage Differentials, 1890 to 2005." NBER Working Paper, No. 12984.

Piketty, Thomas. 2014. *Capital in the Twenty-First Century.* Cambridge, MA.: The Belknap Press of Harvard University Press.

제4장 임금과 소득분배

고용노동부. 2013a. 「2013 고용형태별 근로실태조사」.

_____. 2013b. 「사업체노동력조사 부가조사」.

_____. 2014a. 「알기 쉬운 임금정보」, 제32호.

구용희. 1995. 「(특집: 각국의 노동조합 임금정책) "스웨덴 모델"에서의 자본과 노동: LO의 연대임금정책 평가를 둘러싸고」. ≪노동사회≫, 제1권.

기획재정부. 2012. 「대한민국 중장기 정책과제」.

_____. 2014a. "'14년 1/4분기 가계동향 및 2013년 소득분배 분석"(보도자료).

_____. 2014b. "'14년 2/4분기 가계동향 분석"(보도자료).

_____. 2014c. "경제혁신 3개년 계획"(정책브리핑).

_____. 2014d. 「새 경제팀의 경제정책방향」.

김애경. 2006. 「노동시장 양극화 해소를 위한 연대숙련정책 연구」. ≪사회경제평론≫, 제27호(2006년 하반기).

라이시, 로버트(Robert B. Reich). 2010. 『위기는 왜 반복되는가: 공황과 번영, 불황 그리고 제4의 시대』. 안진환·박슬라 옮김. 김영사.

샌델, 마이클(Michael Sandel). 2012. 『돈으로 살 수 없는 것들: 무엇이 가치를 결정하는가』. 안기순 옮김. 와이즈벨리.

신정완. 2000. 『임노동자기금 논쟁과 스웨덴 사회민주주의』. 여강출판사.

_____. 2010. 「스웨덴 연대임금정책의 정착과정과 한국에서 노동자 연대 강화의 길」. ≪시민과 세계≫, 제18호(2010년 하반기).

이승협. 2012.7.2. "(연속기고: 왜 다시 산별노조인가? ④) 독일 산별노조는 노동운동과 세상을 어떻게 바꾸었나". ≪매일노동뉴스≫.

임상훈. 2012.6.18. "(연속기고: 왜 다시 산별노조인가? ②) 산별교섭 연대임금 패러다임과 다양한 교섭전략 채택을 제언하며". ≪매일노동뉴스≫.

정이환. 2013. 『한국 고용체제론』. 후마니타스.

조덕희. 2012. 「중소기업 고용 변화의 세 가지 논점과 향후 정책과제」. ISSUE PAPER IP 2012-292. 산업연구원.

중소기업연구원. 2014. 「최근 중소제조업 주요 위상지표 변화 원인 및 시사점: OECD 국가패널 자료를 활용」. 포커스 제14-10호.

통계청. 2013. 「2013년 8월 근로형태별 부가조사」.

한국경영자총협회. 2004. 「비정규직 관련 입법의 문제점 및 경영계 입장」.

_____. 2011. 「스웨덴 '연대임금제'의 생성과 몰락」.

황선자·김유선·김미영. 2013. 「임금체계의 실태와 정책과제: 공정성과 노조의 역할을 중심으로」. 한국노총중앙연구원.

Edin, Per-Anders and Bertl HolmlundEdin. 1993. "The Swedish Wage Structure: The Rise and Fall of Solidarity Wage Policy?" NBER Working Paper, No. 4257.

Häusermann, Silja and Hanna Schwander. 2012. "Varieties of Dualization: Identifying Insiders and Outsiders across Regimes." in Patrick Emmenegger, Silja Häusermann, Bruno Palier and Martin Seeleib-Kaiser(eds.). *The Age of Dualization: The Changing Face of Inequality in Deindustrializing Societies.* Oxford and New York: Oxford University Press.

Schulten, Thorstein. 2002. "A European Solidaristic Wage Policy?: Conceptual Reflections on a Europeanisation of Trade Union Wage Policy." *European Journal of Industrial Relations*, Vol. 8, No. 2. pp. 173~196.

제5장 재정과 소득분배

국세청. 각 연도. 「국세통계연보」.
성명재. 2001. 「소득분배 변화 추이와 결정요인 분석-도시가구를 중심으로」. 연구보고서 01-01. 한국조세연구원.
_____. 2011. 「소득분배 개선을 위한 조세·재정정책방향」. ≪응용경제≫, 제13권 2호.
_____. 2013. 「부가가치세의 부문별 실효세율, 면세의 누적효과 추정 및 면세 개선방안 연구」. ≪세무학연구≫, 제30권 3호.
_____. 2014a. 「한국의 소득분배: 현황, 정책효과, 국제비교」. 정책제안 14-003. 한국자유경제원.
_____. 2014b. 「우리나라의 소득불균등 추이 및 조세부담·재정지출 수혜 분포」, ≪보건복지포럼≫, 통권 제215호.
성명재·박기백. 2008. 「조세재정지출의 소득재분배 효과」. ≪재정학연구≫, 제1권 1호.
_____. 2009. 「인구구조 변화가 소득분배에 미치는 영향」. ≪경제학연구≫, 제57집 4호.
성명재·전영준. 1999. 「경제위기 1년간 소득세·소비세 부담분포의 변화 및 정책방향」. 연구보고서 99-03. 한국조세연구원.

Barnard, Andrew. 2010. "The Effects of Taxes and Benefits on Household Income 2008/2009." U.K. Office for National Statistics.
Lakin, Caroline. 2004. "The Effects of Taxes and Benefits on Household Income 2002/2003." U.K. Office for National Statistics.
Sung, Myung Jae. 2002. "Test of Sample Selection Bias Based on Bootstrapping." Working Paper 02-01. Korea Institute of Public Finance.
Sung, Myung Jae and Ki-Baeg Park. 2011. "Effects of Taxes and Benefits on Income Distribution in Korea." Review of Income and Wealth, Vol. 57, Iss. 2, pp. 345~363.
Tonkin, Richard. 2014. "The Effects of Taxes and Benefits on Household Income, 2012/2013: Further Analysis and Methodology." U.K. Office for National Statistics.
Tonkin, Richard, James Lewis and Nathan Thomas. 2013. "The Effects of Taxes and Benefits on Household Income 2011/2012: Further Analysis and Methodology." U.K. Office for National Statistics.

금융위원회. 2011. 「국내외 금융·경제 여건 및 금융 정책방향」.

기획재정부. 2012. "국가경쟁력통계".

김영식·최성호. 2014. 「주택금융규제 완화와 소비 및 주택시장」.

박종규. 2013. 「한국 경제의 구조적 과제: 임금(賃金) 없는 성장과 기업저축의 역설」. 한국금
융연구원.

_____. 2014. 「낙수효과(落水效果) 복원을 위한 정책과제: '가계소득 증대 3대 패키지'의 쟁점
과 대안」. 한국금융연구원.

찾아보기

지은이(게재순)

조윤제   현재 서강대학교 국제대학원 교수이다. 스탠퍼드 대학에서 경제학 박사학위를 받았으며, 세계은행 및 국제통화기금(IMF) 이코노미스트, 한국조세재정연구원 부원장, 부총리 겸 재정경제원장관 자문관, 대통령 경제보좌관, 주영국 대사를 지냈다. 주요 논저로 *Lessons from Financial Liberalization in Asia: A Comparative Study* (공저), *Credit Policies and Industrialization of Korea: Lessons and Strategies* (공저), *Financial Repression Liberalization, Crisis and Restructuring: Lessons of Korea's Financial Sector Policy*, 『한국의 권력구조와 경제정책』, 『제자리로 돌아가라』, 『위기는 다시 온다』 등이 있다.

윤희숙   현재 한국개발연구원(KDI) 재정·복지정책연구부장이다. 컬럼비아 대학에서 경제학 박사학위를 받았으며, 국민경제자문회의 위원으로 활동하고 있다. 주요 논저로 "Empirical Investigation on Dissavings Near the End of Life", 「통합적 소득보장체계의 설계」, 「국민연금 기금운용 지배구조의 문제점과 개선방향」(공저) 등이 있다.

김종일   현재 동국대학교 경제학과 교수이다. 스탠퍼드 대학에서 경제학 박사학위를 받았다. 한국산업조직학회 이사를 지냈으며, 현재 규제개혁위원회 위원으로 활동하고 있다. 주요 논저로 "The Productivity Dispersion of the Korean Manufacturing Industry and Macroeconomic Allocation Efficiency Measures"(공저), "Top Incomes in Korea, 1933~2010: Evidence from Income Tax Statistics"(공저) 등이 있다.

이장원   현재 고려대학교 경영대학 초빙교수이다. 시카고 대학에서 사회학 박사학위를 받았다. 한국노동연구원 노사관계연구본부장, 고용노사관계학회 부회장 등을 지냈으며, 현재 최저임금위원회 공익위원, 국제노동고용관계학회 2018 서울세계대회 조직위원장으로 활동하고 있다. *The Transformation of Industrial Relations in Large-size Enterprises in Korea* (공편), 『이제는 사람이 경쟁력이다』(공저), 『세계화와 한국의 개혁과제』(공저), 『노사관계와 국가경쟁력』, 『구조조정기의 국가와 노동』(공저), 「임금체계관련 국내외 제도와 근로자 의식연구」(공저), 「기업의 사회적책임과 원하청 노사관계 개선방안」(공저), 「경제위기후 단체교섭의 비교연구」(공저) 등이 있다.

성명재   현재 홍익대학교 경제학부 교수이다. 위스콘신 대학 매디슨에서 경제학 박사
학위를 받았다. 국세행정개혁위원회 위원, 한국국제경제학회 사무국장, 한국
조세재정연구원 연구팀장 및 선임연구위원을 지냈으며, 현재 세제발전심의
위원회 위원, 저출산·고령사회정책운영위원회 위원, 한국경제학회·한국재
정학회·한국국제경제학회 이사로 활동하고 있다. 주요 논저로 "Effects of
Taxes and Benefits on Income Distribution in Korea"(공저), "Maximum
Score Estimation with Nonparametrically Generated Regressors"(공저),
"Square Density Weighted Average Derivatives Estimation of Single
Index Models", 「인구·가구특성의 변화가 소득분배구조에 미치는 영향 분석
연구: 무직가구, 부녀자가구 특성 및 인구고령화를 중심으로」, 「소득세 부담
의 누진도와 소득재분배 효과의 상관관계 분석」 등이 있다.

박종규   현재 한국금융연구원 은행보험연구실 선임연구위원이다. 서울대학교에서
경제학 학사, 노스캐롤라이나 채플힐 대학에서 통계학 석사, 프린스턴 대학
에서 경제학 박사학위를 받았다. 한국조세연구원 연구위원, 한국금융연구원
거시경제팀장 및 연구총괄위원장, 스탠퍼드 대학 아태연구소 방문학자, 국회
예산정책처 경제분석실장을 지냈다. 한국재정학회 이사, 한국경제학회 이
사, 한국국제경제학회 이사, 한국금융학회 부회장을 역임했고, 현재 한국재
정학회 부회장, 경제사상연구회 회장을 맡고 있다. 주요 논저로 『2012~2060
년 장기 재정전망 및 분석』(공저), 「한국경제의 구조적 과제: 임금 없는 성장
과 기업저축의 역설」, 「낙수효과 복원을 위한 정책과제: '가계소득 증대 3대
패키지'의 쟁점과 대안」, 「디플레이션 우려와 정책대응방향」 등이 있다.

한울아카데미 1884

한국의 소득분배
추세, 원인, 대책

ⓒ 조윤제 외, 2016.

엮은이	조윤제
지은이	조윤제·윤희숙·김종일·이장원·성명재·박종규
펴낸이	김종수
펴낸곳	한울엠플러스(주)
편집	최규선

초판 1쇄 발행	2016년 8월 16일
초판 2쇄 발행	2017년 8월 25일

주소	10881 경기도 파주시 광인사길 153 한울시소빌딩 3층
전화	031-955-0655
팩스	031-955-0656
홈페이지	www.hanulmplus.kr
등록번호	제406-2015-000143호

Printed in Korea.
ISBN 978-89-460-5884-2 93330 (양장)
ISBN 978-89-460-6146-0 93330 (반양장)

※ 책값은 겉표지에 표시되어 있습니다.